SCIENTIFIC RESEARCH IN EDUCATION

Supporting Principles for Evidence Based Policy Making

米国学術研究会議
監修

R.J.シャベルソン／L.タウン
編

齊藤 智樹
編訳

# 科学的な教育研究 を デザインする

証拠に基づく政策立案（EBPM）
に向けて

北大路書房

# SCIENTIFIC RESEARCH IN EDUCATION
## by
# NATIONAL RESEARCH COUNCIL

This is a translation of Scientific Research in Education,
National Research Council;
Division of Behavioral and Social Sciences and Education;
Center for Education;
Committee on Scientific Principles for Education Research;
Richard J. Shavelson and Lisa Towne,
Editors © 2002 National Academy of Sciences.
First published in English by National Academies Press.
All rights reserved.

Japanese translation rights arranged with
National Academies Press through Tuttle-Mori Agency, Inc., Tokyo

　注：本報告書の主題となったプロジェクトは，米国科学アカデミー（National Academy of Sciences），そして米国技術アカデミー（National Academy of Engineering），米国医学研究所（Institute of Medicine；2015 年より National Academy of Medicine に改称）から選ばれたメンバーによって構成される米国学術研究会議（National Research Council）の理事会によって承認されたものである。報告書を担当した委員は，彼らの専門性と適切なバランスを考慮して決定された。

---

**凡 例**

1. 原著注は◇マークで示した。
2. 訳者注は◆マークで示した。
3. 訳者による補稿部分の注は★マークで示した。
4. 原文のイタリックは太字で示した。

# 教育研究は科学であるか

訳者
はしがきに
かえて

　本書『科学的な教育研究をデザインする —— 証拠に基づく政策立案（EBPM）に向けて（*Scientific Research in Education*）』に出会ったのは，ローリグ教授も書かれている，米国ミネソタ大学の博士課程院生用の講義である"研究方法論（*Methodology*）"においてである。そもそも，訳者がアメリカに向かうきっかけとなったのも（ひとえに当時の不勉強の結果ではあるが），「教育研究は科学であるか」という問いに答えられる方法論的回答を持っていないという，飢餓感からであった。帰国後，拙稿「科学教育研究における科学的な研究方法論に関する一考察」（2016）を発表した時点では，「科学教育」と「研究方法論」の検索にかかってくる日本語論文は2稿にすぎなかった（Google Scholar, 2016年5月28日時点）。

　講義"研究方法論"において，博士課程院生はあらゆる研究方法を用いる研究課題（Research Question）を立てることを求められると同時に，それぞれの研究方法に対する「批判的コメント」を課題として提出し，提供しあう。こうしたコメントの矛先は，各自の立てた研究方法だけでなく，研究方法論そのものへも向いていく。こうして，彼らは研究方法を自ら組み立てる経験を重ねていく。そうした過程で，ローリグ教授は「あなたの研究課題に答えるためには，この研究方法（論）ね」と，対応づけを指導されていた。本書が想定している読者である修士課程や博士課程の大学院生にとって，研究方法論を説明し議論することは，自らの研究を科学にしていくうえで重要な過程であろう。

　「教育研究は科学であるか」。本書では，この問いに答える「科学的研究の原則」を扱う本文部分とともに，証拠に基づいた政策立案（Evidence-Based Policy Making: EBPM）に向けて，いくつか重要な論点を扱う補稿を設けており，このはしがきもその1つである。

　「教育研究は科学であるか」。このように問われて，「Yes」と答える方は，読者の中にどのくらいいらっしゃるだろうか。私自身は，教育学部理科教育学

i

の研究室で育ったため，身近には物理・化学・生物・地球科学等の純粋科学の研究をしている方も多く，界隈の方々からは「教育研究は科学ではない」との意見をいただくことは多かった。またそれが，教育学部の学生が教育学を選ばない理由の1つでもあった。では，なぜ教育は科学で扱えない（と考えられている）のか。本書は，事例をふんだんに交えながら，この点について考察する文献となっている。全文を訳し終えた結果として，私自身の答えは「Yes」となったのだが，この点を議論する「科学的研究の原則」が本書の前半を占める。自然科学と何ら変わらない（Chapter 2）こうした原則を満たすことは，対象の変動性（Volatility・Variability）・不確実性（Uncertainty）・複雑性（Complexity）・曖昧性（Ambiguity）（VUCA）を相手にしている教育研究においては，特別難しい。そのために，教育研究は「まだ」科学になり切れていないという解釈をなさる方もいらっしゃるかもしれない。おそらく，こうした意見を持たれるのには，より確実性の高い「科学の結果」に着目されている場合もあるかと思われるが，自然科学であっても現時点でこの「確実な結果」にすべての知見がたどり着いているとはいえないわけで，教育研究との違いは，その過程で作り出すことのできる厳密さの度合いに違いがあるだけだろう。「科学は一度も"完了"されたことはない」（Chapter 2，33頁）一連の推論の連なりだからである。

　とはいえ，「問題は研究の質，取り組みの分断，教育改革における研究の役割に対する簡素化されすぎた期待などを含んでいる」（Chapter 1，16頁）。研究の質について言えば，生命体の細胞内で起こっているあらゆる化学反応を決定づける単一の要素，すなわち生命の源を記述する研究が現時点では存在しないことと同じように，教室で起きているあらゆる教授・学習活動とその相互作用や教室外の要素との関係性を描き切ることのできる教育研究もまた，現時点では存在しない。その記述の質を考えたとき，教室よりは細胞内のほうが，役者やその相関図が見えているかもしれない。また，まだ私たちが未だ知りもしない要素が細胞内の物質同士の関係性を特徴づけているかもしれないのと同じように，私たちが考えもしなかった要因が，教室での活動を規定することが知られるようになるかもしれない。こうした「不確実性（Uncertainty）」の要素については，自然科学のように物理的な何かを相手にしていない分，教育研究はより分が悪い。

しかも，教育の研究は，同じ条件で継続的に行われることが非常に限られている。それは，年度ごとに学校，学級，教師，子どもたちが入れ替わっていくだけでなく，教育課程の変化，教育予算，そして研究に使うことのできる資源，すなわち研究費や，その出所が年度単位で変遷していくことに他ならない。金の切れ目が縁の切れ目ではないが，継続的に研究に取り組むことができないことは，結果的に現場との関係性の分断につながりかねない。

「一連の研究のある時点での進展を評価することは常に難しいことではあるが，ラカトシュが書いたように，『……合理性は多くの人が考えるよりもずっとゆっくりと働き，その後もあてにはならない』」（Chapter 2，34 頁）。科学哲学の分野で，科学の暫定性・不確実性が論じられたのは，1970 年より以前からのことである[1]。前述のような，教育研究の性質（VUCA）を考えると，その暫定性・不確実性は，EBPM により強い影響を持つように思われる。また，研究の再現性といったものを考えた場合，教育研究はどこまで再現可能であろうか。

例えば，Chapter 4 の「『チャータースクールは伝統的な公立学校よりも学生の到達度を向上させるのに効果的であるか？』といった一見単純な質問に答えることは，イノベーティブな教授法の影響を理解したい場合に，格別有効ではない。なぜなら，『チャータースクール』のルーブリックに基づく教育環境とプログラムは非常に多様であり，評価されるべき共通の教育的介入が存在しないのである」（115 頁）とある。しばしば，私たちは「○○という教育活動は，児童・生徒の学習を改善するか」といった研究課題を立てがちであるが，このチャータースクールの事例を参考にすれば，「○○という教育活動」と名前を付けたそれは，非常に多様な意味合いを含んでおり，そこでどのような教育的介入が行われたのかを限定的に指摘することができない。この問題は，非常に幅広い影響範囲を持つ。

もし，「○○という教育活動」の○○が十分に定義され，具体化され，限定的な文脈において施行されたものでなかったら，その教育活動は研究ごとに異

---

[1]　いわゆるパラダイム論など新科学哲学，トーマス・クーン，ポール・ファイヤアーベントらを参照。

iii

訳者はしがきにかえて

なる幅広い要因の影響を受けている。前述のチャータースクールの引用では，「教育環境とプログラム」と一口に言っているが，学校が変われば教育環境は丸ごと違うものとなるし，その環境を構成している要素である児童・生徒，教師，保護者，管理職，地域の経済状況，教育委員会の介入，研究者との関係などがそれぞれ異なるであろうし，またそれぞれの要素の男女比，社会経済的地位，背景となる年代など，指摘されているものだけでも，ここにあげきれるものではない。

　しかしながら，「もしその計画が経験的に問われたことのある課題に直接向かっていて，先行研究と関連する理論とのつながりがあり，文脈の中で十分な実践がなされていて，その研究から見つかったことについて論理的に他の解釈が除外されるような説明がされており，科学的に精査することを可能としている場合，それを科学的であると考えることは可能であろう」（Chapter 5, 124頁）。このように，本書は私たちが毎日取り組んでいる，教育研究を科学的なものにするための取り組みにおいて障害となる知見と，それに対応するためのガイドラインとなる知見とをまとめている。

　「科学的研究の原則」は，その過程に厳密さを求める。その方法・過程こそが科学の本質なのだという理解が，読者の中に実感をもって生まれるようであれば，本書の目的の半分は達成されたことになる。研究に厳密さを求められるのは，学部生よりも修士院生，修士院生よりも博士院生であろう。しかし，本書は自ら厳密であることを求める博士院生はもちろんのこと，修士院生や教職大学院生にこそ，研究活動の手始めとして読んでいただきたい。世の中には，多くの教育研究の方法論を紹介する文献が出回っている。そうした文献も，その文章の中で警鐘をならしているが，「研究計画それ自体が，研究を科学的なものにしているわけではない」（Chapter 5, 124頁）。単に，先行研究の方略をなぞるだけでは，そのやり方が自らの研究を科学的にしているわけではないことには，注意が必要である。本文中でも指摘されているように，本書がまとめているのは「こうなれば科学になりうる」絶対条件ではなく，すべての教育研究が目指すべき理想としての「科学的原則」であり，逆にこれを満たしたから即，科学的であると言うことができるようなものを目指しているわけではないのである。科学的原則は，そういった権威づけにむしろ対抗するものだ。自

分の研究課題に答えるためには，どのような研究方法をとるべきなのか。それは，先に決まっているのではなく，研究課題を見出した今，これから吟味が始まるものであり，研究が世に出た後も，吟味がなされていくべきものである。したがって，教育におけるエビデンスが蓄積されていくためには，教育研究とその科学的原則が常に議論され，考慮されることが不可欠である。

　原著が発行されてから，ある程度の時間が経っているため，翻訳版である本書の発刊にあたっては，最新の情報として米国アカデミー（National Academies）や，教育科学研究所（Institute of Education Sciences），米国国立科学財団（National Science Foundation）が示した教育研究のための再現研究・追試研究のためのガイドラインの一部を紹介したり，EBPM のための論点を示す形で補稿を加えている。原著の示す科学的原則とあわせて，読者の科学的な教育研究構築に役立てれば幸いである。

　本書のもう 1 つのテーマである，証拠に基づいた政策立案（EBPM）にどこまで教育研究が寄与することができるのか。それは，これから教育研究を進めていくことになるであろう，私たち一人ひとりにかかっている。今日行っている研究が，すなわち明日の教育政策を決定することになるといった考えは，やや早急にすぎる。この点は，著者も賛成するところではあるが，一方でその研究がいったい何を明らかにするための研究であるのかや，今日的，あるいは歴史的な教育の課題に答えるものであるのかは，すべての教育研究において十分に吟味されるべきであろう。また，教育研究に関わるはじめのうちは，自らの研究がいったいどのように現場とつながっているのかと思い悩む時期でもあるだろう。その場合は，本書中盤の補論「EBPM と科学的教育研究」やあとがきを先に読んでいただければと思う。EBPM は，これからの時代により求められることであろうし，今皆さんが取り組んでおられる 1 つの研究も，将来的には教育というシステム自体を改善していく鎖の 1 つの輪となっていることを，本書を通じて感じていただけるのではないだろうか。本書前半の「教育研究のための科学的原則」が，EBPM のためにいかに重要であるかを感じることができれば，今日の前の研究を 1 つ完成させることがいかに重要であるかを認識することができるだろう。これが，本書の目的のもう半分である。

　EBPM の重要性を問う際に，「なぜ，今，教育研究が科学であることが重要

なのか」という問いに答えることは，その重要性を理解する一助となろう。問いに問いで答えることになってしまって，恐縮ではあるが，「今，どんな介入をし，何を育成すれば，将来を生きる子どもたちのためになるのか」，その答えはますます不明瞭になってきている。

学歴主義はますますシビアになり，子どもが少なくなった今，有名私立大学に入学したい子どもの数は増え続け，その是正のために打ち出す政策を受けて定員の削減が行われるなど，偏差値の高い大学に合格することはますます難しくなっている。一方で，「ゆとりでも詰め込みでもない」学校教育を目指すことが求められ，その具体的な姿はいったい何であるのか，基礎的・基本的な知識・技能の確実な定着と，これらを「活用」する力の目に見える姿が提案されなければ，この綾は解けないだろう。

訳者は，この「綾」を解釈する1つの考え方として，教育を複雑系として捉えている1人である。ここまで論じてきたように，教育のVUCAな性質に正面から向き合い，科学的な知見を積み重ねていくことが，これからの教育研究には求められるであろう。ローリグ教授もふれているSTEM教育がそうであるように，超領域的な（Transdisciplinary）学習が公教育を含めたあらゆる学習機会において展開されていく場合はもちろん，そもそも教育というシステム（あるいは社会科学が相手にしている対象）そのものが，超領域的であることを受け入れた場合，効果的な政策を立案していくには，どのような証拠が求められることになるだろうか。

証拠に基づいた教育，あるいは証拠に基づいた教育政策が医療や看護のように一定の成立を見るまでには，ある程度の障害があることが見込まれる。本書は，2002年に論じられ，まとめられたものでありながら，科学的教育研究に向けての障害について認識し，それらを超越するための議論を展開している。それに加え補論では，新たに提案された再現・追試研究のためのガイドラインを紹介し，EBPMのための科学的教育研究を支援している。

前述のようなVUCAな性質を考慮すると，教育の政策レベルでの意思決定には，その複雑性がゆえの不確実性が伴う。既存のデータや記録をどれだけ活用しても，ある政策・施策の効果の因果関係を特定することには，限界があるとされる（青柳, 2018）。もしそうだとすれば，教育における科学的研究の原則，

そして関連するガイドラインは,現在進められている教育研究の段階に応じて,改善されていくものとなろう。本書が,教育分野の潜在性を拡大し,将来の教育システムとそこで学ぶ人々に貢献することを願っている。これから研究を始める皆さん,あるいはこれまでの研究を振り返っている皆さんのお目にとまり,それぞれの研究の中で,こうしたガイドラインが検討される機会となれれば,幸いである。

　本書の発刊にあたり御支援を賜った多くの方に,お礼を申し上げる。中でも,冒頭に筆を添えてくださったミネソタ大学のジリアン・ローリグ（Gillian Roehrig）教授,これまで私の研究活動を支え,自信を与えてくださった静岡大学の熊野善介教授のお二人には,多大な機会を頂戴し,訳者の研究を方向づける経験を積ませていただいた。重ねて感謝申し上げる。また,逐次詳細な支援をしてくださり,本書の完成のために補稿を書き上げるという重要な宿題をくださった,北大路書房の若森乾也様。和訳にあたり,専門分野の訳語（数学的モデリング）について重要な示唆をくださった,静岡大学松元新一郎教授。原著訳文に加えて,拙著となるはしがき,補論,あとがきを補稿として加えることを御許可くださった,スタンフォード大学リチャード・シャベルソン（Richard Shavelson）名誉教授に,改めてお礼を申し上げる。

編訳者

齊藤　智樹

【 文 献 】

青柳恵太郎（2018）．指定コメント「経済学および国際開発の視点から」　第 2 回 エビデンスに基づく実践と政策セミナー

齊藤智樹・熊野善介（2015）．科学教育研究における科学的な研究方法論に関する一考察　日本科学教育学会研究会研究報告, *30*(9), 51-56.

# 日本語版に寄せて

　教育というのは古くからある取り組みであるが，こと教育研究となると比較的新しいものである。そうした新しい領域であるがゆえに，教育研究にはなされなければならない適切な目的と方法についての議論がまだまだ残っている。ありがたいことに，私たちは質的研究と量的研究の間に中間領域なく線を引こうとするパラダイム戦争ともいうべき論争を経験してきた。「科学的な教育研究」という語は，残念ながらこうしたパラダイム論争の呼びかけの中で，「無作為化された実験的な研究計画のみが『科学的な』と称することを許容しうる」といったような間違った仮定によって，うんざりさせられるようなものとなってきた。こうした考えは，STEM（Science, Technology, Engineering and Mathematics）教育において研究を進めるうえでも，ある領域におけるバックグラウンドを持ち，より論理実証主義的に数値にこだわろうとする私たち多くのSTEM教育研究者を混乱させている。STEM教育関係の研究初心者が以下のことを理解することは，非常に重要である。すなわち，ある単一の研究計画が，他のものよりもよりよく，より科学的であるということはなく，最善の研究計画というものは，「経験的に問われたことのある課題に直接向かっていて，先行研究と関連する理論とのつながりがあり，文脈の中で十分な実践がなされていて，その研究から見つかったことについて論理的に他の解釈が除外されるような説明がされており，科学的に精査することを可能としている」（Chapter 5, 124頁）ものである。

　STEM教育に関する最近の政策では，科学と数学を別々の単一の学問分野として教えるのではなく，その教授と学習に統合的アプローチを取り入れることが求められている。現代の教育改革は，問題の解決策を作り出すために，複数の学問分野が必要とされる真正の文脈において児童・生徒が学ぶ統合的なSTEMを求めているのだ。こうしたアプローチにおける1つの困難は，これらの学問分野の間にある認識論的な差異である。科学（S）が自然界についての説明とモデルを開発することを目指している一方で，エンジニアリング（E）

日本語版に寄せて

は，課題への解決策を構築するために知識を転用したり，適用したりする。また，その知識の開発の過程として，科学の学問分野はより収束的である一方で，エンジニアリングは発散的である。このように，STEM教育の研究初心者が哲学的・認識論的な基盤を理解することは，統合的なSTEM教育の研究に取り組むうえでは重要である。

STEMの二重認識論に取り組むことは，知識を生み出すことと，それを実践のために使用することの両面を目的とした教育研究の二重の目的を考慮するためにも役立つ。事実，「デザイン」の語はエンジニアリングにおいても，あるいは教育実践を助ける新たな教育研究のアプローチにおいても共通するものとなっている。エンジニアリングの活動は，その核となる部分において，ある目的のために課題を解決する思考法のことである。それは，「設計者が，一連の示された障害を乗り越えることで，クライアントの目的やユーザーのニーズを満たす形や機能を持ったデバイスやシステムあるいは過程を生成し，評価し，そして概念を指定する，体系的で知的な過程」（Dym, Agogino, Eris, Frey, & Leifer, 2005, p. 104）であるエンジニアリングのデザイン過程によって特徴づけられる。教育におけるデザイン研究（Design-based Research: DbR）は，単一のアプローチではなく，むしろ一連のアプローチと表現するのが適切であろうけれども，デザイン，研究，そして実践を同時に発展させていこうとするアプローチである（Wang & Hannafin, 2005）。こうした目的を達成するために，デザイン研究を行う研究者は，問題の分析，デザイン，実践，調査，そして再デザインという繰り返しのサイクルに取り組む（Wang & Hannafin, 2005）。デザイン研究は「経験に近い（実践的な）意義と，経験から距離のある（理論的な）関係性」[1]（Barab & Squire, 2004, p.6）を併せ持ち，それを将来の（実践的な）介入の計画を導くことを意図した，ある文脈における理論的な知識の生産を通じて提供する（Barab, 2006; Confrey, 2006）。

科学的教育研究は，研究空間についての深い理論的理解が必要であり，かなりの場合，教授と学習の研究者に対する新しいアプローチが，提案されたイノベーションのための強固で理論的な基礎をなくして飛び入ってくる。例えば，

---

◆1 文中（ ）は，訳者による補足。

ix

日本語版に寄せて

STEM教育に関する文献は，指数関数的に増加しているが，STEMの無数の
モデルは研究の確かな基盤を開発することを困難にしている。最も問題となる
のは，こうした研究の多くが明確なモデルを示しておらず，STEM教育のプ
ロダクトと実践の急成長は科学的教育研究によって最小限にしか支えられてい
ないことである。本書の中でも議論されているように，「1つの改革案が別の
改革案を置き換えるため，カリキュラム，スタンダード，そして説明責任のメ
カニズムにおける不安定性が一般的なものとなっている」（Chapter 4, 114頁）。
統合的なSTEMであっても，その例外ではない。教育研究者やその実践者らが，
「飛ぶときになって飛行機を作る」ことになるからである。急速な教育の変化と，
限られた実践のための時間枠を考慮すると，私たちはそれらをリアルタイムで
試行しながら，イノベーションを開発する必要がある。DbRは，この現実的
な問題に対する解決策の1つであろう。飛行機を作るにもプロトタイプから始
めることは重要であるが，飛行機をデザインする徹底的な一連の繰り返しの中
で，そのデザインは改善されることになる。同様に，統合的なSTEMについ
ても，初期の設計につながる理論を慎重に検討し，意図したイノベーションを
教師や生徒らが体験できるようにすることが重要である。長い一連の反復テス
トと失敗からの学びといっても，それが失敗に終わるまで誰も乗っていない飛
行機のメタファーとは異なり，私たちは教室で現実に進んでいく子どもたちの
時計と時間を合わせて取り組んでいる。政策立案者は，失敗に対する許容度が
低く，成功を期するには非現実的な時間枠を設定していることが多い。統合的
なSTEMのような介入は，子どもたちのテストの点数として影響が見られる
ようになるまでに数年かかる。また，新しい活動が採用されると，「実装の失敗」
が起こることはよくあることである。したがって，教育研究者として，私たち
の研究計画が強固で科学的であること，イノベーションのデザインを導く証拠
と，長期的な目標に向けての成功の継続的な証拠を提供することは重要である。

　また，教育のPh. D.プログラム（以下，博士課程）では，学生が様々な教
育研究方法で流動性を高めることが重要である。ミネソタ大学のSTEM教育
の博士課程では，6つの教育研究方法コースを受講して，科学的教育研究を実
施するための様々なアプローチの背景を深く学ぶことになる。教育の博士課程
の院生は，教育研究の認識論的基盤，応用および批評を含めた，教育研究の様々

x

な量的・質的な視点を論じることに自信を持てるようになっているべきである。エンジニアが自分の分野の課題を解決するためのアプローチを「ツールボックス」として維持しているように，STEM教育の研究者にも自らの意図する研究に最適な研究方法と，技術を備えた「ツールボックス」が必要である。このツールボックスには，研究方法の選択が理論的な仮定や文脈に基づくように，子どもたちがいかに学ぶのかについての理解，カリキュラムのデザイン，教育や学校についての歴史的・現代的アプローチ，そして衡平性の問題や社会正義などが含まれている。

　文脈についての理解と説明は，教育研究者が直面する最も複雑な問題の1つであろう。事実，教育研究，特に質的なアプローチに対する最も一般的な批判は，調査を一般化できる範囲についてのものである。それにもかかわらず，STEM教育における改革は文脈についての配慮がほとんどなされないままに，世界的に採用されつつある。アメリカにおいては，次世代科学スタンダード（Next Generation Science Standards；以下，NGSS）がSTEM教育の改革において推奨されるスタンダードとなっている。アメリカの子どもたちの約3分の2が，NGSSの影響を受ける教育スタンダードをもとに学んでいることになる。20の州とワシントンD. C.がNGSSを採用し，その他の24の州がNGSSに基づいて独自のスタンダードを策定している（2019年9月現在；https://ngss.nsta.org/About.aspx）。しかし，子どもたちがこれらのスタンダードをもとにどんな経験をするのかは，州，学校，教師，およびその他の文脈的な要因によって大きく異なることになる。さらに驚くべきことには，多くの途上国が教育システムの改善を通して彼らの経済的な改善に向けて取り組んでいるため，NGSSは世界的に採用されている。それは，統合的なSTEMがグローバルな環境において機能できないということではないことを示唆する。実際，子どもたちの学び方についての私たちの理解や，初期研究は学習を変革するための統合的なSTEMの見通しを示している。しかしながら，NGSSを単純かつ大規模に採用する前に，統合的なSTEMの学習環境について研究すべきことがまだまだ多くある。今，多くの学生はSTEM教育の博士号を取得するためにアメリカへとやってくるため，科学的な教育研究が世界中のSTEM教育政策に情報を提供するために必要な，統合的なSTEM教育実践を異なる国々で

行う比較研究，文脈を十分意識した研究のための確かな機会があることは，事実である。

　本書が，研究を始めた大学院生らの重要な科学的教育研究に貢献することを期待している。

ミネソタ大学大学院

ジリアン・ローリグ（Gillian Roehrig Ph. D.）

## 【文 献】

Barab, S.A. (2006). Design-based research: A methodological toolkit for the learning scientist. In R. K. Sawyer (Ed.), *The Cambridge Handbook of the Learning Sciences* (pp.153-169). Thousand Oaks, CA: Cambridge University Press.

Barab, S.A., & Squire, K.D. (2004). Design-based research: Putting a stake in the ground. *Journal of the Learning Sciences*, 13 (1), 1-14. DOI: 10.1207/s15327809jls1301_1

Confrey, J. (2006). The evolution of design studies as methodology. In R. K. Sawyer (Ed.), *The Cambridge Handbook of Learning Sciences* (pp. 135-152). New York: Cambridge University Press.

Dym, C., Agogino, A. M., Eris, O., Frey, D. D., & Leifer, L. J. (2005). Engineering design thinking, teaching, and learning. *Journal of Engineering Education*, 94 (1), 103–120.

NGSS Lead States (2013). *Next generation science standards: For states, by states.* Washington, DC: The National Academies Press.

Wang, F. & Hannafin, M.J. (2005). Design-based research and technology-enhanced learning environments. *Educational Technology Research & Development*, 53 (4), 5-23.

# 米国科学アカデミー
# 米国技術アカデミー
# 米国医学研究所
# 米国学術研究会議

米国科学アカデミー（National Academy of Sciences）は，科学技術の発展と，その一般福祉のための利用に専念する，科学やエンジニアリングの研究に取り組む著名な学者による，私設の非営利で，自立的な協会である。1863 年に議会から権限を与えられた憲章に基づいて，アカデミーは科学技術に関して連邦政府に助言を与える使命を持っている。現在のアカデミーの総裁はブルース・アルバーツ（Bruce M. Alberts）博士である。

米国技術アカデミー（National Academy of Engineering）は，米国科学アカデミーの憲章の下，それに並行する優れたエンジニアたちの組織として 1964 年に設置された。その管理とメンバーの選定については自律的であり，連邦政府に助言するという責任を持つ点は，米国科学アカデミーと共有している。米国技術アカデミーは，国家の要望を満たすことを目的としたプログラムを後援し，教育と研究を奨励し，エンジニアの優れた業績を承認する。ウィリアム・A・ウルフ（Wm. A. Wulf）博士が現在の米国技術アカデミーの総裁である。

米国医学研究所（Institute of Medicine）は，米国科学アカデミーによって，公共福祉に関連する政策関係の諸問題の検討における適切な専門性を持った著名なメンバーの貢献を維持するために 1970 年に創設された。この機関は米国科学アカデミーを連邦政府への諮問機関と定める憲章において，与えられた責任の下に活動し，自らの取り組みを動かし，医療およびその研究や教育に関する問題を明らかにしている。ケネス・I・シャイン（Kenneth I. Shine）博士が現在の米国医学研究所の総裁である。

米国学術研究会議（Natinal Research Council: NRC）は，知識を拡大し，連邦政府に助言するというアカデミーの目的に科学技術の幅広いコミュニティーを関連づけるために米国科学アカデミーによって 1916 年に創設された。アカデミーによって決定される一般的な政策に基づいて機能することで，NRC は政府，社会，そして科学やエンジニアリングのコミュニティーに仕える米国科学アカデミーと米国技術アカデミーの両方の機関を操る筆頭機関となった。NRC は 2 つのアカデミーと米国医学研究所によって管理されており，ブルース・アルバーツ博士とウィリアム・A・ウルフ博士がそれぞれ議長と副議長を務める。

# 教育研究のための科学的原則委員会

リチャード・J・シャベルソン
(Richard J. Shavelson)

議長, School of Education, Stanford University

ドナルド・I・バーフィールド
(Donald I. Barfield)

WestEd, San Francisco

ロバート・F・ボルーチ
(Robert F. Boruch)

Graduate School of Education, Wharton School Department of Statistics, and Fels Center for Government, University of Pennsylvania, Philadelphia

ジェリー・コンフリー
(Jere Confrey)

Department of Curriculum and Instruction, University of Texas at Austin

ルドルフ・クルー
(Rudolph Crew)

Stupski Family Foundation, Mill Valley, California

ロバート・L・デハーン
(Robert L. DeHaan)

Department of Cell Biology, Emory University, Atlanta, Georgia

マーガレット・アイゼンハート
(Margaret Eisenhart)

School of Education, University of Colorado at Boulder

ジャック・マクファーレン・フレッチャー
(Jack McFarlin Fletcher)

Department of Pediatrics, University of Texas, Houston

ユージン・E・ガルシア
(Eugene E. Garcia)

Graduate School of Education, University of California, Berkeley

ノーマン・ハッカーマン
(Norman Hackerman)

Robert A. Welch Foundation, Houston, Texas

エリック・ハヌシェク
(Eric Hanushek)

Hoover Institution, Stanford University

ロバート・ハウザー
(Robert Hauser)

Center for Demography of Health and Aging, University of Wisconsin-Madison

ポール・W・ホランド
(Paul W. Holland)

Educational Testing Service, Princeton, New Jersey

エレン・コンドリフ・ラーゲマン
(Ellen Condliffe Lagemann)

The Spencer Foundation, Chicago, Illinois, and New York University, New York, New York

デニス・C・フィリップス
(Denis C. Phillips)

School of Education, Stanford University

キャロル・H・ワイス
(Carol, H. Weiss)

Graduate School of Education, Harvard University

リサ・タウン
(Lisa Towne)

研究ディレクター

ティナ・ウィンタース
(Tina Winters)

リサーチ・アシスタント

リンダ・デピュー
(Linda DePugh)

上級プロジェクトアシスタント

# 献　辞

## リー・J・クロンバック
（Lee J. Cronbach; 1916-2001）

　リー・クロンバックは，かつてスタンフォード大学名誉教授であり，米国科学アカデミーと米国教育アカデミーのメンバーであった。彼のキャリアは50年にわたり，心理測定学，そして教授やプログラム評価などに精通し，業績を生み出してきた。彼のアイデアや厳密な科学的探究のための高度な基準は，教育や社会科学の研究に，そして私たちの審議に偉大な影響を与えた。

# 緒　言

　米国アカデミーは，1863 年以来，差し迫った問題に対処するために，科学を提供する仕事を行ってきた。その指揮をとる米国学術研究会議（National Research Council: NRC）は，公共の利益に影響を与える広範な分野で科学的な知識を統合する，数百ものレポートを作成してきた。この作業のほとんどに，公共政策の課題において，合理的な意思決定を促すために活動している科学者が取り組んでいる。私たちのレポートが科学という営みそれ自体の本質に明示的にコメントすることはめったにない。本報告書はそうした例の 1 つである。NRC の編成委員会は，科学的教育研究における質と厳密さについての目的を持った活気ある議論を組織した。その作業の過程において委員会は，現代の教育研究の文脈に配置できるように，科学の本質についての長年にわたる哲学を再検討した。

　多くの点で，本報告書自体が科学的研究の産物であるから，それは科学を構成しているもの自身の描画と合致している必要があった。そこで，本報告書の編成委員会は，証拠やアイデアの精査に厳密な論法を適用し，代替となりうる視点を考慮し，その調査結果と結論を建設的な議論を誘うような言葉で提示した。

　私は，本書『科学的な教育研究をデザインする —— 証拠に基づく政策立案（EBPM）に向けて（*Scientific Research in Education*）』は，少なくとも 2 つの面で，現代の物語を前進させるだろうことを願っている。はじめに，教育政策と実践のための，科学に基づいた教育研究利用◆1 に興味を増している政治的コミュニティーのための包括的な見地を与えること。次に，教育の多様な分野の中で，しばしば哲学や方法論を論じている文章に，異論を唱える研究者もいるが，その一方で，彼らは定義や質の追究において，ほとんどの点に共通理解があることを示している。したがって，本報告書は研究者にとって有用であるだけでなく，研究を利用する人々にとっても有用であるはずだ。

　この取り組みは，NRC の内部で政策や実践の改善における教育研究の役割を高めるために計画された，最近の一連の制度改革や活動を引き継いでいる。1999 年に，私たちはすでにかなりの数のポートフォリオとなっていた教育とその研究を統合し，強化するために教育センター（Center for Education）を創設した。加えて，NRC の 1 つの主要な取り組みである戦略的教育研究パートナーシップ（Strategic Education Research Partnership）は，体系的に教育研究と実践をつなげるために，その能力とインフラを開

---

◆1　すなわち，Evidence based Policy Making（EBPM）のこと。

緒　言

発することに焦点を当てている。まとめると，こうした過去の努力や将来の取り組みが，教育をますます科学的な証拠に基づいた分野へと変革することに役立つように意図されている。そして，それが私の総裁としての最も重要な目的の1つでもある。

　他のすばらしい学術研究と同様に，本書は間違いなく討論や議論を煽り，批判や解説を招き，その擁護者や批判者を求めるだろう。以下の本文で著者らが議論するように，この種類の専門的，建設的談話がまさに健康な科学的コミュニティーを特徴づけている。私たちは，対話を歓迎している。

ブルース・アルバーツ（Bruce Alberts）
米国科学アカデミー，総裁

# 謝　辞

　本報告書は，多くの人々のサポートがなければ生み出されなかった。委員会は彼らの貢献に感謝している。まずは，私たちのスポンサーである米国教育省の教育研究政策方針委員会，特にケンジ・ハクタ（Kenji Hakuta），テルマ・リーンハウツ（Thelma Leenhouts），メアリー・グレース・ルシエ（Mary Grace Lucier），アルバ・オーティス（Alba Ortiz），そしてラファエル・ヴァルディヴィエソ（Rafael Valdivieso）らに感謝したい。

　委員会は，私たちの会議に参加し，私たちが教育における科学的探究の本質の検討に関わるうえで，複雑な問題を理解することを助けた人々によって大きく支えられてきた。2000 年 12 月の最初の会議では，ランド研究所（RAND）のトム・グレナン（Tom Glennan），ケネディ上院議員の事務所のジェーン・オーツ（Jane Oates），元米国教育委員会および米国下院で働いていたダーシー・フィルプス（D'Arcy Philps），そして NRC のアレクサンドラ（サンディ）・ウィグダー（Alexandra (Sandy) Wigdor）らの全員が，私たちの文脈についての有益なプレゼンテーションを提供してくれた。

　2001 年 3 月に同委員会は，科学，証拠，そして教育における推論についてのワークショップを開催した。私たちは特に，ワークショップの話者とパネリストの貢献に特に感謝している。マイケル・エイガー（Michael Agar：メリーランド大学と Ethknoworks），ノーマン・ブラッドバーン（Norman Bradburn：NSF），グレン・ケイン（Glen Cain：ウィスコンシン大学），スーザン・チップマン（Susan Chipman：海軍研究局），クリストファー・T・クロス（Christopher T. Cross：基礎教育のための協議会），ラリー・ヘッジズ（Larry Hedges：シカゴ大学），ジェレミー・キルパトリック（Jeremy Kilpatrick：ジョージア大学），デイヴィッド・クラー（David Klahr：カーネギーメロン大学），シャロン・ルイス（Sharon Lewis：大都市学校評議会），リード・ライアン（Reid Lyon：米国国立小児保健・人間発達研究所），ケント・マクガイア（Kent McGuire：マンパワーデモンストレーションリサーチ），ロバート・ミスリヴィ（Robert Mislevy：メリーランド大学），ウィリアム・モリル（William Morrill：キャリバーアソシエイツ），ウィリアム・クイン（William Quinn：ノースセントラル地域教育研究所），ダイアン・ラヴィッチ（Diane Ravitch：ニューヨーク大学およびブルッキングス研究所），サリー・ロッキー（Sally Rockey：米国農務省の共同研究・教育・普及局），スティーブン・ロス（Steven Ross：メンフィス大学），ナンシー・ソンガー（Nancy Songer：ミシガン大学），ジュディス・サンリー（Judith Sunley：NSF），リチャード・スズマン（Richard Suzman：米国国立老化研究所），ピーター・ティラーズ（Peter Tillers：イェシーバー大学カードーゾ・ロースクール，およ

びイェール大学ロースクール），そしてマリス・ヴィノヴスキス（Maris Vinovskis：ミシガン大学）。私たちはまた，ワークショップの2日間を通じて積極的に関わり，大幅に対話を増強したすべての参加者に感謝したい。

　ワークショップに続く数か月において，ノーマン・ブラッドバーン，リード・ライアン，ジュディス・サンリー，そしてリチャード・スズマンは，私たちが彼らの連邦政府機関の研究活動について，より多くのデータを収集できるよう，多大な支援を続けてくれた。米国教育省の教育研究・改善局（OERI）のマーティン・オーランド（Martin Orland）には特別な感謝を送りたい。私たちのデータ収集ツールの開発における彼の貢献は非常に貴重で，広範なデータは彼が提供してくれたようなものである。

　委員会はまた，その審議中に，何人かの米国科学アカデミーや米国医学研究所のメンバーとの議論や彼らのアイデアから恩恵を受けた。アーサー・ゴールドバーガー（Arthur Goldberger），エレノア・マコビー（Eleanor Maccoby），ジェームズ・マーチ（James March），ニール・スメルサー（Neil Smelser），そしてパトリック・スッピス（Patrick Suppes）らがそのメンバーである。私たちの審議における形成的な時間において，彼らの洞察を委員会と共有しようという意志は非常に寛大なものであった。

　その他，多くの人々がこのプロジェクトを支援してきた。Educational Testing Service（ETS）の図書館やアーカイブのスタッフは，評価の歴史にその資料を位置づける作業において，かなりの援助をしてくれた。NRCの教育センター，特にナオミ・チューダオスキー（Naomi Chudowsky）は，全体のプロセスを通じて，スタッフに非公式なガイドを提供してくれた。センターのディレクターであるマイケル・フォイヤー（Michael Feuer）は惜しみなく時間を割いてくれ，このプロジェクトを通じて，彼のアドバイスは非常に貴重なものであった。また，レポートの見直しをガイドしてくれたキルスティン・サンプソン・スナイダー（Kirsten Sampson Snyder），原稿の編集の専門家としてユージニア・グローマン（Eugenia Grohman）にも感謝したい。委員会は特に，リンダ・デピュー（Linda DePugh）のプロジェクトを通じた物流や管理の支援，ティナ・ウィンタース（Tina Winters）のワークショップ後のデータ収集や原稿準備の支援など，プロジェクトのスタッフへのサポートに感謝する。彼女らの貢献は本書を作るうえで不可欠であった。

　本報告書は，NRCのレポート審査委員会によって承認された手続きに従って，その草案の段階から多様な視点と技術的な専門知識を持った人々によって検討されてきた。この独立したレビューの目的は，機関がそのレポートをできるだけしっかりしたものにすることを支援する率直かつ批判的なコメントを提供すること，そしてそのレポートが目標，証拠，そして研究負担への応答性といった機関内の基準を満たしているかを確かめることである。レビューのコメントや草稿は，審議の過程の整合性を確保するために機密扱いであった。私たちは，本報告書のレビューについて以下の人々に感謝したい。デボラ・ローエンバーグ・ボール（Deborah Lowenberg Ball：ミシガン大学），ハイマン・バス（Hyman Bass：ミシガン大学），M・スーザン・バーンズ（M. Susan Burns：ジョー

xix

## 謝　辞

ジメイソン大学），トーマス・クック（Thomas Cook：ノースウェスタン大学），デイヴィッド・S・コードレイ（David S. Cordray：ヴァンダービルト大学），マイケル・ドイル（Michael Doyle：研究会社），ジェームズ・デュダースタット（James Duderstadt：ミシガン大学），アーサー・S・ゴールドバーガー（Arthur S. Goldberger：ウィスコンシン大学マディソン校），ジェーン・ハナウェイ（Jane Hannaway：アーバン・インスティテュート），ウィリアム・リース（William Reese：ウィスコンシン大学マディソン校），マーシャル・スミス（Marshall Smith：ウィリアム＆フローラ・ヒューレット財団），そしてジョン・ウィリンスキー（John Willinsky：ブリティッシュコロンビア大学）。

　上記のレビュアーは，多くの建設的なコメントと提案をしてきたが，彼らは結論や推奨事項を承認することは求められていなかったし，レポートの最終草案がリリースされるまではそれを見てもいなかった。本報告書のレビューは，ロバート・L・リン（Robert L. Linn：コロラド大学）とライル・V・ジョーンズ（Lyle V. Jones：ノースカロライナ大学チャペルヒル校）によって監督された。NRC によって，彼らは本報告書の独立した審査が機関の手順に従って実施されていること，またすべてのレビューのコメントが慎重に検討されたことを確かめることを任された。本報告書の最終的な内容についての責任は，完全に編成委員会と機関にある。

　最後に，私たちはすばらしい委員会のメンバーに感謝しなければならない。教育における科学的研究の性質を明確にし，それに同意すること，特に１年未満の短い時間の中でそれをなすことは簡単なことではなかった。それを可能にしたのは，彼らの献身，忍耐力，そして集団としての専門知識であり，取り組みをやりがいがあり，楽しいものにする，彼らの率直で，専門的なアプローチによるものであった。

リチャード・J・シャベルソン（Richard J. Shavelson：議長）

リサ・タウン（Lisa Towne：研究ディレクター）

# 目　次

教育研究は科学であるか──訳者はしがきにかえて　　i
日本語版に寄せて　　viii
献辞　　xv
緒言　　xvi
謝辞　　xviii

## 要約　　1

### 1節　科学の本質　2
- ◆科学的原則1　経験的に調査することができる重要な問いを提起すること　3
- ◆科学的原則2　研究を関係する理論と結び付けること　4
- ◆科学的原則3　問いの直接的な調査を可能にする方法を利用すること　4
- ◆科学的原則4　一貫した明示的な推論の連なりを提供すること　4
- ◆科学的原則5　研究をまたいで追試し、一般化すること　5
- ◆科学的原則6　研究を専門的な精査と批判を奨励するために開示すること　5

### 2節　教育への原則の適用　6

### 3節　連邦政府教育研究機関における科学を促進するためのデザインの原則　7
- ◆デザイン原則1　教育研究機関は，科学，リーダーシップ，マネジメントに精通した人材を擁していること　8
- ◆デザイン原則2　研究の課題をガイドし，出資の決定を知らせ，仕事をモニターするための構造を作り出すこと　9
- ◆デザイン原則3　不適切な政治的干渉から教育研究機関を隔離すること　9
- ◆デザイン原則4　政策と実践の重要性に関する短期，中期，長期的な問題に立ち向かう集中的かつバランスのとれた研究のポートフォリオを作成すること　10
- ◆デザイン原則5　教育研究機関に適切に資金提供すること　10
- ◆デザイン原則6　研究のインフラに対して投資すること　11

## イントロダクション　　12

### 1節　歴史的・哲学的な文脈　14
1. 人間の本質についてのモデル／17
2. 科学における発展／18

xxi

目　次

　　　　3.　高度に論争を呼ぶ分野としての教育／19
　　　　4.　研究計画と方法／19
　　　　5.　科学的な証拠とその厳密さ／20

　2節　教育研究における社会と専門家の関心　　23

　3節　委員会の委任とアプローチ　　25

　　　　1.　仮定／27
　　　　2.　本報告書の構造／30

## Chapter 2　科学的知識の蓄積　　32

　1節　知識の蓄積の実例　　34

　　　　1.　遺伝子発現調節／35
　　　　2.　試験とその評価／38
　　　　3.　音韻意識と早期の読書スキル／43
　　　　4.　教育資源と生徒の到達度／47

　2節　科学的な知識の蓄積のための条件と性質　　50

　　　　1.　促進条件／50
　　　　2.　共通の性質／52

　3節　結　語　　55

## Chapter 3　科学的探究のための原則　　56

　1節　科学的なコミュニティー　　59

　2節　ガイドとなる原則　　61

　◆科学的原則1　経験的に調査することができる重要な問いを提起すること　　61

　　　　1.　問いの重要性／61
　　　　2.　経験に基づく／65

　◆科学的原則2　研究を関係する理論と結び付けること　　67
　◆科学的原則3　問いの直接的な調査を可能にする方法を利用すること　　69
　◆科学的原則4　一貫した明示的な推論の連なりを提供すること　　73
　◆科学的原則5　研究をまたいで追試し，一般化すること　　77
　◆科学的原則6　研究を専門的な精査と批判を奨励するために開示すること　　79

　3節　原則の適用　　81

xxii

4節　結　論　87

## EBPMと科学的教育研究　　88

1節　EBPMにおけるエビデンスとは何か　　88
2節　教育研究に再現性をもたらすためには何が求められるか　　93
3節　証拠づくりのために展開されたEBPMのためのガイドライン　　95
4節　EBPMのための再現性を向上させるために　　99
5節　追試研究のためのガイドライン　　101
6節　まとめにかえて —— EBPMのために何ができるか　　102

## 教育と教育研究の特徴　　106

1節　教育の特徴　　110
　1．価値観と政治／111
　2．人間の意志／113
　3．教育プログラムの変動性（ばらつき）／114
　4．教育という制度／115
　5．多様性／116

2節　教育研究の特徴　　118
　1．多分野的視点／118
　2．倫理的配慮／120
　3．実践者との関係性／121

## 教育における科学的研究計画　　124

1節　研究計画　　125
2節　研究課題の種類　　126
3節　何が起きているのか　　129
　1．集団特性の推定／129
　2．単純な関係／131
　3．特定の教育環境についての記述／133

xxiii

目 次

4節　体系的な影響が認められるか　137
  1. 無作為化が可能な場合の因果関係／139
  2. 無作為化が不可能な場合の因果関係／141

5節　なぜ，あるいはどうやってそれが起こるのか　146
  1. 理論がかなりよく確立されている場合のメカニズムの探索／147
  2. 十分な理論が確立されていない場合のメカニズムの探索／149

6節　結　語　153

## Chapter 6　連邦政府教育研究機関において科学を育成するためのデザイン原則　157

- ◆デザイン原則1　教育研究機関は，科学，リーダーシップ，マネジメントに精通した人材を擁していること　162
- ◆デザイン原則2　研究の課題をガイドし，出資の決定を知らせ，仕事をモニターするための構造を作り出すこと　165
  1. 運営委員会／165
  2. 常任査読委員会／167
- ◆デザイン原則3　不適切な政治的干渉から教育研究機関を隔離すること　170
- ◆デザイン原則4　政策と実践の重要性に関する短期，中期，長期的な問題に立ち向かう集中的かつバランスのとれた研究のポートフォリオを作成すること　173
- ◆デザイン原則5　教育研究機関に適切に資金提供すること　177
- ◆デザイン原則6　研究のインフラに対して投資すること　180
  1. 教育研究のコミュニティー／180
  2. データの開発，共有とアクセス／182
  3. 実践者と政策のコミュニティーをつなぐ／186

## 結　語　189

文　献　190
索　引　205
日米の教育システムとEBPM――訳者あとがきにかえて　210

xxiv

　研究なくして，月に行ったり，病気を一掃したりすることを考える者はいないだろう。それと同様に，研究に基づいた知識によるガイドなしに意味ある効果を持つような教育における改革の取り組みを期待することはできない。教育における科学的な研究によって，ますます複雑でパフォーマンス主導型となっているアメリカの教育システムが解明されることになる。また，このような研究は，英語を第二言語とする学習者を教えることや，到達度や自己概念の測定，言語や認知の生物学的，心理学的基礎，公立学校にまつわる経済，そして高等教育や生涯学習における成果などの幅広い問題をカバーする。

　教育における科学的研究の本質と価値について，またそれがどの程度，科学的な取り組みに望まれる累積的な知識を生み出してきたのかについては，研究者，政策立案者たちが長年にわたって議論を展開してきた。最近，この教育研究の成果に対する懐疑論は，教育研究を実施するための厳密で科学的な方法を構成するものを定義する法案の成立を導いた◆1。

---

◆1　本文中に直接言及されていないが，著者等による後の記述（Shavelson & Towne, 2004）およびこうした法制の歴史を詳説した桐村（2013）などによれば「Scientifically Based Education Research, Statistics, Evaluation, and Information Act of 2000」（H.R.4875）のことを指していると思われる。
　Shavelson, R. J., and Towne, L. (2004). What Drives Scientific Research in Education? *APS Observer*, *17*(4).
　桐村豪文（2013）．因果関係の発見をめぐる認識論的・方法論的立場の多様性：米国における「科学的な教育研究」の内容をめぐる議論を参考にして　教育行財政論叢, *12*, 69-86.

要　約

　その法案は，証拠に基づいた教育政策と実践に対する高まった熱意と相まっ
て，この教育における科学的探究の本質を検討のうえ明らかにし，どうやって
連邦政府がそれを最善に育て，サポートできるかについての米国学術研究会議
（National Research Council）の研究につながった。具体的に，本委員会の責
務は，「……科学と科学的教育研究における実践についての最近の文献を検討・
統合し，連邦政府の教育研究機関における，高品質な科学をどうサポートする
かを検討すること」であった。私たちは，既存の研究内容やその分野の研究者，
あるいは既存の連邦政府の研究機能の質を評価しようとしたわけではない。な
ぜなら，それらはいわゆる記念碑的な研究を構成していたし，私たちの責務の
範囲を超えていると判断したためである。代わりに私たちは，歴史からの教訓
を生かし，教育研究の未来のためのビジョンを実施していくにあたって関係す
る，様々なステークホルダー（例えば，研究者，政策立案者，実践者）の役割
を特定するような，未来を見据えたアプローチを採用することとした。

# 1節　科学の本質

　根本的に，科学的な探究というものはすべての分野において同じである。科
学的な研究は，それが教育であるか物理学，人類学，分子生物学，あるいは経
済学であるかどうかにかかわらず，方法，理論，そして発見との間の動的相互
作用によって支えられている厳密な推論の継続的なプロセスである。それはテ
スト可能なモデルや理論の形で理解を構築する。科学的な知識の進歩は，時間
の経過とともに，科学のコミュニティーの自主規制的な規範によって達成され
るものであって，時々信じられているように，固定された一連の問いに対する，
特定の科学的方法の機械的な適用によるものではない。
　時間をかけて科学的知見が蓄積されることは，時に回り道であるし，非直接
的なものである。それは，しばしば研究者やその他の興味を持つ当事者によっ
て論争を呼んでいる領域を横断し，そして専門家の懐疑論や批判のある程度目
に見える形での行為の結果として進行する。たった1つの研究から明確で耐久

性のある結果が生じることはまれである。すなわち，時間をかけて適用され，証拠の基準に結び付けられた複数の方法は，科学的知識の基盤を確立するために不可欠なものである。研究をまたいだ成果の形式的な合成は，しばしば発見，テスト，そして多くの分野を特徴づける知見の多様性を説明するために必要となる。そして，それが物理学でも，生物学，そして社会科学や教育学に関係する分野であっても，科学的な知識を構築するというのは時間がかかることである。

　科学の営みは，研究者同士の健全なコミュニティーに依拠しており，一連の基本的な原則によってガイドされる。これらの原則は，個々の研究を実施・評価するための一連の強固な規範とはならないが，研究者同士のコミュニティーによって，科学的な理解を形成するために施行される一連の規範である。私たちは，以下6つの基本原則が，教育研究を含むすべての科学的探究の根底にあると結論づけた。

### 科学的原則1　経験的に調査することができる重要な問いを提起すること

　直感から概念化へと移行し，価値ある問いを具体化することは，科学的な研究に不可欠なものである。問いは既存の知識のギャップを埋めるためや，新しい知識を探すため，あるいはいくつかの現象の（時には複数の）原因の特定を追い求めたり，正式に仮説を検証したりといった取り組みにおいて，提起されるものである。つきつめれば，科学的な仮説や予想の妥当性を訴える最後の砦は，経験的妥当性である。科学者や哲学者は，一般的に科学的な主張や仮説の検証可能性や論駁可能性は科学的な調査の重要な特徴であり，それはその他の探究の形態においては典型的なものではないとしている。問いやそれに答えるために構築された研究の計画は，既存の関係する理論，方法論，実証研究を反映していなければならない。

要　約

**科学的原則 2**

## 研究を関係する理論と結び付けること

　特定のもののみならず一般的な現象に安定した説明を提供できる理論を生成することは，多くの科学の長期的な目標である。すべての科学的な探究は，暗示的あるいは明示的にも，全体としての研究をガイドするような，いくつかの包括的な理論や概念的な枠組みに結び付けられている。科学は理論的な理解を積み重ね，改善し，また時には置き換えることによって，累積的な知識を生成する。

**科学的原則 3**

## 問いの直接的な調査を可能にする方法を利用すること

　方法は，特定の研究課題に対処するうえで，その妥当性と有効性という観点からのみ判断される。さらには，複数の方法によって検討される対象である場合，科学的な主張は大幅に強化される。適切な方法論は，個々の研究のためには重要であるが，そこにはより大きな側面が備わっている。特定の研究計画や方法は，特定の種類の調査や問いに対しては適しているが，一連の探究におけるすべての問いや問題に光を当てることはめったにない。したがって，大きく異なる方法論的なアプローチが，関連した一連の研究の様々な部分において，しばしば利用されなければならない。

**科学的原則 4**

## 一貫した明示的な推論の連なりを提供すること

　科学の核となるのは，推論的な理由づけ，すなわち，すでに知られていることと，観察されたことに基づいた説明，結論，あるいは予測である。

科学的な推論を行うことは，単に適切な方法ですでに受け入れられている技法を利用するために，あるアルゴリズムを適用するといったことによっては達成されない。むしろ，理論的な証拠からの推論の論理的な連なりを開発することが必要であり，またそれは一貫して，共有可能であり，懐疑的な読者に対しても説得力のあるものである必要がある。この過程を経て作られた推論の妥当性は，制約とバイアスを同定し，不確実性と過誤を推定し，そして決定的かつ体系的にもっともらしい対案を合理的かつ説得力のある方法で除外することによって強化される。手順と分析の詳細な説明は，他者が批判，分析，そして研究を追試することを試みるために重要である。

## 科学的原則5　研究をまたいで追試し，一般化すること

　科学的な探究は，個々の知見と結果をチェックし，検証することに重点を置く。すべての研究が限られた観察に依存しているため，どうしたら個々の知見がより広い集団や設定に対して一般化されるのかということが重要になる。最終的に，科学的な知識は，知見がある程度の回数再現され，統合されたり合成されたりすることによって進歩する。

## 科学的原則6　研究を専門的な精査と批判を奨励するために開示すること

　科学的な研究は，それらが広く普及し，同じ分野の専門家の精査を受けるまでは，大きな知識の総体に対しては寄与しない。この進行中の，共同的な，社会による批判は，科学の営みの健全性の指標となる。実際，科学の客観性は，どのような個人や研究計画の特徴でもなく，公的に施行される科学者の専門家コミュニティーの規範に由来する。

要　約

# 2節　教育への原則の適用

　すべての科学は上述のように共通の原則を共有しているけれども，すべての研究分野は，原則が適用されるよう，独自の専門性を発達させている。教育は，その研究の専門性をもたらす独自の特徴を持っている。それは他の研究分野とは異なるユニークなものを単独で持っているというわけではないが，その組み合わせが特異なのである。

　教育は重層的であり，常に変化しており，機関（例えば，学校や大学），コミュニティー，あるいは家族などの相互作用の中において発生している。また，高い価値を持ち，多種多様な人々，そしてその性質を大幅に形づくる政治的な力を含んでいる。このような特徴のため，研究過程においては，物理的，社会的，文化的，経済的，そして歴史的環境に注意を払う必要がある。なぜなら，こうした環境の文脈的要素がしばしば重大な形で（研究）結果に影響するためである。アメリカの教育システムは非常に非均質で，教授と学習の本質がかなり複雑であるため，理論や知見が他の日時や，場所，集団などに一般化できる可能性のある範囲を理解するために，文脈に注意することは特に重要である。

　専門分野としての教育研究は，よくその特徴が定義されている。例えば，複数の学問分野からの視点が教育の研究を支えている。さらには，人間自身（例えば生徒や教師）についての研究を含む教育研究を実施する際には，こうした参加者の倫理的な扱いを確実にする必要がある。最後に，教育研究は実践との関係性に依存している。こうした関係性は，一連の範囲に沿って存在する。すなわち，ある種類の研究は弱いつながりで十分だが，一方では学校や他の主体との完全な協力関係を必要とする場合もある。州の評価データを分析するためには，保護者や学校にテストの実施について同意を得る必要がある。どの介入によって生徒の到達度は増加したのか，そのメカニズムについて研究するためには，研究と実践の長期的な協力関係が不可欠である。

　教育の特徴は，科学の基本原則との組み合わせで，科学的な教育研究の計画のための境界を設定する。繰り返しになるが，特定の研究計画がその研究を科

6

学的なものにするわけではない。多種多様で，正当で科学的な計画が教育研究のために利用可能である。それらは，教師の綿密な民族誌的ケーススタディのためのバウチャー◆2プログラムの無作為試験から，PETによる脳画像を用いた数の学習における神経認知的な調査までの広い範囲に及ぶ。科学的であるために，その研究計画は，重要な問いに対する直接的な経験的調査，研究が実施される文脈の説明，概念的な枠組みへの適応，慎重かつ徹底的な推論の振り返り，科学的なコミュニティーにおける議論を奨励するために，結果公表を可能にするべきである。

# 3節　連邦政府教育研究機関における科学を促進するためのデザインの原則

　教育実践の複雑さ，科学的原則の厳密さ，幅広い正当な研究計画等を前提として，教育における科学的な研究活動の促進を目的とする場合，連邦政府の教育研究機関はどのようにデザインされるべきだろうか。この問いに答えるにあたって，私たちは米国教育省の現在の最高研究機関である教育研究・改善局（Office of Educational Research and Improvement：以下，OERI）を評価しようとしたわけではない。また，連邦政府の教育研究機関の包括的な青写真を担うだけでなく，開発しようとしたわけでもなかった。その仕事は，組織編成の専門家や政治的プロセスに委ねるのが最善であろう。その代わりに，委員会は連邦政府の教育研究機関の中に**科学的な文化**を育むために，6つのデザインの原則を開発した。正確な構造自体は重要な要素ではない。委員会による，連

---

◆2　学校内外の教育に対して金銭的なサポートを行う「教育バウチャー」の考えは，ノーベル経済学賞受賞者のM・フリードマンが，教育の責任を政府が大きく負っていること，教育に対する政府の財政支援と管理運営の切り分けの可能性などの観点から提唱したものであり（斉藤，2007），我が国でも過去に導入の可能性が論じられたが，教育格差をかえって拡大することになるのではないか等の意見もあり，結論には至らなかったようである。近年では東京都区内や複数の自治体で，名称は違えど，教育バウチャーが導入されている（p.113も参照）。
　斉藤泰雄（2007）．M・フリードマンの「教育バウチャー論」再考　国立教育政策研究所紀要，*136*，149-164.

要　約

邦の教育研究機関や教育研究機関の歴史をまたいだプロセスや活動に関するレビューは特に，機関の基本構造が，成功する機関とそうでない機関とを区別しているわけではないことを示唆している。これら機関は，その文化が科学的な原則を支持している場合に効果的であるはずだ。

　そのような科学的な文化を発展させるために，機関は政治的なマイクロマネジメントから隔離され，十分かつ持続的なリソースによってサポートされ，科学に精通し，マネジメントの資格を持ち，柔軟な意思決定を行うことができ，それに責任を持つことができるスタッフによって導かれるといったインフラを持っていなければならない。重要なことは，そうした機関の成功のための責任は，すべての教育関係のステークホルダーにかかっているということである。政府には連邦の健全な役割を強制することはできない。特に，教育研究者のコミュニティーは（専門家の責任問題として）活気に満ちた教育研究の営みにおける機関の重要な役割を促進する仕事に関わるべきである。以下の，デザインの原則は，そうした仕事の核となるアイデアを詳しく説明し，そのメカニズムをサポートするための示唆を含んでいる。

| デザイン 原則1 | 教育研究機関は，科学，リーダーシップ，マネジメントに精通した人材を擁していること |

　教育研究機関のリーダーは，優れたリーダーシップを発揮し，尊敬される教育の研究者であらねばならない。研究スタッフは，同様の資格を有するとともに，助成金の募集告知を書くこと，研究のギャップや優先順位を識別するために現場に関わること，様々なタスクを実行するために委員会のメンバーを集めることに熟達している必要がある。有能なスタッフは，健全な機関にとって非常に重要な存在である（もしそうした人材がいなければ，他のことなど気にならないほどの大問題である）。唯一そのようなスタッフとともにあることで，教育における科学的な研究の規範は，機関に注入されることになる。

3節　連邦教育研究機関における科学を促進するためのデザインの原則

| デザイン 原則2 | 研究の課題をガイドし，出資の決定を知らせ，仕事をモニターするための構造を作り出すこと |
|---|---|

　研究課題は，広範な教育におけるステークホルダーが関わる共同的な過程を通じて開発されなければならない。研究者，実践者，ビジネスマン，そして政策立案者の諮問委員会（おそらく，米国科学委員会をモデルにしたもの）は，議題設定委員会と共同で働くことになる。研究計画を入念にチェックしたり，査読をするのと同様に，課題設定のプロセスに追加の情報・意見を提供することは，確かに完璧ではないものの，1つの最善なモデルである。常任査読委員会（任期を持つものが望ましい）は，各研究分野から学び，コミュニケーションをとることができ，そして結果的には，時間の経過に伴って科学的な進歩を促進するために強力な支えとなる。優れた科学的な資質と領域全体を考える能力を持つ同分野の研究者を選ぶことは，この一般的に使用されるメカニズムを機能させるために重要であり，そうした研究者の豊富な人材プールに大いに左右される。

| デザイン 原則3 | 不適切な政治的干渉から教育研究機関を隔離すること |
|---|---|

　研究機関は政治的なマイクロマネジメント（管理職から部下への干渉），即時的な問題に過度に焦点を当てることによる研究課題の歪み，そして特定の政策や立場を促進するためのツールとして機関を利用することなどから隔離されなければならない。それと同時に，その研究には，政策研究と現在の優先順位やニーズに対応する短期的な研究が含まれなければならない。

　教育研究とサービス志向のプログラムの両方をサポートする「ハイブリッド」な連邦機関の傾向を前提として，研究のミッションが育まれることを保証するために，ある機関の研究機能は，教育改善のミッションと知

9

的には関係づけられながらも，組織的には分割されているべきであること
を，私たちは提案している。

---

**デザイン原則4**

## 政策と実践の重要性に関する短期，中期，長期的な問題に立ち向かう集中的かつバランスのとれた研究のポートフォリオを作成すること

短期および中期の科学的な研究は，実践や政策についての差し迫った課題の問いに対する回答の要請に対して最も応答しやすい。長期的な研究は，理論的な枠組みの開発とテストに焦点を当てることで，根本的な問いに応える。すべては，関係する研究の一貫したプログラムとして編成される必要がある。そのポートフォリオは，研究の統合と同様に，新たな科学的な調査を含むべきである。

---

**デザイン原則5**

## 教育研究機関に適切に資金提供すること

教育研究への連邦予算の推定値は，毎年公立のエレメンタリー（小学校），そしてセカンダリー（中学校・高等学校）のレベルに費やされる額が，農業や医療のための同様の投資と比べてはるかに少ない，全体の1％のさらに数十分の一となっている。OERI（およびその前身機関である米国教育研究所：National Institute of Education）の研究予算は，創立以来，大幅に下落している。1973年には5億2500万ドル以上であったが，今日ではおよそ1億3000万ドルとなっている（どちらも2000年換算）。予算が大幅に削減されたのにあわせて，研究課題の範囲が相応に狭められているかというと，そうはなっていない。したがって，長期的な研究プログラムの機会は非常に限られることになる。私たちは，もしその研究課題が先駆者の求める内容の幅をカバーするのであれば，いくつかの既存の研究と

3節 連邦教育研究機関における科学を促進するためのデザインの原則

委員会が大幅に上乗せした研究予算を請求することに同調する。停滞する投資，一貫性のない関係性，あるいはその両方が，教育における科学的研究が真剣に受け取られていないことを示している。

---

**デザイン原則6**

## 研究のインフラに対して投資すること

---

　機関は，科学的に有能で質の高い教育研究者のコミュニティーを育て，ひいてはコミュニティー自体の能力を強化するために，基盤構築のプログラムに常に投資するべきである。そうした機関はあらゆる点で，そのサポートする分野を反映させたものであるので，こうしたプログラムは人的資源への投資を含む必要がある（例えば，研究のためのトレーニングや，フェローシップのサポートなど）。研究課題とデータへの倫理的なアクセスも同様に，不可欠な作業でなければならない。機関も，研究者と実践者の関係を促進するために，その一部を担う必要がある。それは，現場に根差した多くの研究の取り組みにおけるデータへの基本的なアクセスのためだけでなく，研究とその成果の利用を改善していくための実践者のコミュニティーとの長期的なパートナーシップのためでもある。

# イントロダクション

　平等主義的な本能から生まれた，アメリカの公教育の壮大な実験は，200年以上前に始まった。その課題の範囲と複雑さは明らかである。

　　読み，書き，計算の基礎的な技能を教えること，批判的な思考を育てること，知識の一般的な蓄えを伝達していくこと，創造性と美的感覚を開発すること，非常に複雑な経済における生徒の職業の選択と準備を支援すること，倫理的な性質と優れた市民権について繰り返し教えること，物理的・精神的な福祉を発展させること，特定の個人が望む限りにおいて教育（学習）を継続する技能，知能，意思を育むこと。

(Cremin, 1990, p. 42)

　教育のシステムは複雑である。今日，アメリカは45万人以上の子どもたちを50の州および地域の，1万5000の独立した学区によって管理されている学校に送っており，それは，数千のカレッジ，ユニバーシティ，そして無数の成人学習センターやインフォーマルな学習センターを誇っている。最近（2000年当時），ナショナルスタンダードが暫定的に取り入れられてはいるけれども，国家として，アメリカは教育における連邦政府の役割が憲法上制約されていることに誇りを持っている。そのシステムはいわゆる二重性を持っている。すな

Chapter1　イントロダクション

わち，「国家の精神と地域の管理」「優秀さを目指す取り組みと平等を目指す願望」「伝統の信仰と革新のための要望」である。

　このシステムが動作する文脈もまた変化している。アメリカは，もはや少しの公教育を受けた人々が中〜高賃金の仕事を見つけることができるような生産社会ではない。今やサービスと知識が主導し，高いレベルの生活水準を達成するためには，ほとんどすべての人に高いレベルのリテラシーとヌーメラシー[1]が求められる経済社会なのである（National Research Council, 1999a; Secretary's Commission on Achieving Necessary Skills, 1991; Murnane & Levy, 1996; Judy & D'Amico, 1997; Packer, 1997）。さらに今日では，例えばパフォーマンスの低い学校，「学力格差」，言語の多様性などの課題に対処するために，教育者には学校を効果的な方法で再設計するための新たな知識が必要となる。

　これらの新たな需要を満たすためには，厳密で持続可能であり，科学的な教育研究が必要である。今日の急速に変化しつつある経済・技術環境では，学校教育は，どう生徒が学び，どう学校は編成されるべきかについて，民衆の知恵のみに頼ることによって発展することはできない。誰も，月にロケットを飛ばすデザインやテストしていない勘に頼って広範な疾病を一掃することを考えていないのと同じように，研究をせずに，教育の改善を期待することはできないだろう。

　知識はあらゆるトピックにおいて求められている。それは，「子どもたちをどうやって成功へ動機づけるのか」「学習を促進するためにいかに学校や教室を編成するのか」「十代の疎外感と暴力の原因」「効果的な教育活動を支援するために経済的・人的資源をいかに利用するか」「教師や学校管理者を成長させる有効な戦略」「家族や学校，大学，メディアなどの文脈において，子どもたちが学んでくることの相互作用」「教育政策と社会の経済成長との関係」，そして，「文化や言語によって和らげられている学校教育の効果」などのトピックである。社会が効果的なプログラムを履行する取り組みをいかに改善していく

---

[1]　ヌーメラシー（Numeracy）:《主に英国で用いられる》数学の基礎知識があること（研究社 新英和中辞典）。例えば英国は National Numeracy Strategy を示し，1998 年以降教師教育プログラムを形成してきた（U.K. Department for Education, 2011）。
　U.K. Department of Education（2011）. The national strategies 1997-2011: A brief summary of the impact and effectiveness of the national strategies.

Chapter1 イントロダクション

のかについて学べるようにするために，イノベーションの厳密な評価もまた実施されなくてはならない。教育研究団体は，これらのトピックの多くに重要な洞察を生み出している（私たちはそれらのいくつかを Chapter2 で追認する）。ところが，物理やその他の歴史ある科学に比べて，多くの教育分野は科学的研究としては新しい分野であり，まだ多くの仕事が行われていない。

　すべての人が，かつては学校に通っていたわけだから，学校教育についての意見を持っている。しかし，教育的な課題が国家存続の緊急性とともに描写される傾向がある，このかつてないほどに複雑な世界においては，（繰り返しになるが）科学の合理性や統制のとれた様式等には明らかな魅力がある。簡単に言えば，いくつかの問題のために，市民，教育者，管理職，政策立案者，およびその他関係する個人は，確かな証拠について知りたいと思っており，公平を望み，合理的で厳密で科学的な審議の結果に基づくようにしたいと考えている。そして，その科学の質はどうやって判断されるのか。それが，私たちの論点である。

　こうした議論の場を設けるために，本章では歴史的・哲学的な背景を提供し，どう現在の事業がその幅広い文脈に適合しているのかを説明する。

## 1節　歴史的・哲学的な文脈

　アメリカにおける教育の研究はかろうじて 100 年を数えたばかりであり，その歴史は単純な進歩の話ではない。教育の研究は，20 世紀の初頭に，研究大学にその居場所を見つけた社会科学の新興に大きく依っている。しかし，こうした「科学」の本質的な性質についての激しい議論とともにあったその立場は，しばしば弱々しいものであった。多くの学界で，物理科学をもとに社会科学のモデル化が求められたが，一方でこれを「物理学への羨望」と捉える他の人々は，こうした新しい分野の現象を適切に含みこむために，科学の本質についてのより広義な理解が採用されなければならなかったとしている（Lagemann, 2000）。

14

1節　歴史的・哲学的な文脈

　教育研究は，心理学がまだ哲学の一部であったころに，その一分野として始まった。20世紀のはじめの10年では，心理学は，萌芽的な分野であった教育心理学，教育の歴史，そして教育行政などと同様，独立した分野として萌出した。1930年代までには，学校カリキュラムにおける異なる分野の――とりわけリーディング，数学，社会科の――中心に据えられた補領域が現れた。教育研究が新しい方法と研究課題を開発しながら継続するにつれて，また社会科学と行動科学の発展に対応して，研究分野は拡大されてきた（Lagemann, 2000; Cronbach & Suppes, 1969）。

　当初から，この分野は「教育の科学」を開発することの価値と有効性に関する懐疑論に悩まされている。この事態は，大学が教育の専攻や学部を確立した19世紀終盤以前から明らかであった。芸術や科学のスタッフからは，学校教育の組織的・教育学的側面からの体系的な研究を意図する学者を含めることについての苦情が合唱のように聞かれた。サンディエゴの教育長であり，19世紀が終わる直前までスタンフォード大学の教育専攻（後の教育学部）の議長に任命されていたエルウッド・パターソン・カバリー（Ellwood Patterson Cubberley）は，全国の公立学校の歴史と現在の管理体制についての研究を始めることで，教育の改革を支援する準備と情熱を持ってキャンパスに着任した。彼の熱意と並外れた生産性にもかかわらず，彼の同僚は「教育研究が芸術としても科学としても正当に見なされうる」ことを認めなかった。一方，国の東岸では，ハーバード初の教育学者であるポール・ハヌス（Paul Hanus）が，同様の懐疑論に直面していた。ジョージ・ハーバート・パルマー（George Herbert Palmer）は，「ハヌス（Hanus）教授がケンブリッジに来たとき，彼はその被験者の負担を産んだ」という気の利いた言葉が好きだった（Lagemann, 2000, p. 72より）。事実，人々が「反教育主義」と呼ぶであろう教育研究に向けた一連の態度は，今日まで継続している。

　こうした懐疑論にもかかわらず，教育研究はたちまち成長した。例えば，20世紀の終わりまでには，米国教育研究学会（American Educational Research Association: AERA）は，2万人をゆうに超える（そのうち5500人は彼らの専門の第一優先の責任として研究を報告した）メンバーを抱え，12の部門を組織し，そのいくつかは多くの下位組織（例えば，学校管理，カリキュラム，学

15

Chapter1 イントロダクション

習と教育活動，そして教師教育等）を持っており，かつ140の特別な目的を持つグループができていた（AERA, 2000）。このメンバー数の増加は重要である。なぜならそれは，連邦政府からの投資の割合の増加なくして起こったからである。そして公立の小中学校レベルに投じられたのは，連邦全体の研究における予算の0.1％以下でしかない（PCAST: President's Committee of Advisors on Science and Technology, 1997）。

　教育研究に対する公的なサポートが欠けているのにはいくつかの理由がある。問題は研究の質（Lagemann, 2000; Kaestle, 1993; Sroufe, 1997; Levin & O'Donnell, 1999），取り組みの分断（National Research Council, 1992），教育改革における研究の役割に対する簡素化されすぎた期待（National Research Council, 2001d）などを含んでいる。他の重要な問題として，教育の研究や学者と学校やその他文脈での教育実践とがきっぱりと分けられてしまってきたということがある。この分断には次のようないくつかの歴史的なルーツがある。すなわち，「研究者と実践者とが典型的に異なる文脈において働いてきたということ」「ほとんどの教師が女性であったのに対して，多くの研究者は男性であったこと」そして，「教師教育は典型的に研究ではなく実践的な経験に依拠していたこと」などである。

　異なる世界で活動していたので，研究者と実践者は，（研究と実践が相互に発展していくべき分野における）いわゆる交雑を発展させてこなかった —— 薬学と農学は，同様の問題に発展の初期に出会っている（Lagemann, 2000; Mitchell & Haro, 1999）。

　教育研究の認識論（科学的な努力として，その核となる本質について理解すること）も，その初期において顕著な進化を遂げた（Dewey, 1929の洞察に富む扱いを参照）。本報告書には，特に5つの次元が関わっているだろう。それは，「人間の本質についての洗練されたモデルの登場」「科学的な知識がどのように蓄積されていくのかに関する理解の発展」「教育は論争の対象となる研究の一分野であるという認識」「研究計画や方法における新たな発展」「科学的な厳密さや質の本質についての理解の増加」である。以下では，それぞれの点について簡単に触れ，そのうちのいくつかについては残りの章で拡大して取り上げることとする。

16

1節　歴史的・哲学的な文脈

## 1. 人間の本質についてのモデル

　教育における科学的な研究が勢いを増したはじめの数十年においては，最も普及していた「人間のモデル」と人間の社会生活は，19 世紀と 20 世紀の機械論的,論理実証主義的な科学と哲学に由来するものであった。数多くの理論的,方法論的論争の焦点であった最も有名な例は，B・F・スキナー（B. F. Skinner）の行動主義（Skinner, 1953 ／ 1965, 1972）である。直接検証が不可能な実体（思考・価値・理想・信念など）について語ることは文字通り無意味であると信じる論理実証主義の哲学者の仕事に従って，スキナーの研究は，人の行動は完全に観察可能な原因 —— 例えば，強化や罰によって説明可能であると仮定していた。スキナーの研究は，現代的な行動理論の基礎を築いたが（National Research Council, 2001b 参照），行動主義者のパラダイムは重要な現象を，研究のはじめの時点でその探究から排除していた。今日，社会科学や教育研究の領域をまたいで，多くの研究対象とされる現象は直接測定することが一般的にはできないけれども，自発的な人間活動から（あるいは意図しないかそのような活動の集約された結果として）起きていることが知られている◇1。したがって，人間の活動についての研究は，個人の観察可能な行動だけでなく，彼らの理解，意図，価値観についても考慮するべきである（Phillips & Burbules, 2000; Phillips, 2000）。

　かつては優勢であった行動主義の見方よりもさらに包括的なものである人間の本質についての代替的な見方の発展は，非常に有望であると同時に教育研究のための教訓のようなものと見なされるべきである。行動主義の隆盛と，それが少なくとも部分的には下落したことによって得られた教訓は，現象の限られた範囲に関連づけて導出した（行動，認知，または解釈のいずれにせよ）1 つのモデルをとることに抵抗し，それをすべての社会科学や行動科学に適切なものであるかのように外挿しないよう，科学のコミュニティに警告している。科

---

◇1　例えば，人間の行動の結果の 1 つとして，車の購入は簡単に観察でき，そして追跡できる。しかし，人々が特定のブランドを，特定の時間に，特定の場所で購入する理由を考えた場合，そう簡単にはいかない。

17

Chapter1　イントロダクション

学というマンションには1つ以上のモデルルームがある，そしてライバルとなるモデルが展開された場合，そこには創造的な緊張感が作り出される（一例として Greeno et al., 1996 を参照）。

## 2. 科学における発展

　もし，人間の本質についての複数の視点に対する深い認識が，科学的な研究を開発する取り組みを促進してきたとしたら，科学における「発展」が何を意味し，それがどう達成されるのかに関する，よりよく，洗練された認識もまた，こうした取り組みの増進を担ってきたといえる。発展の線形モデルは，より多くの頂点や傾きを持ったものが好まれることで脇に置かれることとなった。科学の前進とともに失敗も作られた。その過程は，絶対で確実なものではなく（Lakatos & Musgrave, 1970 を参照），つまり科学は専門的な批判と自己修正によって発展する。事実，私たちが Chapter2 に示すように，この科学の起伏を持った発展は，幅広い物理科学・社会科学と同様に教育研究においても一般的なことである。

　科学哲学の長い歴史はまた，科学的な発展には決められたアルゴリズムなどないことを教えてくれる（そして，結果的に私たちは，確かに本報告書の中でその1つを提供しようとしてはいない）。その楽観的に聞こえるタイトルにもかかわらず，カール・ポパー（Sir Karl Popper, 1959）の古典研究，『科学的発見の論理（*The Logic of Scientific Discovery*）』では，研究者の最初の発見を導くことになる論理的な過程は存在しないと強く指摘されている。ポパーはまた，知識は常に憶測であり，修正可能のままであることを主張している。時間の経過の中で，誤った理論や不正確な調査結果は，主にポパー自身が既述したようにテストの過程（反論を求めること）で検出され，除去される（Popper, 1965; Newton-Smith, 1981）。

1節　歴史的・哲学的な文脈

## 3. 高度に論争を呼ぶ分野としての教育

　物理科学・社会科学，そして教育の知は時間を通じて蓄積されてきたけれども，教育の高度に論争を呼ぶ本質は，その科学的研究の進展に影響をもたらしてきた（Lagemann, 1996）。教育が論争につながる第一の理由は，価値観が中心的な役割を演じていることにある。つまり，国家の若者を教育するという人々の希望や期待が，彼らの社会の方向性やその発展に対する希望や期待と１つに結び付けられている（Hirst & Peters, 1970; Dewey, 1916）のである。人によって，これらの事柄の見方は明らかに異なる。そうした社会的な性質を持つ他の分野のように，社会的な考え方は必然的にそこで行われる研究，そして組み込まれ実施される方法，研究成果に基づく政策や実践に影響する。時に教育に関する決定は，まったく科学的根拠に基づいておらず，社会正義や社会一般の良識についてのイデオロギーや深い信念から直接導かれている。

　教育が論争を呼ぶ第二の理由は，幅広い分野の教育研究の重要な焦点の１つである教育の介入が，たった１つの効果を持っていることは，極めてまれである，ということにある。意図していなかった肯定的であり否定的でもある結論がしばしば重要なものとなってくる（Cronbach et al., 1980）。教育の介入にはコストが（費用，そして時間，取り組みとして）かかり，その妥当性の判断を下すことは複雑で，無数の因子の説明が必要である。

　簡単に言えば，教育研究は必然的に多くの価値を反映し，向かい合わなければならず，それが複雑な知見を作り出す結果となる。最終的に，政策立案者と教育実践者は，教育研究だけでなく価値観や実践的な知恵に基づいた，具体的な政策と実践を形づくる必要がある。科学に基づいた教育研究は，影響はあるけれども一般的には単独でこれらの政策や実践を決定することにはならない。

## 4. 研究計画と方法

　教育研究は，観察の新しい技法，新しい実験のデザイン，データ収集と分析

19

Chapter1　イントロダクション

の新しい方法，量的・質的なデータの両方を管理し分析する新しいソフトウェ
ア等が近年発明されたことによって強化されてきた。コンピューターテクノロ
ジーの急速な発展により，大きなデータセットを蓄積し，分析する能力が大き
く向上したのである。新しい方法が開発されるにつれ，新しい問いが認識され，
これらが調査され，そして次にそれによって新しい手法が工夫されることが望
まれている。私たちはこの方法，理論，実験的知見そして問題とのダイナミッ
クな関係性を Chapter2 において説明し，幅広い研究課題に立ち向かう一般的
なデザインと方法については Chapter5 にまとめている。

## 5. 科学的な証拠とその厳密さ

　研究における推測や仮説が証拠によって支持されるだろう方法について考え
たとき，多くの科学哲学者は，ジョン・デューイ（Dewey, 1938 ／河村［訳］,
2017）の論文「*Logic: The Theory of Inquiry*（行動の論理学 —— 探求の理論）」
で取り上げられているある用語を採用することが実り多い結果となることを見
出してきた（例えば，Phillips & Burbules, 2000 を参照）。デューイは言明や
知見の主張を作る**正当性**について書いている。科学においては，測定や実験の
結果，観察やインタビューのデータ，そして数学的・論理的な分析すべてが，
理論や仮説，判断の論拠あるいは事例となる。しかし，正当性は常にその後の
調査の結果に依存している。あるときに強く正当化されたり，支持された信念
（例えば，太陽系の天動説）は，後に棄却されたりする（地動説に置き換わる）
必要があるだろう。一度権威と見なされている（例えば，氷河期が地球の軌道
の離心率によって引き起こされるなどの）証拠は，後に破たんする場合もある
（Chapter3 を参照）。科学は新たな理論や仮説を発展させることと，信頼でき
ると判断される新たな証拠によって論破された理論や仮説，または以前には受
け入れられていた事実を排除することの両方によって進展する。
　そして，その進展を可能にするために，理論，仮説，あるいは推測は，明確
で曖昧なところがない，経験的に検証可能な語句によって示されなければなら
ないし，証拠はそれらに明確な推論の鎖をもってリンクされるべきである。さ

20

らには，探究者のコミュニティーは，（カール・ポパーの表現を借りれば）自由な批判的コメントを促す「開かれた社会」である必要がある。研究者は自らの好む仮説を支持する証拠のみを探さないようにする義務があるし，また，自分の考えに異議を唱えることになるとしても，自らの好む仮説と互換しない証拠も探し求めるべきである。したがって，科学の進歩を可能にするのは科学的**コミュニティー**であり，ノーベル物理学賞を受賞したポリカプ・クッシュ（Polykarp Kusch）がかつて明言したとおり，1つの科学手法の遵守ではないのだ（Mills, 2000［強調は著者らによる］）。私たちは，本報告書を通じて，この科学の営みにおけるコミュニティーの概念について強調している。

エビデンス（証拠）の本質に関するこれらの点は，私たちの説明する探究における厳密さを構成している。そして，こうしたアイデアは本報告書の以下の部分で肉付けされている。重要なことは，私たちの科学的な質と厳密さについてのビジョンは，「基礎」「応用」とラベルが付けられてきた2つの研究の様式と同様に，伝統的には「質的」「量的」とラベルが付けられてきた2つの形式をとる教育研究にも適用されるということである。こうした二分法は，歴史的には学会の内外に断層線を形成してきた。教育学の成立について私たちが簡単に述べてきたように，知覚される基礎，あるいは「純粋」科学 対 その厄介な従妹である「応用」科学は，教育研究の分野を他の科学から乖離させてきた。同様に，量的な探究と質的な探究をはっきりと区別することは，その分野をも区分けることとなった。特に，最近の教育学における質的な研究を好む傾向においては，しばしば量的な手法を犠牲にすることで，批判を招いている。本当の問題は，こうした「あるいは／また」といった種類の好みに端を発しており，私たちはどちらの区分もはっきりと定義されてはいないし，建設的でもないと信じている。したがって，以下の簡単な議論より他は，本報告書では私たちはそれのどちらについても深く論じることはしない。

探究において，量的方法と質的方法がまったく異なる探求のモードであるかのように描かれること，ましてやまったく異なる認識論を具体化する異なるパラダイムであるかのように描かれることは，一般的に見られる現象である（Howe, 1988; Phillips, 1987）。私たちは，この見方は間違いであったと考えている。なぜなら，私たちは量的，質的な科学的探究は，認識論としてかなり似ているも

Chapter1 イントロダクション

のとして見ており（King, Keohane, & Verba, 1994; Howe & Eisenhart, 1990），またどちらも厳密さを追究できるものと認識しているので，これらを探究の異なる形として区別しないのである。また，その区別は時代遅れであると考えており，それはどんなグループまたは複数分野のまとまりとも，一対一対応のマッピングをすることはできないと考えている。

　私たちはまた，基礎科学と応用科学の区別も，もう役に立たなくなったと考えている。この区別は，多くの場合（通常は教育研究が位置づけられたカテゴリーに）適用された研究を過小評価する役割を持っている。しかし，ストークス（Stokes, 1997）が『パスツールの四象限（*Pasteur's Quadrant*）』の中で明らかにしているように，偉大な科学的な研究というものは，しばしば実践的な問題を解かんとする欲求の中からインスパイアされてくるものであって，同書のタイトルに影響を与えた多くの科学者の最先端の研究の多くは，この起源を持っていた。研究を科学的にしているのは，実行するモチベーションではなく，どんな手法でそれが実行されるかである。

　最後に，科学の厳密さとその質を構成しているものは何かという問いは，19世紀以来の教育研究コミュニティーの中で多くの議論の対象となってきたということに留意しておかねばならない。この分野の複雑な歴史における2つの極端な見方については，手短に詳細を述べておく価値がある。第一に，極端な「ポストモダニスト」は，どんなものであれ教育において科学的な証拠に価値があるのかということを問うてきた（Gross, Levitt, & Lewis, 1997におけるこの手の問題についての議論を参照）。その対極には，教育における科学的な研究の定義をかなり狭くとっており，量的な測定と厳格な管理が曖昧なところなく科学を定義していると提案している人々がいる（例えば，Finn, 2001を参照）。私たちはどちらの見方も建設的ではないと考えているし，私たちの推測では，彼らはどちらも教育研究に対する「ひどい批判」（Kaestle, 1993）を織り交ぜながら，その有望性を損なわせてきた。

## 2節　教育研究における社会と専門家の関心

　教育研究のための連邦予算は，一度その規模が増大した後に（ほとんどが）衰退したが，連邦政府は明確に，一貫して教育のための科学的研究を求めてきた。1954 年の国家的研究協力法（Cooperative Research Act）によって初めて，当時の教育庁（Office of Education）が教育研究に予算を出した（National Research Council, 1992）。米国教育研究所（National Institute of Education: NIE）は 1971 年に「教育の科学的な探究を実施し，サポートするリーダーシップ」を提供するために創設された（一般教育提供法：General Education Provisions Act, Sec. 405; National Research Council, 1992 より引用）。同様に，米国教育研究所が教育研究・改善局（Office of Educational Research and Improvement：以下，OERI）に組み込まれると，教育研究を科学的に実施していくタイプの追究が前面に押し出され，そして中心となった（Department of Education Organization Act, 1979; National Research Council, 1992 参照）。

　連邦政府は，教育研究を科学的なものにするための呼びかけに独力で臨んだわけではない。この呼びかけは，米国アカデミーの研究機関である米国学術研究会議からの報告書や推奨に繰り返し現れている。1958 年には，米国学術研究会議のレポートである「教育研究のための組織についての提案（*A Proposed Organization for Research in Education*）」によって教育の推進・改善のための組織を設立することが推奨された。1977 年のレポート「基礎研究と教育の過程（*Fundamental Research and the Process of Education*）」は，教育の過程についての基礎的な研究を呼びかけた。1986 年のレポートである「教育統計のためのセンター設立：行動に移すときが来た（*Creating a Center for Education Statistics: A Time for Action*）」が，かなり多くの点で，連邦政府統計機関の総点検の成功につながった。そして 1992 年のレポート「研究と教育改革：教育研究・改善局の役割（*Research and Education Reform: Roles for the Office of Educational Research and Improvement*）」においては，米国学術研究会議は「あまり理解されていない問題の迅速な解決」に着目している連邦政府研究機関を批判し，完全なる徹

Chapter1 イントロダクション

底調査を呼びかけた（National Research Council, 1992, p. viii）。そのレポート
は，教育，カリキュラム，教授，そして教育改革の根幹を成す，学習と認知過
程についての科学的な研究を支援し，育成するインフラを作り上げることを推
奨した。

　では，その他の教育の科学的研究に関する米国学術研究会議のレポートは何
を保証しているだろうか。第一に，すでに議論してきたように，すべての子ど
もたちの教育を改善していくための国家の責務は，その研究能力を向上させる
ための継続的な努力を必要とした。これを実行するための研究課題は，最近議
会が考慮しているように，連邦政府の教育研究機関を組織する方法として現在
議論されている。事実，「キャッスルビル：Castle bill」と呼ばれ，OERI に再
授権する連邦法 H.R.4875◆2 は，現代の政治的文脈の中で「教育の科学」につ
いての歴史的疑問を再考する機会を与えてくれた。この法案は，最近の学問の
質についての懐疑論を未だに再び反映しながら，教育研究に適用されることに
なる政治的環境に細工された科学的概念の定義を含んでいる（これらの定義に
ついては Chapter6 で簡単に議論する）。私たちの議論は特に，研究コミュニ
ティーから教育における科学的な探究についての核となる本質について明確な
表現を提供することを意図している。

　近年の教育研究コミュニティーの急速な発展は，多くの研究，文献，雑誌出
版，本，そして学術的に支えられた多くの意見として帰結してきたが，それら
は必ずしも科学的な性質を持ってはいなかった。それだけでなく，教育研究者
の研究分野はそれ自身，異なるレベルや異なるタイプの研究トレーニングを受
けた多様な専門家の集まりであり，彼らは研究に対してしばしばかなり異なる
方針を持っている。こうした多様な見方は，多くの面で営みの健全性の指標で
あるが，それらは一方で自己調整する規範を持った結束力のあるコミュニ
ティーの発展を難しくしている（Lagemann, 2000）。こうした精神の下，本報
告書では，研究コミュニティー内の科学的な質と理解とを推進する役割と責任
についての自己反省を刺激する，科学の質と厳密さのバランスの良い説明を提

---

◆2　H.R. は House of Representatives の略で，米国下院に提出された法案を指し，法律ごとに番号
がついている。H.R.4875 の記述については，本書 1 頁の説明を参照。

供することを意図している。

おそらくこれまで以上に，市民，ビジネスリーダー，政治家，そして教育者がすべての児童・生徒のための今日の改革と未来の教育を評価し，導くために信用できる情報を求めている。スタンダードに基づいた改革に内在するパフォーマンス目標によって駆動され，彼らは教育が直面する課題に対し，何がどの文脈において有効であり，何がそうでないのか，そしてどんな理由でどの仕事が有効なのかについて，共通理解を図ろうとしている。簡単に言えば，彼らは教育についての意思決定の基礎となる，信頼できる科学的な証拠を求めている。

# 3節　委員会の委任とアプローチ

科学的原則委員会（以下，委員会）は2000年の秋に招集され，2001年の秋までにレポートを完成させるよう依頼された。その発起人である米国教育省の教育研究政策方針委員会からの委任は，以下のとおりである。

　　この研究は，科学と科学的教育研究における実践についての最近の文献を検討・統合し，連邦政府の教育研究機関における，高品質な科学をどうサポートするかを検討することになるだろう。

その審議を整理するために，委員会はこの任務を3つの枠組み課題へと変換した。

▼ 教育研究における科学的な質を決める原則は何であるか。

この問いに立ち向かうために，委員会は目的，規範，方法，そして科学的探究の慣習がどのように教育研究に変換できるかを考慮した。委員会はまた個の研究とプログラムとしての研究において，どのように知識が組織され，統合さ

Chapter1 イントロダクション

れ，一般化されるのかについてよりよく知るために，科学的な質とは何であるかを考慮した。さらに私たちは，教育における科学的研究が，いかに他の科学的努力と同じであり，あるいは違うのかについて理解することを目指した。

　この問いに向かう中で，私たちは既存の教育研究はそれらの非均一な質によって悪影響を受けていることを認識した。このことは驚くべきことではない。なぜなら，同じことは科学的研究の実質すべての分野において言われうるからである。教育研究の評判が非常に悪いことは明らかであるが（Kaestle, 1993; Sroufe, 1997; H.R.4875），私たちは「不良な研究」のカタログを作ることは生産的ではないと考えている。代わりに，より建設的な問いである，「どれだけの良い研究がこれまでに生み出されてきたのか」「なぜ，よりよい研究が存在しないのか」「どうしたらより多くの良い研究が生み出されるのか」に注目することのほうが有用であることを見出してきた。私たちはこうした問いに本報告書の中で答えようとしている。

▼ どうしたら連邦政府機関は，彼らがサポートする教育研究における科学的
　な質を上げ，守ることができるのか。

　委員会はOERIの評価をすることはしなかった。むしろ，委員会は，科学的な質や厳密さといった視点からの連邦の役割についての一般的な疑問にアプローチした。私たちは，科学的な整合性のある研究を育成する役を担い，科学に基づいた知識を時代に伴って蓄積しようとしている連邦政府機関にとって，鍵となるデザインの原則を同定しようとしたのである。そうした問題に関連して，委員会が求めたのは，研究の質がどのように機関内部のメカニズムをなすインフラ（例えば，同業者による査読）や，外部からの圧力（例えば，政治的影響や会計予算）に影響されているのか，そしてどうしたら連邦政府の役割によって質の高い科学的研究を行うこの分野の能力を立ち上げることができるのかといったことである。

　ここで今一度確認しておくが，私たちのアプローチは建設的で未来志向である。過去と現在の既存の連邦政府の役割を改革する研究計画についての詳細な処方を提示することを避けつつ，連邦政府官僚の現実を理解することと教育研

26

究機関の歴史の間のバランスをとることを目指した。また，連邦レベルの科学的教育研究の核を構成する「第一の原則」に着目し，こうした原則が実践においてどのように施行されるのかについてのガイダンスを提供することでユニークな貢献ができることを期待する。私たちの提案のうちのいくつかはすでに実施されているが，いくつかはまだである。いくつかは簡単に施行可能だが，いくつかはより難しいであろう。私たちの意図は，時代を経た改善がなされるために，ガイドポストとして働く一連の原則を提供することである。

▼ どうしたら研究に基づいた教育の知識は蓄積されていくのか。

　委員会は個の科学的調査における厳密さと，そうした研究をサポートする強固な連邦政府のインフラとが，教育における研究と堅牢な知識基盤を育てるうえでは必要であると考えている。したがって，この問いに向かうにあたっては，私たちは，いくつもの調査によって生成される知識の編成と統合である，科学に基づいた教育研究の知識の蓄積をサポートするメカニズムに注目した。委員会は専門家のコミュニティー，実践者のコミュニティー，そして連邦政府，それぞれの役割を考慮した。私たちは科学的な知識の蓄積を最終的な研究の目的としていたので，この問題は本報告書全体にわたって編み込まれている。

## 1. 仮　定

　数多くの歴史的，哲学的文脈からヒントを得て本章に記述するように，私たちはこの研究において5つの核となる仮定を立てた。
　第一に，科学はしばしば簡潔なもの，研究の見方，事実を証明する科学的探究の歴史を含んでいると見られているが，明確に科学を定義するたった1つの方法や過程があるわけではない。したがって，この研究では委員会は「教育の科学」や「教育的科学」を含めた見方に立っている。しかし，この幅広い見方は「何も起きていない」ことを示唆するような誤った解釈であってはならない。事実，本報告書の第一の目的は，教育における厳密な科学的研究は何によって

27

Chapter1　イントロダクション

構成されているのかについてのガイドを提供することである。したがって，私
たちは物理的・社会的科学研究，そして科学に基づいた教育の研究に適用する
一連の原則を識別する（Chapter3）。そして，教育を特徴づける一連の性質と
あわせて（Chapter4），これらの原則は教育における科学的研究の分野を同定
することを助け，おおよそ何がその分野に含められ，何が含まれないのかを線
引きする。私たちは社会，生物，物理的実体の研究と同じように，教育研究が
最後の「控訴裁判所」として時間を超えた概念的・実証的な妥当性のテストに
直面していると主張する。ある教育的な仮説や推測（conjecture）は，関連す
る取得可能な定性的あるいは定量的データの最善の整理に照らして判断される
べきである。もし，ある仮説がそのような実証から絶縁されている場合，それ
は科学の範疇に入ると考えることはできない。

　第二に，教育や他の分野における多くの科学的研究は，奏功しないというこ
とである。研究は石油の探索のようなもので，すべての油田には平均的に言っ
ても多くのドライホール（うまく掘ったとしてもまったく産出量のない油田）
が存在する。これは，はじめにどこを掘るかという決定が必ずしも誤った導き
を受けたためではない。競合する科学者のように，競合する油田採掘者は，お
そらく彼らの仕事をなすにあたって，得られる最善の情報を利用したであろう。
ドライホールが見つかるのは，何かを探索するということが無数の不確定性を
持っているために他ならない。時に探索会社は，一連のドライホールの地域か
ら十分な知識を得る。そして多くの場合において，油田の発見に失敗すること
は，なぜ明らかに生産的なように見える油田がドライホールであるのかについ
て光を照らしてくれる。つまり，偉大な発見をするまでの失敗のプロセスはそ
れ自身非常に教育的であるということである。その他，油田採掘者は執拗にあ
る領域を追求している。なぜなら科学はそうすることに合理的な成功のチャン
スがあると示唆しているからである。私たちがChapter2に示すように，科学
的な発展はこれと同様の道筋をたどっているのである。

　第三に，私たちは物理的世界も社会的世界も科学的に記述できると仮定して
いる。そのため，例えば複数の観察者がその観察したものに同意することにな
る。結果として，ポストモダニストの学派が，社会科学の研究は客観的で信頼
のおける知識を生み出すことはないと断定するならば，私たちはポストモダニ

28

3節　委員会の委任とアプローチ

スト学派の考えを棄却しなければならない◇2。しかし，私たちは同時に行動主義あるいは実証主義の狭い教義にのみ依存している研究もまた棄却しなければならない（上述を参照）（National Research Council, 2001b）。なぜなら，その人間の本質についての見方は単純化されすぎていると見ているからである。

　第四に，教育研究の科学的基盤に関する委員会の焦点は，科学的な性質だけが学校改善の取り組みにおいて研究が利用されることを促すという単純すぎる考えを反映してはいない。科学的な性質と厳密さは必要であるが，教育の全体としての価値を向上させていく条件としては十分ではない。関連する主要な問題として，例えば，連邦レベルあるいは地域レベルにおいて，どう研究の営みとして組織されるべきか，それはどう政策や実践につなげることができるか，あるいはつなげるべきか（National Research Council, 1999d），そして教育における科学的知識の本質（Weiss, 1999; Murnane & Nelson, 1984）などがある。本報告書を通じて，私たちはこうした補完的な問題を，分野の科学的な本質という私たちの焦点への近接度に応じて深さの異なる扱いをしている。事実，私たちは審議の過程で，教育研究を改善することに焦点を当てた補完的な取り組みに気づくようになった。例えば米国学術研究会議の戦略的教育研究パートナーシップ，ランド研究所（RAND）の委員会，教育の質研究所，政府機関間教育研究構想，そして米国教育アカデミーと社会科学研究会議の教育研究委員会などがそれである。

　最後に，そして重要な点として，教育における科学的研究は，特に，人間の努力について研究しているその他のアプローチと統合された場合に，教育の理解と改善に特別な形で貢献する学術の一形態であると信じている。例えば，歴史的，哲学的，文学的な学問は，教育の目的と方向性に重要な問いをもたらすことができるし，そうあるべきである。教育は人間のアイデア，イデオロギー，そして価値判断に影響を受け，これらは科学や他の観点を用いた厳密な検証がなされる必要がある。

---

◇2　この記述には，科学の営みの合理性を完全に疑問視するというかなり認識論的な見方を適用している。そして代わりにすべての知識が，力，影響力，そして経済因子といった社会的な因子に基づいていると信じている（Phillips & Burbules, 2000）。

29

Chapter1　イントロダクション

## 2．本報告書の構造

　本報告書の残りの部分では，一般的なことからより具体的なことへと論を進めていく。私たちは，教育を含めたすべての科学的な努力に共有されている点から記述を始める。そして，教育やそれを科学的に研究することの本質に迫りながら，重要な問いに立ち向かうために利用された信頼できる研究計画のサンプルをいくつか示し，連邦政府教育研究機関がいかに質の高い科学を最善にサポートできるのかについてのガイドを提供することで，教育研究のいくつかの具体例を取り上げる。以下に，各章の具体的な内容について示しておく。

　Chapter2では，教育における科学的な探究が政策や実践に対して有用な洞察をもたらしてきたかどうかという包括的な問いに対応している。教育における知識の蓄積と他の分野でのそれを比較するために，教育の内外からいくつかの一連の研究を示し，分析する。その作業において，教育における知識の蓄積の「既存の証拠」を提供し，その発展が他の分野と多くの方法において似ていることを示す。

　Chapter3では，すべての科学的な努力を裏打ちする，一連の基本理念を提供する。その核となる部分について，教育における科学的な探究は他のすべての科学的な学問分野，領域と同じであることを論じ，この共通する一連の原則を説明するために，あらゆる分野からの例を提供する◆3。

　Chapter4では，教育を特徴づける特別な一連の性質が，どう教育研究における科学の原則をガイドしているかについて説明する。この教育における科学的な研究を特徴づける，科学の原則と教育の性質の間の相互作用がまさにそれであると論じ，また，教育研究のいくつかの面について，その特徴をさらに照らす専門性として説明している。

---

◆3　本書では，Chapter3の後に訳者による補論を追補している。補論「EBPMと科学的教育研究」においては，教育における証拠に基づいた政策立案（Evidence Based Policy Making：EBPM）の難しさを前提としたうえで，科学的な教育研究を推し進めることが，いかにEBPMにとって重要であるかを議論している。特に，ランダム化比較試験の教育研究への適用に関する議論と，再現・追試研究に関するガイドラインを扱うとともに，研究方法論にまつわる認識論を越えて，教育研究が統合されていくことで，EBPMの支えとなることをまとめている。

Chapter 5 では，科学の原則（Chapter 3）と教育の特徴（Chapter 4）を統合することで，科学的な教育研究の研究計画におけるトピックをいくつか取り上げている。研究計画と調査される問題とが手に手を取って進むに違いないと認識しながら，教育研究計画について 3 つの共通するタイプの研究課題をまたいで検討している。すなわち，「何が起きているのか」「体系的な影響が認められるか」「なぜ，あるいはどうやってそれが起こるのか」といったものである。

最後に Chapter 6 では，本報告書に示してきたような科学的な教育研究をサポートする責任を持った連邦政府教育研究機関のために，一連のデザイン原則を提供している。そして，強力な科学的文化の構築は，効果的な機関の鍵となり，すべての教育関係者は果たす役割を持っていると論じている◆4。

---

◆4　さらに，「訳者あとがきにかえて ―― 日米の教育システムと EBPM」では，日米の教育システムの違いに関係づけて，EBPM を支える教育研究と現場との分断の可能性，加えて Society 5.0 における教育技術の課題を指摘し，こうした分断を乗り越える方略の必要性を述べている。はしがきでもふれたように，補論やあとがきから読んでいただいてもかまわない。

# 科学的知識の蓄積

　私たち委員会に課せられた責任には，教育における研究が他の科学的努力に比べて積み重ねられた知識を作り出してはこなかったという広い認識が反映されている。おそらく，よりへつらいもなく言えば，教育研究の営みにまつわる一般的な訴えとして，教育研究が教育実践や政策を喚起する知識を作り出してはいないというものがある。教育研究における知見というものは低品質で，論争に際限がなく，結果として何かに対しての共通理解が得られるというものではないというのが支配的な見方である。

　Chapter1 では，この懐疑論が特に新しいものではないことを論じている。最近ではこうした批判は，教育研究・改善局（Office of Educational Research and Improvement：以下，OERI）のための再授権法案（H.R.4875）や，関連する議会証言や議論（Fuhrman, 2001），教育者，研究者や連邦政府スタッフによる委員会ワークショップ（National Research Council, 2001d），そして米国教育研究学会（American Educational Research Association）の 2001 年会（Shavelson, Feuer, & Towne, 2001）などに見ることができる。当時の下院議員マイケル・キャッスル（Michael Castle: R-DE）は H.R.4875 に対する小委員会の活動を報告するプレスリリースにおいて，以下のように述べている。

Chapter2　科学的知識の蓄積

　　私たちの国家における教育研究は破壊されている……そして議会はそれを有
　用なものとするために働くべきである……研究はより科学的な基礎に基づいて
　行われる必要がある。そして教育者や政策立案者は，客観的で信頼性のある研
　究を必要としている……。


　この評価は正当だろうか？　客観的で信頼性の高い結果を提供するために教
育における科学的な研究が蓄積してきた証拠はあるのだろうか？　科学的な教
育研究は，他の物理，生命，あるいは社会科学と同じように進展しているのだ
ろうか？　こうした疑問に光を当てるために，私たちは科学においてどのよう
に知識は蓄積されるのかを考慮し，いくつかの分野での科学的な知識の状態を
例として提供する。そうした中で，本章では2つの中心的な議論を展開している。
　第一に，教育における研究知見は時間に伴って進展しており，政策や実践に
重要な洞察を与えている。私たちは，この意見を支持し，科学的な教育研究に
おける未来の投資にその見込みを伝えるために，教育に関する3つの生産的な
一連の探究の歴史を「既存の証拠」として追跡した。求められていることは，
こうした教育に関する研究がより多く，そしてよりよくなされることである。
　第二に，関連する議論として，学問分野をまたいだ研究や教育研究において，
いくつかの一般的な性質を共有する科学的な理解への道筋がある。その進展は
途切れ途切れではあるが，方法や理論，そして進化する実証的な結果などを適
用したり，使い始めたりといった形で前進させることで，すでに知られている
ことの境界を押し広げている。科学的な知識への道筋は，研究者が争う情勢を
通してだけでなく，政策や実践を通じて，また市民社会が批判的に検討し，解
釈し，そして新たな知見を議論することを通して迷走し，多くの時間と資金を
費やすことを求められる。教育分野の内外からの例を通じて，私たちはこの科
学の進展を特徴づけるものは，幅広い科学的な取り組みをまたいで共有される
ものだということを示している。
　私たちは，本章に示される例をこうした核となる考え方を説明するために選
んだわけだが，これらの一連の探究が，時間をかけて立ち向かってきた根本的
な問いへの確実な答えを提供してきたものだと示しているのではない。
Chapter1で議論してきたように，科学は一度も「完了」されたことはない。

33

Chapter2 科学的知識の蓄積

科学は世界を理解し，発展させるための価値ある知識の源を提供している。しかしその結論は常に推論であり，新たな探究と知識により改定される対象である。トマス・ヘンリー・ハクスリー（Thomas Henry Huxley）がかつて述べたように，「科学の悲劇 —— 醜い事実によって美しい仮説は害される」（Cohn, 1989, p. 12 より引用）のである。

　したがって，私たちが本章で光を当てた事例は，継続的な探究が，何かについての理解を主張することのできる確実性を顕著に向上させることを示している。私たちの記述は必然的に，その知識が今日理解されているとおりに伝える。後の研究は，さらに洗練されることになる各領域において確かに進められており，おそらく現在の理解を覆すことになるだろう。一連の研究のある時点での進展を評価することは常に難しいことではあるが，イムレ・ラカトシュ（Imre Lakatos）が書いたように，「……合理性は多くの人が考えるよりもずっとゆっくりと働き，その後もあてにはならない」（1970, p. 174）のである。

　最後に，明確にしておかねばならない点がある。本章で私たちは，「蓄積された」知識のメタファーに依拠している。このイメージは2つの重要な概念を伝えている。第一に，科学的な理解は，進行するにつれてつながり合い，システムや経験，現象についての理解につながっていくということを示唆している。そのイメージはまた，科学的な探究は，すでにそれに先行する研究に基づいているという考えを暗示している。しかしながら，「蓄積」という語の利用は，研究が最終的に完全かつ明確な探究の焦点（例えば教育）において結実するという一本の道筋の上を進行することを示唆しようと意図しているわけではない。重複になるが，私たちがいくつかの例をもって示すように，科学は，継続した探究とその分野における調査にまたがった議論を通じて，いくつもの現象に対する理解を進展させる。


# 1節　知識の蓄積の実例


　この節では，4つの領域において科学的な知識がどう蓄積されてきたのかのいくつかの例を提供する。まず，私たちは50年前に開始された分子生物学の

一連の探究で，今日の画期的なヒトゲノムプロジェクトのための基礎を築いた，遺伝子発現調節の活性化における科学的洞察の進展を示す。次に，学業成績を含める人間のパフォーマンスの測定・評価方法についての理解が，1世紀以上にわたって進展してきた足跡をたどる。それから，物議を醸すことを承知のうえで，生産的な教育研究の流れについて説明する。1つは音韻意識と初期の読み取り能力の開発について，もう1つは学校や財源の問題が子どもたちの到達度に影響しているのかどうか，もし影響しているならどのようなものかについてである。

　これらは，ある程度の確実性のもとに累積する知識を生成することができ，それが他の科学的な努力と同じような方法のもとに行われる，一連の教育研究における科学的な探究を説明する例となる。確かに，研究の性質はそれぞれの事例によってかなり異なる。そこで，Chapter 3，Chapter 4においては，幅広く分野ごとの類似点や相違点に対応し説明している。本章に示す一連の探究は，体系的な科学的研究によってどのように知識が獲得されるのかについての証明である。

## 1. 遺伝子発現調節

　分子生物学の台頭，そして現代的な遺伝子に関する概念は，生命科学における科学的理解の進展を著しく明確に示している。最初期の遺伝子モデルは1860年代におけるメンデルのエンドウ豆の実験から得られた。メンデルは，これらの植物は顕性と潜性の形質を継承していると結論づけた。この段階において重要な概念は，形質それ自体であり，形質が世代ごとに受け渡されることによる，物理的なメカニズムを概念化しようとは試みていなかった（Derry, 1999）。メンデルの研究が科学の世界に知られるようになる時代までには，細胞生物学の研究者が新たに改良された顕微鏡を用いて，染色体と呼ばれる細胞の核にある糸のような構造を確認していた。染色体は，実験を通じてすぐに遺伝情報の担体として知られるようになった。そして結果的には遺伝子と呼ばれることになるいくつかの形質は，一緒に継承され（つながれており），その連

Chapter2　科学的知識の蓄積

結はそれらの遺伝子が同一の染色体上に載っているためであるということが，急速に認識されていった。一部が変更された（変異の）遺伝子を持つ，様々な生物の株で飼育実験を行い，遺伝学者はいくつかの遺伝子をその染色体上にマッピングすることを始めた。しかし，そこではまだ遺伝子そのものの本質や構造の概念化はなされていなかった。

　モデルが次に改定されたのは，遺伝子の分子構造が同定されたことによるもので，より大きく，複雑な分子を扱う，生物化学的，物理的な技術が開発される必要があった。おおよそ同時期の実験はデオキシリボ核酸（DNA）を，遺伝情報を運ぶものとして指摘していたが，DNAの構造はまだ知られていなかった。当時の科学者は，DNAが主要な遺伝物質であるという結論を受け入れることに消極的であった。なぜなら，分子はたった4つの基本単位から成り，それがある生き物の特徴についてのすべての情報を保存しているとは考えにくかったからである。それ以上に，そうした情報をある世代から次の世代へと渡していくメカニズムがまったく知られていなかった。

　そうした流れの中で，ワトソンとクリック（Watson & Click, 1953）と分子生物学という分野の出現とともに他の科学者によってなされた関連の研究によって，DNAが二重らせん構造であり，続いて遺伝子は4つの基本要素の特定配列から成るDNAの特定の長さの部分であるという証拠が発見された。ワトソンとクリックがDNAのX線回折のデータの分析から発見した二重らせん構造もまた，重要なものであった。なぜなら，それは分子がどれくらい自分自身を複製できるかの範囲を示すモデルの大幅な改定を示唆していたためである。

　同じく1950年代におけるフランソワ・ジャコブ（Francois Jacob）とジャック・モノー（Jacques Monod）による遺伝学的分析は，いくつかの遺伝子は重要なタンパク質を構築するテンプレートを提供するだけでなく，具体的な遺伝子をオンにしたりオフにしたりすることのできる制御タンパク質をコードしていることを示していた（Alberts et al., 1997を参照）。遺伝子の制御に関する初期の研究は，ラクトース（二糖類の一種）が大腸菌を培養する栄養培地中に存在する場合，その大腸菌は糖代謝に関与する酵素タンパク質のセットを生成することを示唆していた。もし，そのラクトースが培地から取り除かれた場合，

それらの酵素は消滅した。遺伝子制御についての理解を導く第一のエビデンスは，特定の一連の遺伝子を止めることができなかったことから，そこには大腸菌の変異株が存在したということを確かめる発見であった。先行研究において，遺伝子配列の中で1つ以上のヌクレオチドに変異のある株は酵素タンパク質の活動を変容させることがわかっていた。したがってはじめは，変異体の大腸菌株では，突然変異が「常にオン」の状態に変更されているいくつかの酵素をもたらすのではないかという仮説が立てられた。繰り返しになるが，このモデルは後にジャコブとモノーが実証したように，変異体はその一連の遺伝子を選択的に抑制する（あるいは「オフにする」）タンパク質が不足していたという事実によって無効であることが示された。

　ほとんどの制御タンパク質が，変異体の細胞内にごくわずかに存在するので，クロマトグラフィーによってこれらの抑制タンパク質を単離するための細胞分画法や精製が進歩するには10年以上の歳月を必要とした。しかしいったん単離することができれば，タンパク質は，通常その制御する遺伝子に隣接している具体的なDNA配列に結び付いていることが示された。これらDNA配列におけるヌクレオチドを構成する塩基の順序は，古典的な遺伝学と分子配列決定技術の混合によって，同定されるに至った。

　これは，まだ物語の始まりにすぎない。この研究は，細胞の成り立ちと遺伝病に関する私たちの理解に影響する分子生物学の新しい知識を導いてきた。過去50年間の数えきれない分子生物学者たちによる研究は，最近のヒトゲノム全体の線形「地図」の発表をもたらした。このことからさらに，いつか（おそらくずっと先の将来），すべての遺伝病とすべての発達段階が推定されることになるであろう。

　半世紀の間に書かれたこれら根本的な発見に関する発表論文を経て，今では，遺伝子の理論的なモデルは，6000万に及ぶ敷き詰められたDNA/RNA（リボ核酸）が同時に反応する切手ほどのサイズのDNAマクロアレイにおいてテストすることができる（Gibbs, 2001）。遺伝子に関係する1100以上の病が発見されており，それは1500もの深刻な臨床疾患に関連している（Peltonen & McKusick, 2001）。例えば，嚢胞性線維症だけでも1000以上の変異が関わっている。今後の研究によって解決しなければならない不確実性は，これらの遺伝

Chapter2 　科学的知識の蓄積

子または遺伝子複合体を中心に回っており，病気の発症とその遺伝的エラーが
どう正されるのかにおいて重要である。

## 2. 試験とその評価

　歴史に残る試験の記録は 4000 年もの昔にさかのぼる（Du Bois, 1970）。す
なわち，19 世紀の中ごろまでに筆記テストはヨーロッパやアメリカで，学位
の授与，政府の出資，法律，教育，医学の資格など，高度な目的のために利用
されていた。今日，アメリカは生徒の到達度，読解の一貫性，モチベーション，
自己概念，政治的立場，仕事への希望などを評価するために「試験」にかなり
依拠している。教育テストにまつわる科学の進化は，遺伝学における発展と多
くの部分で似通っており，1800 年代からの心理学，心理統計学，そして関連
分野の長く続く一連の研究を追っている。私たちは，試験やその評価について
の科学的な研究がまだ初期段階にあった過去 150 年間にわたる試験を取り上げ
る。その初期から安定してはいるものの議論を呼び，決して一直線ではなかっ
た進歩は，多くの場合数学と心理学とのブレンドによりなされてきた。すなわ
ち「テスト理論の批判は……数学者の仮定と心理学者が人々の反応について合
理的に信じられるかとの比較の問題となった」（Cronbach, 1989, p. 82）。
　この進化は，同分野における関連する 3 つの研究の発展に見ることができる。
すなわち，信頼性・妥当性・数学的モデリングである。

### ◆ 試験の信頼性

　試験の信頼性という考え方，すなわち試験によって示されるデータの一貫性
は，テストスコアが，たとえ試験を受ける人物が同一であっても，ある状況と
他の状況とでは異なりうるという認識から発生した。信頼性という考え方の起
源は，単純化された仮定に基づいている。それは，ある単一の基礎となる特徴
が試験の結果として広く観察された一貫性を説明するという仮定と，同一人物
のテストスコアに毎回異なるデータが見られることは，未分化であるかあるい
は一定の測定誤差によるものであったという仮定である。こうした仮定に基づ

いて信頼性を扱う数学は正しかったけれども（相関係数，以下を参照），それらの中でもソーンダイク（Thorndike, 1949），ガットマン（Guttman, 1953），そしてクロンバック（Cronbach, 1951, 1971）らは，その仮定が人間の行動について合理的に信じられている事柄に準じていないことを認識していた。例えば，異なる方法で信頼性係数を計算すると得られた応答者のパフォーマンスの一貫した部分である「真値」と，つじつまの合わない部分すなわち測定誤差が同定されるが，それらはやや異なってくる。例えば，ある特定の問題についての答えを記憶する同じ試験が2回実施されるとき，「記憶」は応答者の一貫性あるいは真値に影響するが，並列の試験を行う場合では影響しない。さらには，クロンバック，ガットマン，そしてソーンダイクらは，試験の結果は，単一の性質が予期するものよりもはるかに複雑であり，測定誤差の源となりうるものは，異なる場面，異なる試験の形式，異なる試験の実施などから生じる一貫性のなさを含め，多く存在すると認識していた。

1800年代の終わりごろ，エッジワース（Edgeworth, 1888）は，小論文に評価者がつけたスコアの不確実性のモデルに確率論を適用した。彼は，もし同様の能力を持つ異なる評価者がいた場合，名誉学生の称号（College Honor[1]）を得られなかった受験者のうち何人が「名誉学生ライン」から落ちるであろうかを推定した。クルーガーとスピアマン（Krueger & Spearman, 1907）は「信頼性係数」（reliability coefficient）という用語を導入した。彼らは相関係数（2つの変数間の関係の強さを測る指標）に近い指標を用いた。それはエッジワースのアイデアを拡張するとともに，異なるが比較に値する同等の質問で評価が構成されていた場合起こりうる被験者たちの順位の違いの指標を提供した。スピアマン–ブラウンの公式（Spearman, 1910; Brown, 1910）によって，研究者は，同じ被験者にある試験とその試験と「互換性のある試験」の両方を行う必要なしに，ある特定の長さの試験の信頼性を推測することができた。ケリー（Kelley, 1923）の初期の著作は，いくつかの「信頼性係数」の詳細な扱いを示している。クーダーとリチャードソン（Kuder & Richardson, 1937）もまた，

---

◆1　Collage Honorを受けた者は，特別に大学内でも優秀な教授陣の講義に参加できるなどの特権が与えられる。

Chapter2 科学的知識の蓄積

同一の被験者に2つの試験を受けてもらう必要のない，より合理化されたテクニックを作り出した。しかし，クーダー－リチャードソンの公式についてクロンバック（Cronbach, 1989）は，公式の導き出す数値が時々信頼できないものであることを見出した。例えば，時に推定される信頼性はマイナスの値となったのである。これに対応して，彼（Cronbach, 1951）は，正解か不正解かで評価される試験問題だけでなく，広範な状況に適合する一般的な公式を提供することでこの研究を拡張した。

　試験の信頼性の尺度を計算するために簡単に利用できる公式がいったん出来上がると，これら尺度は，信頼性に影響する因子を研究するために使うことができた。これは試験の開発を導き，次第に試験の利用者によって試験の信頼性の異なる尺度が求められるようになった。1960年代には，クロンバック，ラジャラトナム，そしてグレイザー（Cronbach, Rajaratnam, & Gleser, 1963）が統計理論の進展について説明し（特にフィッシャー［Fisher］の分散パーティショニングと分散理論のランダムコンポーネント），その理解を，複数の測定誤差の原因を同時に説明するための枠組みに組み込んだ。一般可能性理論（Cronbach, Gleser, Nanda, & Rajaratnam, 1972）は，現在，テストスコアの一貫性と測定誤差に影響する多くの面の体系的な分析を提供している。

## ◆ 試験の妥当性

　はじめはテストスコアと後のパフォーマンスの間の関係性として認識されていた妥当性の概念は，人間の振る舞いへの理解を集約する方法を与えてきた簡単な数学的な方程式として発展してきた。はじめ，妥当性は試験の性質として見られていた。その後，試験がおそらく複数回利用されること，そして，ある試験がいくつかの利用には妥当であり，いくつかの他の利用には妥当でないといったことが認識されてきた。そして妥当性は，テストスコアの**解釈と利用**の性質であり，試験そのものではないと理解されるようになってきた。なぜなら，かなり似た試験（例えば読解テスト）が，学力調査や，個人の習熟度の予測や問題分析に利用することができるからである。今日，妥当性理論には試験の解釈と利用の両方が組み込まれている（例えば，意図されたあるいは意図されていない社会的結果として）。

試験結果の後のパフォーマンスに関係する課題は非常に古くからあるので，ウィスラー（Wissler, 1901）は相関係数の広範な使用を始めたが，その10年前にはこの関係の強さを測定するために，すでにそれを開発していた。彼は，大学での成績におけるいくつもの物理的・心理的な測定尺度の関係性は，実践的な推測的価値を持つにはあまりにも小さすぎることを示した。スピアマン（Spearman, 1904b）は，測定された相関係数を歪める因子について議論した。それは，比較される数値と重要な測定誤差に関わる数値の相関の両方に影響する他の因子と同様に，子どもたちの年齢という無視されている変数を含んでいた。

「陸軍アルファ」検査は1917年に，第一次世界大戦中の階級づけと配属に使うために開発された。それはグループテストの急速な開発を助長し，それによって試験と他の「外部の」基準との相関として，第一に解釈される試験の妥当性がより求められるようになった。第二次世界大戦中に海軍に使用された技術者を選抜する試験の研究を進めたガリクセン（Gulliksen, 1950a）は，試験の「固有な内容妥当性」だけでなく試験の妥当性研究における他の基準との相関関係を強調することに至った。1954年までには，アメリカ心理学会は，試験の妥当性の3つの形態を認識していた。すなわち，内容妥当性，基準関連妥当性，および構成概念妥当性である。

現在，妥当性は試験の性質ではなくテストスコアに基づく利用（uses）と推定（inferences）の性質であると見なされているが，この考えは1971年にクロンバックが4つ目の妥当性の形態として打ち出し，1993年にメシック（Messick）が再確認したものである。この見方において，ある影響に対する妥当性の設定は，試験の内容，その他の値との相関，テストスコアの意図された利用の結果など多くの情報源からの，多様で体系的な証拠を用いる複雑な過程である。試験の利用と，それぞれの利用の妥当性を説明するために持ち出される証拠が多様であるため，試験の妥当性への賛否は，科学的にも社会政治的土俵においても，試験をすることの潜在的に最も競合的な側面である。

◆ 数学的モデリング

試験の分析の根幹をなす数学的モデルと理論は，恵まれない環境から始まっ

Chapter2 科学的知識の蓄積

た。これらのモデルは最初，心理能力テストの間の相関を説明するために一因子モデルとして20世紀のはじめに紹介された。スピアマン（Spearman, 1904a）は，いくつかの心理能力テストの間の正の相互相関を説明するために「一因子」モデルを紹介した（このことは，彼独自の試験の信頼性の定義を直接導いた）。この一般的な能力（知能）に対する一元的な見方，あるいは「gファクター」は，すぐに人間の能力の性質に関する論争を引き起こした。知能の多角的な構造を仮定したサーストン（Thurstone, 1931）は，より複合的な因子の分析モデルを開発し，ギルフォード（Guilford, 1967）は3つの包括的な次元に基づく少なくとも120個の因子を仮定した。今日までで最も包括的な分析はおそらくキャロル（Carroll, 1993［その他，Gustafsson & Undheim, 1996]）による，階層的なモデルに強力な実証的支持を発見したものである。

　これらの数学的モデルはまた，単一の基盤となる性質とともに古典的な信頼性の理論に発展した。その数学的モデルは，試験のますます複雑な使用と，より複雑な要望とに密接に連携して発達し，それに基づいた推論に密接に関連して作成された。

　ケリー（Kelley, 1923）は，どれも「試験の信頼性」と呼ばれる様々な異なる量に正確な定義を提供する「真値理論」を示し，観測された値と真値，そして試験の信頼性を関連づける公式を紹介した。これは後にガリクセン（Gulliksen, 1950b）によって体系づけられる古典的なテスト理論を導いたわけだが，この理論はその単純で，振る舞いの一次元的な概念，そして（前述の通り）測定誤差の概念の未分化といった点で，限られたものであった。さらには，ロード（Lord, 1952）は，このテスト理論は試験項目の本質についての情報を無視していると指摘している。高速演算の出現により，試験項目の性質に関する情報を伴ったテスト理論が注目する形質の統合は，テストスコアの調整に重要な進展をもたらした。すなわち，項目応答理論である。

　試験問題の各レベルにおけるテストパフォーマンスの具体的な数学的モデルである項目応答理論（Item Response Theory: IRT）（Lord, 1952）は，ラッシュ（Rasch, 1960）やロードとノヴィック（Lord & Novick, 1968）などによる主要な文献とともに，その後数十年をかけて開発された。IRTは，急速に拡大し，現在ではとても活発な研究領域となっている。また，IRTにはいくつかの重

42

要な適用先があり，「試験の開発に利用するための試験項目・テスト情報曲線の開発」「項目レベルのデータの詳細な分析」「異なる被験者に与えられた関係する評価からのデータの共同計算」「異なる試験におけるスコアの関係づけ」「全米学力調査（National Assessment of Educational Progress: NAEP）のように被験者が全体の評価の小さな部分でしかない試験のための，共通する尺度上のスコアの報告」，そして「コンピューター上で実施できる"適応検査"の作成」などがそれにあたる。

認知や証拠に基づいた推論の過程をモデル化するために IRT を利用することを含む現在の開発は，診断や学習における試験の利用を改善するために，試験の問いに答えることに関与する（National Research Council, 2001b）。モデルの次の進化は，理論に駆動される形で複雑なテストパフォーマンスの適切な解釈を構成するために「ベイジアンネット」と呼ばれるものに組み込まれる可能性が最も高い（Mislevy, 1996; National Research Council, 2001b）。

## 3. 音韻意識と早期の読書スキル

3つ目の例として，音韻意識，アルファベットについての知識，そして，その他の初級の読解スキルについての探究の歴史を追ってみよう。この研究は，音韻意識は，読むことについての学習の最終的な目的である，文面に埋め込まれている意味を理解するために必要な能力だけれども，それだけでは十分ではないという収束的な証拠を生み出してきた。

早期の読解における音韻意識の役割とアルファベットの知識についての研究は，ハスキンズ研究所において，心理学者であり教育者でもあるイザベル・リバーマン（Isabelle Liberman）とその夫であり音声科学者であるアービン・リバーマン（Alvin Liberman）の主導により 1960 年代に始まった。そのころ，アービン・リバーマンと彼の同僚は，盲目の人のための読書マシーンを構築することに興味を持っていた。彼らは音声の生成と知覚が，読む能力の発達に関係しているだろうと仮説を立て，重要な観察を行った。その最も適切な事例は，音韻の各部分が発声の際には一緒に発音されるので，発話者はおそらくその本

Chapter2　科学的知識の蓄積

質に気づいていないにもかかわらず，実際のスピーチは音韻で区切られている
ということが観察されたことである（A. M. Liberman, Cooper, Shankweiler,
& Studdert-Kennedy, 1967）。したがって，「バッグ（bag）」のような音素レ
ベルでは3つの部分を持つ単語でも，発声の際には分節音としては一緒に現れ
ており，1つであるように聞こえている。

　イザベル・リバーマンは，その後にこれらの観察を読むことにも適用し，多
かれ少なかれ活字で表現された音韻の部分は，読むこと自体を学んでいる幼い
子どもには簡単に明らかになることではないとの仮説を立てた（I. Liberman,
1971）。音と文字の関係性を教えることは，子どもたちの言語認識能力を発達
させると長く考えられてきた（Chall, 1967）。ハスキンズ（Haskins）の研究の
ユニークなところは，書き言葉が話し言葉の足がかりにされるか，あるいはそ
の上に成り立つものであり，読み書きの能力は，長い時間をかけて構築されて
きた人間の発話スキルの成果であるという明確な認識であった（A. M.
Liberman, 1997）。しかし，話すことは普通，明示的な教授なしに自然と学ば
れる。読むこと（そして書くこと）を学ぶためには，子どもたちが自然にはそ
の関係性を認識しないので,話すこととと書くことの関係性（例えば，アルファ
ベットの原則）は，典型的に教えられる必要がある。この原則は，初期の読む
ことの教授におけるフォニックス（綴り（スペル）と発音の関係を重視する教
授活動）の役割を説明することを助ける。

　一連の研究において，リバーマン夫妻とその同僚たちはこれらの仮説を体系
的に評価していった。彼らは，幼児たちが発話の小分けにされた本質に気づい
ておらず，この気づきが時間に伴って発達し，その発達が言語の認識能力に密
接に関わっていることを証明した（Shankweiler, 1991）。彼らは，音韻意識は
話し言葉の口頭言語スキルであり，フォニックスとは異なることを強調してい
る。しかし，その研究は，こうした能力が，読むことの学習において，読解力
の熟練にはさらなる言語学的，認知的能力が必要であるため，十分ではないが
必要なものであることを証明した（Blachman, 2000）。したがって，単語認識
に関する研究をより広い読解研究の分野と統合することが不可欠であった。ど
れだけ容易に音韻意識を発達させ，アルファベットの原則をつかむかという点
において，子どもたちは一人ひとり非常に異なる。このことは，それをどれだ

44

け明示的に教えるべきかという論争を巻き起こしてきた（Stanovich, 1991, 2000）。

1960年代から70年代初期におけるこうした起源から出発し，音韻意識や読解に関する研究は拡大されてきた（Stanovich, 1991, 2000）。1970年代の後半においては，行動主義的であるかあるいは知覚的因子の役割に注目した古い理論的背景（例えば，Gibson & Levin, 1975）に対抗して，その研究が単純化され，還元主義的なものであるという批判（例えば，Satz & Fletcher, 1980）にもかかわらず，書かれた言葉を，言葉を話す足がかりとして捉える観点が次第に根付いた。1980年代には，音韻意識や読解の能力の発達を含む領域に広がりを見せ，幼児期において，音韻意識を確実に測定することができること，そしてその発達が単語認識能力の発現に先行することを示す大規模な長期的研究に最終的にはつながった（Wagner, Torgesen, & Rashotte, 1994）。他の研究で，音韻意識の能力と読むことに困難を抱える子ども，思春期，そして大人の単語認識の欠損との間の重要な関係性を考慮した知見を強化するものがある。これは，音韻意識の発達の問題によって引き起こされる単語レベルの読み取り障害である，失読症（ディスレクシア）のような障害の再概念化と，この仮説を評価する後の他のプログラムの開発につながった（Vellutino, 1979; Shaywitz, 1996）。

これらの後の知見は，学習障害を研究している人々の大きな関心を呼んだ。彼らはこの知見が教室で学ぶ子どもたちに適用できるかどうか，そして読字障害への理解のために生かされているものかどうか懸念を示した。1985年の議会の要請により，国立小児保健・人間発達研究所（National Institute of Child Health and Human Development: NICHD）は，学習障害についての研究プログラムを始めることを依頼された。このプログラムは，認知因子，脳，遺伝子，そして教授についての研究を含めた，読字障害の根底に流れる複数の因子についての研究につながった[1]。その研究課題や方法において異なる多くの研究が，

---

◇1　いくつかの他の連邦政府機関（例えば米国教育省特別教育プログラム部，ヘッドスタート局，そしてかつての米国教育研究所など）や他の国々での研究が，この知識の基礎に持続的に貢献した。取り組みの内容を把握するために，NICHDの研究は単独で44か所の科学者，4万2500人の子どもたちや成人たちの研究に関わり，そのいくつかは18年にも及ぶものである。NICHDの1965年以降の支出は――繰り返すが，連邦政府機関を越えて幅広い取り組みに関わった単一の機関だけで――1億ドルを上回る。

Chapter2 科学的知識の蓄積

これらの取り組みを基礎とし登場してきた。例えば，北米，イギリス，そしてニュージーランドにおける読字障害の有病率に関する疫学的研究は，読字の能力が，全人口に対して正規分布していることを示している。この知見は重要なブレークスルーである。なぜなら，読解力に乏しい子どもたちは，読解力のある者と比べて質的に異なるというよりはむしろ，すべての読者の分布の中で低いほうに位置することを意味するからである（Shaywitz et al., 1992）。これらの研究は，非正規分布に基づいて報告され，読解力のある者と読字に困難を持つ者との間の質的な違いを示唆することで，困難を持つ人々についての具体的な理論を導いてきた読字障害についての優勢な見方を覆した。むしろこれらの知見は，同じ理論が，読解力のある者と読解力に乏しい者を説明するために利用可能であることを示していた。有病率についての研究はまた，最も読解力に乏しい者の多くは，単語認識の障害を持っており，読字障害の有病率が驚くほど高かったことを示した（Fletcher & Lyon, 1998）。

これらの研究は，他の領域の研究のために極めて重要であった。また，異分野の研究がゆっくりと統合されていくことにもつながった。すなわち，認知，遺伝，脳，最終的には教授へと。認知研究は，音韻処理の限界や読解力に乏しい者の単語認識について，読字に関する実験室研究に端を発する多様なモデルを用いて探究した。発達研究，読字処理のコネクショニストモデルに着目した情報処理研究，眼球運動の研究，測定につながるサイコメトリックな研究，そして幅広い研究である教室における先生の観察研究など，多くの方法とパラダイムが利用された。遺伝的研究（Olson, Forsberg, Gayan, & DeFries, 1999; Pennington, 1999; Olson, 1999; Grigorenko, 1999）は，読字力は遺伝的な要素であることを示しているが，その遺伝的性質は読字の能力のばらつきの50%を説明するだけであり，残りは教育を含め環境要因を反映していることを示した。ほんのここ数年で可能となった脳機能イメージング研究は，音韻処理と言語認識をサポートする神経ネットワークを同定した。これらの知見は，異なる神経画像法を用いて複数の研究室で追試され，20年以上にわたる読字障害と神経の間の信頼性のある相関を識別するための研究を反映している（Eden & Zeffiro, 1998）。

現在と未来の読字スキルの発達に関する研究は，確かにこの基礎の上に立ち，

1節 知識の蓄積の実例

それを洗練させている。事実，いくつかの連邦政府機関（国立小児保健・人間発達研究所，米国教育省，米国国立科学財団）のリーダーシップの下，教授研究は今や，（数学や科学と同様に）幼稚園入園以前から高校に至るまでの（PreK-12）読字のための教育研究の「スケールアップ」をどうするかの最前線に位置している。この介入と実施の研究はそれ自体長い歴史を持ち，他の一連の探究と密接に関わっている。その研究は，コミュニティー，大学，政府などの大きな文脈に埋め込まれた複雑な社会組織として見る必要がある学校で行われる。しかしながら，その起源は未だに1960年代の「ビッグアイデア」やそのころから蓄積されてきた知識と関係づけられた基礎研究にある。

この一連の研究は30年以上，紆余曲折を経て，論争を呼んできた道のりであったにもかかわらず，重要な連邦政府のリーダーシップと予算が利用可能になるたびに進化し，そして加速されてきた。アダムズ（Adams, 1990）と，米国学術研究会議（National Research Council, 1998），そして米国読字委員会（National Reading Panel, 2000）がこうした研究の実態をまとめている。

## 4. 教育資源と生徒の到達度

おそらく現在の教育研究において最も論争を呼んでいる領域は，学校や教育資源の教育の成果に対する役割についてである。20世紀のほとんどの部分においては，多くの政策立案者や社会のメンバーは，教育資源（例えば，資金，カリキュラム，備品等）の増加は，生徒の到達度などの教育成果を改善すると信じてきた（Cohen, Raudenbush, & Ball, 2002）[2]。しかしながら，過去数十年間にわたって，こうした教育資源とその成果の直接的な関係はかなり弱いものであり，理解しがたいものであることが研究から示されてきた。それはおそらく，希望的観測かあるいはやや短絡的思考の結果であろう。

コールマンら（Coleman et al., 1966）の『教育の機会均等（*Equality of Educational Opportunity*）』に始まって（Jencks et al., 1972も参照），社会科学の

◇2　この項では，この記事を大変多く利用している。

47

Chapter2 科学的知識の蓄積

研究は，生徒の身元の特性の影響と比較して，学校教育の直接的影響の相対的な欠乏を証明し始めた。金銭，図書館，そしてカリキュラムなどの教育資源は生徒の到達度に，大きく見積もってもかなり弱い影響しか持っていないことが明らかになってきた。むしろ，到達度には生徒の家庭的背景（両親の教育・社会的背景）が最も大きな影響をもたらしていた。

　しかしそれでは，学校が生徒の学習に影響しないと言っているように聞こえたため，コールマンの発見は言うまでもなく物議を醸した。これは，正確にはコールマンらが発見したことではなく（Coleman, Hoffer, & Kilgore, 1982 を参照），むしろそれがいかに時間をまたいで（誤）解釈されてきたかということである。その重要な発見は，それまで考えられていたこととは異なり，学校間の違いは，生徒間の違いほど学習と大きな相関があるわけではないということだった。さらには，教育資源（特に予算）と生徒らの学習成果の**直接的な**関係性について，ほとんどの経済学的な研究が，コールマンら（Coleman et al., 1966）やジェンクスら（Jencks et al., 1972）と同じような結論に至っている（特に，Hanushek, 1981, 1986; Hedges, Laine, & Greenwald, 1994; Loeb & Page, 2000; Mosteller, 1995 らの研究を参照）。コヘンら（Cohen et al., 2002）が説明しているように，これは「多くの保守派がリベラルな社会政策に対抗する議論を支持するために受け入れているものであり，リベラル派がそうした政策を維持するために拒否したもの」（p. 3）であった。

　コールマンの研究は，「学校は学習に寄与するか」を確認しようとする多くの研究を生み出した。そこでの議論の１つは，コールマンの「学校がどんな役割を果たしているのか」についての概念（例えば，その資源とは図書館の蔵書を示していた）が単純すぎるというものであった（例えば，Rutter, Maughan, Mortimore, Ousten, & Smith, 1979）。それは，学校や教室における手続きがいかに予算などの教育資源を教育効果へと変換しているか，あるいは文脈的な因子（例えば，大卒の学生が競う地域の雇用市場など）が（例えば）教師の報酬など生徒の学習成果に対する直接的な効果にいかに影響を及ぼすのかを，コールマンが適切に捉えていなかった（Loeb & Page, 2000）ということである。

　コヘンら（Cohen et al., 2002）は，時間を追って，資源，変わりゆく教育の過程，そして生徒の学習成果の間にあるつながりを確立し始めようとしていた

いくつかの一連の研究を追跡した。一連の流れとなった研究は1970年代と1980年代に始まり，生徒の得た到達度によってより有能な教師と，有能でない教師とを比較した。ブロフィとグッド（Brophy & Good, 1986）は（おそらく驚くことでもないが）有能でない教師に比べて，有能な教師は「丁寧に授業を計画し，適切な教材を選び，生徒に目的を明確にし，授業で活発なペースを維持し，生徒の学習を普段からチェックし，生徒がトラブルを抱えたときはその教材を教え直し」ている傾向にあった（Cohen et al., 2002, p. 4）。また別の一連の研究においては，具体的な内容の学習における教師と生徒間の関係性を調査した。これらの研究は全体として，ある課題における時間（資源となる時間）は生徒の到達度とは関係していなかった。「その学問的課題の本質が説明されているときだけ，学習への影響が観察された」（Cohen et al., 2002, p. 5；また Palinscar & Brown, 1984; Brown, 1992 も参照）のである。さらに学校の手続きに着目していた別の一連の研究は，何がより効果的な学校とそうでない学校との違いに寄与しているのかを見つけ出そうとした（例えば，Edmonds, 1984; Stedman, 1985 等）。より効果的な学校とそうでない学校を区分けるのは，彼らがどう資源を教育活動に取り込むかということであった。高いパフォーマンスを示すのは，教育上の目的を共有し，すべての生徒が学びうると信じ，生徒が学ぶことを助けることに責任を持っており，生徒の学習上のパフォーマンスを改善することに自らを尽力させる，教授陣やスタッフがいる学校である。

　今日も継続している，この教授と学校についての研究は，教育資源が生徒の学習成果（例えば成績）に直接的な影響をもたらすとしている「理論」はおそらくシンプルすぎるという証拠を提供してきた。察するに，コヘンら（Cohen et al., 2002）の言うように，教育資源は生産的な教育に必要だけれども十分な条件ではないし，教育的な経験は教育資源が生徒の学習成果に転ずるメカニズムとして見られている。それはおそらく，資源は生徒のための生産的な学習経験として変換されたときに問題になるということだろう。いくらかの政策研究は今，教育の成果という「ブラックボックス」を開けつつあり，資源が，その次には生徒の到達度改善を導くであろう教育的な学習経験を作り出すために，どのように使われるかについて検討している。資源が変換される伝達手段としての教育的経験へのこの着目は，（ミクロレベルでの）教室での教授における

Chapter2 科学的知識の蓄積

研究を導いている。

　あるまったく異なる一連の（マクロレベルでの）研究は,学校のインセンティ
ヴや組織構造に焦点を当てている。この研究では,教室や,生徒の学習を刺激
する代替となる方法の複雑さを適切に記述することが,現在の研究方法の能力
を超えているという観念を前提としている。したがって,ある代替アプローチ
では,どのようにインセンティヴ構造の違いが生徒の学習成果に影響するのか
を理解する研究の取り組みに注意を向けている（Hanushek et al., 1994）。

　これらの研究の筋道は,どちらも既存の証拠に基づいている。しかしながら,
ある現象が十分に理解されていない場合,これら筋道の異なる焦点は,同じ基
本的な問いに立ち向かっている洗練された科学の探究が,いかに異なる方向性
を追究することができるのかということを描き出している。

## 2節　科学的な知識の蓄積のための条件と性質

　教育における研究のいくつかの探究の歴史を探訪してみると,知識がいかに
他の領域に統合され,合成されてきたのかというストーリーの傍らに,科学に
基づいた研究における知識の蓄積の,共通の条件や性質を照らし出してくれる。
その事例はまた,教育学研究が,他の科学とは異なり,理論的,技術的な複雑
性の問題をしばしば抱えていることを示している。

### 1. 促進条件

　科学的な知識が成長するところには,ある促進条件が間違いなく存在するで
あろう。その中でも,明らかなものの1つは時間である。私たちが提供した多
様な例それぞれ —— 分子生物学,心理学調査,初期の読字スキル,そして学
校資源 —— には,現在の状態になるまでに,知識の蓄積に数十年,そしてい
くつかの事例では数世紀かかっているものもある。私たちは,生産的な一連の

2節　科学的な知識の蓄積のための条件と性質

探究に光を当てて紹介しているので，本報告書で紹介したそれらの知見は，この後50年で改訂されたり，間違っていたと証明されたりするだろう。

知識の蓄積のための第二の条件は，財政的な支援である。音韻意識の役割と早期の読字技量の例が特に示唆しているように，知見に基づいた教育研究を構築するとともに，科学的な共通理解に移行していくことは，顕著な連邦政府のリーダーシップと投資を必要とするだろう。連邦政府のリーダーシップと投資が増加している切実な理由は，Chapter6において，さらに詳しく示している。

この知識の蓄積を促進する最後の条件として，継続的で科学的な研究のための社会支援がある。例えば，医療研究への社会の姿勢は，ヒトゲノムのマッピングや関連する分子生物学的研究を含め，教育研究へのそれとは根本的に異なっている。市民も，彼らが選んだリーダーも，医学に対する投資は認めており，連邦政府機関の投資パターンもこの姿勢を反映している（National Research Council, 2001c）。正確に測定することは難しいけれども，概して，社会が科学者は疾患の基礎やその予防と治療に関する有用な知識を発展させていると信じていることは明らかだろう。それに対して，教育研究における技術的な到達度はしばしば無視され，従来の知見やイデオロギー的見解と矛盾する場合に，その研究成果は無関係または（時には激しく）信用できないものとして却下される傾向がある。さらに，科学的な質に関する論争においては，うまく実施されていない研究の結果は，より質の高い研究の結論に矛盾することが多い。社会的な領域では，人々や政策立案者は，医学や他の「ハード」サイエンスを区別するほどには，科学的な議論と政治的なそれとを区別しない傾向があり，そのような研究ベースやエビデンスベースな意思決定のケースを深刻に弱めてしまう。教育において無作為試験を行うことにまつわる難しさは，特に問題である（Cook, 2001; Burtless, 2002）。私たちが提供したような早期の読字についての例は，この点においては例外である。1980年代に始まった重大かつ持続的な議会のサポートは，この一連の研究の進展において不可欠な要素であった。

Chapter2　科学的知識の蓄積

## 2.　共通の性質

　これらの事例をまたいだ科学的洞察の進展の本質はまた，共通の性質を示している。すべての事例において，科学という営みにおける知識の蓄積は断続的に達成され，それは，素朴なものから洞察に一直線に移行するわけではない。むしろ，その科学的な理解への道筋は，時間を経て不審がられ，研究知見，方法論的進歩，新たなアイデアや理論，そして政治的・思想的な結論によって打倒される。科学者が新たな通り道を通るときに，目隠しされている通り道はめずらしくない。事実，不確実性に直面して物事を試すことは，科学的プロセスの自然で基本的な部分である（Schum, 1994; National Research Council, 2001d）。それにもかかわらず，科学的研究は，議論や決議が行われ，新しい方法，経験的知見あるいは理論が出てきて，ある問題についての根本的な見方に光を当て，変更を促すことになるとき，自己訂正をさせるような「隠された手」（Lindblom & Cohen, 1979）を持っている（例えば，Shavelson, 1988; Weiss, 1980）。

　知識の蓄積に関する2つ目の性質として，論争があるということがあげられる。科学者は，重要な疑問を問い，彼らの同僚との建設的な話し合いにおいて主張された知識に挑戦する，懐疑的な観察者として訓練され，雇用されている。事実，私たちは以下の章で，科学的合意を可能にし知の境界線を押し広げるのは，基本的に，互いの研究を専門的に批判しあう科学的コミュニティーの規範であると主張している。いくつかの研究をまたいで知識を統合する分析的な方法（例えばメタアナリシス）が，ここ数十年で急速に進歩するにつれて（Cooper & Hedges, 1994），ある特定の分野における最先端の知識についての要約を作る能力が強化されてきた。これらのテクニックは，特に，その知見が研究ごとに矛盾する教育のような分野において有用であり，したがって，これらの知見の多様性を発見し，テストし，そして説明するためにより重要なツールとなっている。医療研究におけるコクラン共同計画や社会，行動，教育の分野における新しいキャンベル共同計画などは（Box2-1参照），研究をまたいだ知見を統合する文献レビューを開発するためにそうした方法を利用している。

　どの例においても，私たちが取り上げる重要な進展は，研究のコミュニティー

の心が1つであることを示唆していない。すべての分野において科学者は，個人的な知見を既存の知識に統合しようと試みる科学的知見のメリットについて議論する。教育や関連する社会科学においては，この議論はそれに付随する分野的視野の正当性の範囲を理由に激化している（Chapter4を参照）。この問題の特徴は，7人の目の見えない科学者が象を調べるときにそれぞれ別の部分を触っていたという有名な寓話によってよくわかる。事実，社会科学は方法と理論の専門性を高め，それぞれの方法と理論のペアが社会現象の異なる側面を描写することで特徴づけられてきた（Smelser, 2001）。

　科学者間の論争のもう1つの原因は，政策と実践で可能なことについての異なる見解から生じる。例えば，いくつかの政策研究（Hanushek, 1986, 1997やBurtless, 1996を参照）は，資源が生徒の学習成果に及ぼす**非直接的**な影響は小さく，しかも政策手段としては管理がしにくいものであると結論づけている。政策立案者からしてみれば，資源の直接的な影響を設けること —— 教科や認知能力に応じて教師を選ぶといったこと —— はより管理可能な政策手段であり，例えば教育実践のようなコントロールのしにくい非直接的なメカニズムよりも生徒の到達度に影響するように見えるというのだ。

　本章における事例は，科学的な知識とその蓄積についての第三の性質を証明している。それはすなわち，実証的知見，方法論の開発，理論の構築の本質は相互依存的かつ循環的であるということだ。理論と方法は，実証的観察と知識に関する主張の結論または貢献者として相互に構築される。測定の正確性が増すことによって得られた新しい知識は，例えば理論の精度を向上させる。ある精度の向上している理論は，新しい測定テクニックの可能性を示唆する。こうした新しい測定方法の適用は，次に，新しい経験的証拠を作り出し，そうして循環は続いていく。この循環は，遺伝子発現調節の事例に示したように，自然科学の性質であり，社会科学でも経済的・社会的指標の測定（deNeufville, 1975; Sheldon, 1975）や教育評価（National Research Council, 2001b）において明らかである。

　第四の，そしてこれらの事例から示された最後の性質は相対的なものだ。それは，人間の研究は本質的に複雑だということである。人間はそれ自身複雑な存在であり，それぞれの振る舞い，信念，行動，性格的形質，文化における位置，意欲をモデリングすることは，本質的に複雑である。その多くの部分にお

いて，研究活動の難しさがあり，なぜなら社会科学者は，「ハード」サイエンスにおいてなされるような典型的な高いレベルでの管理を，彼らの被験者に対してはすることができない——例えば，分子の乱雑さは3年生の教室よりはましなのである。この見解は，人間の世界に科学は適合しないと示唆しようとするものではない。また，私たちはこれらの分野における，科学的研究が根本的に異なるということを言おうとしているのでもない（事実，Chapter 3 の主旨は，科学の核となる原則はすべての領域に適応するということである）。むしろ，人間を含めた科学の探究は，自然科学におけるそれよりも質的に複雑であり，科学的な理解はしたがって，しばしば豊かな一連のパラダイムや，哲学，あるいはアプローチをまたいだ知識の統合を必要とする（Smelser, 2001）。

### コクランとキャンベルの共同計画：
### 医学と社会，行動，教育学分野の知識の統合

　医療における国際的なコクラン共同計画は，妥当性についての研究の体系的なレビューを作るために1993年に創立された（https://www.cochrane.org）。それから，健康への介入の無作為試験の電子図書館が作られ，25万もの記事がアクセス可能となった。加えて，一連の試行について1000以上の体系的なレビューが異なる研究からの知識の蓄積を統合するために作られた。これらのレビューは，多様な症状を扱い，保健サービスを提供する新たな複数のアプローチの効果をカバーしている。ヘルスケアにおけるそうしたシステムの主要な便益は，国際的に体系的な知識の蓄積をするという考え方を操作可能にすることである。

　社会，行動，教育の分野においては，国際的なキャンベル共同計画（https://campbellcollaboration.org）が，体系的なレビューを将来作り出すために2000年に設立された。繰り返しになるがその目標は，政策立案者，実践者，そして社会にとって有用な，体系的なレビューと作為・無作為試験の電子図書館を準備し，維持し，作り出すメカニズムを創造することである。

## 3節　結　語

　科学は社会問題に立ち向かう知識の重要なソースであるが，独立しているものではない。もし，学校の教育資源の話を続け，昨今の教育改革の議論に立ち入るならば，社会領域の中で科学的な知識を生成するということは，社会への適用を保証してはいないということを容易に示すことができる。むしろ，科学的知見は実践，政策の領域における異なる見方と相互作用する（Lindblom & Wodehouse, 1993; Feldman & March, 1981; Weiss, 1998b, 1999; Bane, 2001; Reimers & McGinn, 1997）。科学者は，何が可能であるかの基礎を発見する。実践者，保護者，あるいは政策立案者は，次に，何が実践的で，手ごろなコストであり，望まれていて，信頼できるのかを考慮する必要がある。私たちが主張してきたように，何が科学的で何が政治的な議論であるのかを区分けすることの失敗は，科学の進展と利用を妨げてきたが，社会領域における科学的研究は，物理学や生物学における研究よりも大いに，常に社会の傾向，信念，そして規準の文脈の中で，その影響を受けながら行われるだろう。

　最後に，物理科学と生命科学において蓄積されてきた知識は，社会科学における蓄積の程度を超えており（例えば，Smelser, 2001），教育におけるそれをはるかに超えていると私たちは認める。そして，本章において教育の実践と政策について示してきたように，いわゆる科学に基づいた研究を持ち込むことは明らかに大変な仕事である。事実，学者たちには人間の知識についてのある側面は簡単に明らかにすることはできないと長い間認識されてきた（Polanyi, 1958）。教育における知見は，特に他の分野よりも暗黙的で正確性が低く（Murnane & Nelson, 1984），実際におけるその使用を難しくしていると主張する者もいる（Nelson, 2000）。しかし，とりわけ，本章に私たちが示した事例は何が可能であるかを示している。これらの事例の成功に基づいて目的を決定し，さらなる成功を生み出していくべきである。

# 科学的探究のための原則

　Chapter2 では，教育における科学的研究が，物理科学や生命科学，そして社会科学のように蓄積されている証拠を示している。結論からして，私たちはそうした研究が教育，そして教育政策や実践に関するさらなる知見を構築することを目指す価値あるものとなるだろうことを信じている。しかしながら，この時点までで，私たちは「科学的な研究を構成するものは何であるか」とか「教育における科学的研究は，社会科学，生命科学，物理科学における科学的研究と異なるのか」といった疑問に立ち向かってはこなかった。本章では，この点について扱っていく。

　これらは，哲学者，歴史学者，そして科学者によって何世紀にもわたって議論されてきた困難な疑問である（現状の評価についてはニュートン-スミス[Newton-Smith, 2000] を参照）。例えば，マートン（Merton, 1973）は科学における共通性に目を向けた。彼によれば，科学には4つの目的がある。すなわち，「普遍主義（一般的な規則性を探す）」「組織化（一連の関係する事実や観察を構成し，概念化することを求める）」「懐疑主義（疑問を持ち代替となる説明を探す規範）」「公有主義（科学をするための一連の規範や原則を共有するコミュニティーの発展を求める）」である。それに対して，初期の何人かの現代哲学者（論理実証主義者）は，科学と捉える対象を減らし，難しい技術的困難に遭遇したプログラムである物理学のみとすることで，統一を図ろうとした

Chapter3 科学的探究のための原則

(Trant, 1991)。

　端的に言えば，私たちは諸科学の間には共通点と相違点の両方が存在すると考える。一般的なレベルでは，科学は一連の認識論的，あるいは科学の営みをガイドする根本的な原則の多くを共有している。それらは，概念的（理論的）理解を追究すること，経験的に検証可能で，反証可能な仮説を提起すること，試験可能で対立仮説を除外することになる研究を計画すること，他の科学者がその正確さを検証できるように理論と関連づけられた観察可能な方法を利用すること，そして独立した追試と一般化の両方の重要性を認識することを含んでいる。1つの研究にこれらのすべてが備わっていることは，ほとんどない。それにもかかわらず，科学的探究を統合するものは，よく体系化された観察方法と厳密な計画を用い，発見を査読に通すことによる推論と公式な仮説の経験的試験の優位性である。ジョン・デューイの表現によれば，関連する経験的証拠（あるいは数学や演繹的証明）によって正当化され「保証される」，哲学者が「知識の主張」と呼ぶものを作るのは「対立的探究」である。科学的な推論は，（しばしば定量化可能な）不確実性の中で行われる（Schum, 1994）。そして，その主張は時間の経過とともに知見が洗練されるにつれて，挑戦，追試，改訂の対象となる。ほとんどの科学の長期的な目的は，特定のものを超えて一般化する「事実」の安定した要約を提供できる理論を作ることである。そこで，本章ではすべての科学的な取り組み間の共通点として私たちが見ているものを詳しく説明したい。

　研究が始まったとき，科学や社会科学の哲学を探究することによって，私たちは教育における科学的な調査を，社会科学，物理科学，そして生命科学と区別しようと試みた。すなわち，物理科学，生命科学，社会科学の調査と，教育における科学的研究の実施とを区別しようとしたのである。また，教育や社会科学，行動科学の研究に投資し，管理している上級公務員の委員会，そして心理測定学，言語人類学，労働経済学，そして法律の名だたる学者の委員会に，分野間のエビデンスの原則を区別してもらうように依頼した（National Research Council, 2001d を参照）。しかし最終的には，個別の科学の専門技術や調査対象の違いを超えた根本的なレベルで，社会科学，物理科学，そして生命科学の研究や教育における科学的な研究の有意義な区別ができたと確信する

57

Chapter3　科学的探究のための原則

には至らなかった。区別を証明したと考えられる事例を持ったもあったが，結局はその区別が現実のものではないというエビデンスによって，私たちの仮説が反駁されるばかりであった。

　したがって，委員会は教育における科学的探究に適応するガイドとなる一連の原則が，科学的探究のすべての範囲をまたいで見出すことのできる一連の原則と同じであると結論づけた。本章を通じて，私たちはこの共有された本質を証明するために政治学，地球物理学，そして教育という多様な分野からの事例を提供する。科学的探究の要素についての記述で普遍的に受け入れられたものは存在しないけれども，私たちは，以下の6つの相互に関連しながらも，必ずしも順位性があるわけではない◇1 探究の原則によって，科学的な過程を記述することが適切であることがわかった。

- ・ 経験的に調査することができる重要な問いを提起すること。
- ・ 研究を関係する理論と結び付けること。
- ・ 問いの直接的な調査を可能にする方法を利用すること。
- ・ 一貫した明示的な推論の連なりを提供すること。
- ・ 研究をまたいで追試し，一般化すること。
- ・ 研究を専門的な精査と批判を奨励するために開示すること。

　私たちが「ガイドとなる原則」という語を意図的に選んだのは重要なポイントを強調するためであって，科学的探究のためのアルゴリズムを提供するものではない。むしろ，科学的な調査のためのガイドとなる原則は，いかに推論が通例，独立した過程，ツール，そして実践によって支持（あるいは否定）されるのかということを示す枠組みを提供する。どの単一の科学的な研究も，すべての原則を満たさないかもしれない —— 例えば，一連の探究におけるはじめの研究は独立して追試はなされない —— けれども，強力な流れを持つ研究は原則をすべて満たす可能性が高い（Chapter2参照）。

---

◇1　例えば，帰納法，演繹法，そしてアブダクションといった科学的探究のモードはこれらの原則を異なる順序で満たす。

58

1節　科学的なコミュニティー

　私たちはまた，ガイドとなる原則を，倫理的行動の概念を含めた行動規範を構成するものとして見ている。この意味においては，ガイドとなる原則はコミュニティー（この場合，科学者のコミュニティー）における規範のように働き，科学的な研究がどのように実施されるのかについて期待される事柄である。理想的には，個々の科学者はこれらの規範を内在化し，コミュニティーはそれを監視する。私たちの調査では，これらの科学の原則は，宇宙物理学，政治学，経済学やより応用的な分野である医学，農学，そして教育学等でも同様に，体系的な研究に共通するものである。この原則は，客観性，厳密な思考，オープンマインド，そして正直で徹底した報告を強調している。多くの学者が，ほとんどの分野に広められている共通の科学の「概念文化」についてコメントしている（例えば，Ziman, 2000, p. 145; Chubin & Hackett, 1990 を参照）。

　これらの原則は，科学の営みの2つの次元にまたがっている。すなわち，創造性，専門知識，共同体の価値，そして科学を「している」人による良識ある評価という面と，科学的探究のための一般化されたガイドとなる原則という二面である。本章の残りの部分においては，科学的なコミュニティーの共同体としての価値と，十分に基礎づけられた科学的調査が盛んに行われるプロセスのガイドとなる原則を示す。


# 1節　科学的なコミュニティー


　哲学者ルートヴィヒ・ヴィトゲンシュタイン（Ludwig Wittgenstein, 1968）の表現を借りれば，科学とは「生活形式」のコミュニティーであり，そのコミュニティーの基準は学ぶのに時間を要する。熟練した研究者は，普通，科学的なコミュニティーの価値観を獲得し，関連するいくつかの分野の専門知識を得て，そして多様な調査手法を数年かけて習得した後にのみ，厳密な科学的調査を実施することを学んでいる。

　科学の文化は，再現性の必要，建設的な批判の自由を束縛しないこと，そして匿名の査読の推奨などの「生活形式」のルールを強いることだけでなく，特

59

Chapter3　科学的探究のための原則

定の思考習慣（habits of mind）の中で新しい科学者を育成することを通して，客観性を育む。思考習慣とは，ここでは証拠の優位性，研究の過程に影響する偏見を最小にし説明できるものとすること，そして訓練され，創造的で，開かれた思考のようなものを指している。これらの習慣は，コミュニティー全体の注意深さとあわせて，異なる視点や説明を研究に取り入れたり，代替となるパラダイムを検討することができる中核となる研究者に影響する。おそらくとりわけ，コミュニティーから強いられている規範をできる限り確認することは，個人の科学者が ── 間違っていると証明されることは必ずしも喜ばしくはないが ── 自身の研究を批判，評価，潜在的な改訂に向けて公開することを人の手で可能にしている。

　コミュニティーによる強制の有効性にも依存する，科学的な「生活形式」のもう1つの重要な規範は，科学者は倫理的でかつ正直でなければならないということである。この主張は，一見陳腐であり，もっと言うなら単純なものに思われる。しかし，科学的な知識は個々の研究によって構築され，他のどんな営みと変わることなく，もしその研究を実施している人々がオープンであり，誠実でなければ，容易に揺らぐものである。知性の遺伝的性質を研究した優秀な心理学者であったシリル・バート（Sir Cyril Burt）は，この点について1つの事例を提供している。彼は知性は遺伝的であるという自身の仮説を非常に強く信じ込んでおり，その仮説を支持するように2つの研究におけるデータを「改ざん」した（Tucker, 1994; Mackintosh, 1995）。この反則が明らかになったとき，科学のコミュニティーは嫌悪感を示した。医学研究の分野におけるそうした非倫理的事例はまた，よく文献において紹介されている（例えば，Lock & Wells, 1996 を参照）。

　動物や人類に関する研究を含む科学においては，他の一連の倫理的問題が見られる。研究の過程に生き物を扱う場合，必然的に難しい倫理的問題である守秘義務やプライバシーに関する懸念からケガや死に至るまで，潜在的なリスクを含むことになる。科学者は，厳密な調査のために努力するとともに，人類研究の参加者にとっての潜在的なリスクと，知見として得られることの相対的な利益を比較検討する必要がある（この点については，Chapter4，Chapter6 でも扱うこととする）。

60

## 2節　ガイドとなる原則

　本報告書を通じて，私たちは科学が競争的な探究であり，正当化された主張である（Dewey, 1938）という議論をしており，最終的に関連する証拠によって支持される理論を構築する。以下のガイドとなる原則は，有効な推論がどのように支持されているかの枠組みを提供し，科学者がお互いの研究を批判する根拠を特徴づけており，また見通しとともに科学者が何をしているのかを示している。科学は，創造的な営みであるが，結論やそれに至るまでの過程を評価するためのコミュニティーの規範および慣例によって統制されている。これらの原則は，科学者世代が授業で学んだ時代から時間とともに進化してきており，科学者もまた理論と方法を絶えず進化させてきた。

**科学的 原則1**
### 経験的に調査することができる 重要な問いを提起すること

　この原則には2つの要素がある。その1つ目は，提起された問いの本質に関わる。すなわち科学は，試験されたり反駁されたりすることになる仮説や推論を導く，潜在的に複数の答えのある世界についての，重要な問いを提起することによって進展する。2つ目は，これらの疑問がいかに提起されるのかに関係している。それは次のような方法で提起されなければならない。すなわち，慎重に計画され，実施された観測を通して，代替となる答えの妥当性を検証することが可能であるということである。

### 1. 問いの重要性

　非常に重要であるにもかかわらず，典型的に低く評価されがちな科学的な調

Chapter3　科学的探究のための原則

査のある側面として，提起された問いの質がある。直感から概念化への移行と価値ある問いの具体化は，科学的研究に不可欠なものである。事実，多くの科学者の名声は，その課題を解決する技能よりも，創造的でありかつ学問分野に育まれた洞察に富む問いを選ぶ能力によるものである。

　　課題の形成は，おそらく単に数学的あるいは実験的な技能の問題であるその解決策よりもしばしば重要なものである。新たな問い，新たな可能性を立て，古くからの問いを新たな角度から見つめることは，創造的なイマジネーションを必要とし，科学の真の進展を示す。

　　　　　　　　　　　（Einstein & Infeld, 1938, p. 92, Krathwohl, 1998 による引用）

　こうした問いは，既存の知識の欠陥を補ったり新たな知識を追求すること，ある現象の（時には複数の）原因を特定することを求めること，現象を記述すること，実践的な課題を解くこと，あるいは仮説を公式に試験することなどの取り組みのもとに提起される。ある良質な問いは，古くからの問いを，方法論的あるいは技術的に新たに利用可能となった道具や技術の光によって再定義する。例えば，政治学者であるロバート・パットナムは，近代化の進展により市民参加が減少した（Box3-1 参照）という受け入れられた知見に挑戦を試みてきたが，逆に次には彼の研究が挑戦を受ける立場となっている。新しい問いはまた，仮説を新たな条件や環境下で再試験することにもなる。事実，以前の研究を追試した研究というのは，調査の設定や探究の目的が変わっても保たれる堅牢な研究成果のカギとなる（原則5を参照）。良質な問いは，その理論が明示的であっても，暗黙的であっても理論の強固なテストにつながる可能性がある。

　問いの重要性は，政策や実践に関する重要な主張との関係性だけでなく，先行研究と関連する理論を参照することによって確立されることになる。この道のりにおいて，科学的な知見は新たな研究が付け足され，それ以前の資料の総体に統合されるたびに成長する。この知識の総体には，理論，モデル，研究方法（計画や測定），そして研究ツール（顕微鏡や質問紙等）が含まれる。事実，科学は自然から抽象的なしるしを取り出す現実世界の現象の代表（モデル）を作る取り組みであるだけではない。その活動に埋め込まれて，科学者は事象（例

2節 ガイドとなる原則

図3-1　科学研究の四象限モデル（Stokes, 1997, p. 73 より引用）

えば実験器具や活動）の開発にも携わる。したがって，科学的知識は技術的な活動と分析的な活動の両方の副産物である（Roth, 2001）。ある問いに関連する理論や先行研究のレビューは，その問いがこれまでに解答を得ていないということを，単に立証することができる。いったんこれが立証されれば，そのレビューは，サンプリング，設定，およびその他の重要な文脈について知られていることを特定するだけでなく，その問いと関連する推論がすでに検証されているかどうかを照らし出すことによって，その研究の代替となる解答や，あるいは研究計画とその実行を形成する助けとなる◇2。

ドナルド・ストークス（Donald Stokes）の研究（Stokes, 1997）は，科学的な知識と方法を進展させる重要な問いについての有用な考え方の枠組みを提供している（図3-1を参照）。『パスツールの四象限』において，彼は基礎科学から応用科学に直線的に移行してきたとする研究に基づいた知識の概念は，科学が歴史的にどう進展してきたのかを反映していないとする証拠を提供してい

---

◇2　私たちは，重要な科学的発見は，有能な観察者が最初に奇妙な，または興味深い現象を指摘したときになされることを認識している。これらの事例では，もちろん，そうした調査を形成するための先行する文献というものは存在しない。そして新しい領域や学問分野がどこかで始まる必要がある。そうすると，この原則において強調している先行する文献との関係性というのは，比較的確立された領域や分野に一般的には適用されるものである。

る。彼は，代わりに，科学における多くの進展が，同時に基礎と応用の両方の研究を描く「用途に導かれた研究」の結果として起きたことを証明するいくつかの事例を提供している。ストークス（Stokes, 1997, p. 63）は，基礎・応用研究に関してブルックス（Brooks, 1967）を引用している。

> 応用された目的に向けた研究は，ある領域の構造や見通しに重要な影響を与えるという点において，非常に基本的なものである。さらには，研究に応用がなされる性質があるという事実は，同時にそれが基礎的でないということと同義ではない。

ストークスのモデルは，明らかに実践と政策の課題が重要な —— そして非常に根本的な —— 研究課題の源となる，教育研究にも当てはまる。

### 近代化は市民共同体の崩壊を示唆しているのか？

　1970年代，政治学者ロバート・パットナム（Robert Putnam）は，イタリアの政治を研究していた。その当時イタリアでは，政府が全土に及ぶ地域政府の新たな制度の実施を決定した。この状況はパットナムと彼の同僚たちに，いかに政府組織が多様な社会環境の中で発展するか，そして民主組織としての彼らの成功や失敗に寄与するものは何であるかを調査する長期的な研究を始める機会を与えた（Putnam, Leonardi, & Nanetti, 1993）。「制度パフォーマンス」に関する概念的枠組みに基づき，パットナムとその同僚は自治体職員や地域のリーダーとともに，3つか4つの個人的インタビューを繰り返し，6つの国家規模の調査，制度パフォーマンスの統計的測定，1970〜1984年の関連する法制の分析，政府の反応性に関する1回きりの実験，1976〜1989年の間での6つの地域における詳細な事例研究等を実施した。
　地域ごとの著しい違いを示した収束証拠は，深い歴史的ルーツを持っていた。その結果は，近代化が市民参加の減少につながるという当時の一般的な見解に

疑問を投げかけてもいた。「イタリアの最も市民的ではない地域はまさに伝統的な南部の村々である。伝統的なコミュニティーの市民的エトスを理想化してはならない。伝統的なイタリアの生活は今日，共有－共有の関係ではなく，階層と搾取によって特徴づけられている」(p. 114)。対照的に，「市民が公共の選択について集団的な審議に参加する権限が与えられていると感じ，そしてその選択が効果的な公共政策に最も完全な形で変換されているコミュニティーであるイタリア半島の最も市民的な地域には，最も現代的な市町が含まれている。近代化は市民共同体の崩壊を示唆するものではない」(p. 115)。

　パットナムとその同僚による，経済発展と市民の伝統が民主的成功に及ぼす相対的影響についての発見は決定的なものではないが，証拠の重さは市民の伝統が経済的豊かさ以上に重要であるという主張を後押しする。この研究とそれに続くソーシャル・キャピタルに関する研究（Putnam, 1995）は，今日にも続く調査と議論を導いている。

## 2. 経験に基づく

　「経験的」という語は，平たく言えば，感覚を通じての経験に基づいた，ということを意味する。この感覚とは，（一般的用語であるところの）観察によって順次カバーされるものである。科学は世界に関する理解の構築と考えられるので，その研究は必ず世界についての観察に基づいている。したがって，研究課題（research question）は経験的な調査が潜在的に実施される方法から得られるに違いない◇3。例えば，ミランコビッチ（Milankovitch）やムラー（Muller）はどちらも地球の軌道についてのデータを集め，氷河期の周期性について説明

---

◇3　科学哲学者らは，「経験的」という語の意味を長らく議論してきた。ここで述べるように，ある意味では科学の経験的性質は，世界についての主張が明示的な観察によって，証明され，あるいは少なくとも制約されなければならないということを意味する。しかし私たちは，直接の観察に加え，論理的推論や数理解析といった方策もまた科学的主張を経験的に支えることが可能だと認識している。

Chapter3　科学的探究のための原則

しようとした（Box3-2 参照）。同様に，パットナムは近代化が市民共同体の崩壊につながるかどうかという問いに立ち向かうため，地域政府の自然な差異についてデータを集めることになり（Box3-1），またテネシー州の州議会は，様々な規模の学級の子どもたちから到達度データを集めることができたので，学級の規模を小さくすることが低学年の児童・生徒の成績を向上させることにつながるのかどうかを経験的に評価することができた（Box3-3）。対照的に，「すべての児童・生徒は忠誠を誓わなければならないのか？」のような問いは，実証的な調査を進めることができず，したがって科学的には調査できない。これらの問いへの答えは，科学以外の領域にある。

## BOX 3-2

### 氷河期の周期的な性質はどのように説明できるか

　過去 10 億年の間，地球の気候は，氷河が大陸を洗い流した寒冷期と氷のない暖かい時期の間で変動してきた。1930 年代，セルビアの数学者ミルティン・ミランコビッチ（Milutin Milankovitch）は，最近まで原則として受け入れられていたこうした周期の教科書的な説明を提供した（Milankovitch, 1941/1969; Berger, Imbrie, Hays, Kukla, & Saltzman, 1984）。彼は，その理論を 10 万年の間にほぼ完全な円形から楕円形に変わり，また戻ってくる地球の軌道の離心率（または真円度から外れていること）についての骨の折れる測定に依っている。しかし，その後，ボーリング資料の中にある有機物の含有量から測定された，地球による光エネルギーの吸収を分析すると，この相関に因果関係のメカニズムがあることに疑問が持たれた（例えば，MacDonald & Sertorio, 1990）。離心率の細やかな変化は，熱吸収に必要な変化を生じさせるほど入射する太陽光に十分な差異を生じさせはしなかった。ミランコビッチの説明のもう 1 つの問題は，地質学的記録によって，いくつかの氷期はそれらを引き起こしたと考えられる軌道の変化の前に始まっていることが判明したことである（Broecker, 1992; Winograd, Coplen, & Landwehr, 1992）。

　そこで，天文物理学者であるリチャード・ムラーは，地球の軌道の別の側面

2節　ガイドとなる原則

に基づいて代替となるメカニズムを提案した（Muller, 1994; Karner & Muller, 2000; また Grossman, 2001 も参照）。ムラーは，地球の周期的な氷河期の原因は，地球の軌道が黄道の内側や外側へ行くことであると仮説を立てた。彼は，黄道の上下の領域に宇宙ダストが詰まっており，それが惑星を冷やしていることを示す，天文観測に基づいて仮説を立てている。ムラーの「傾き理論」は，ケネス・ファーリー（Kenneth Farley, 1995）の海底堆積物中の宇宙ダストに関する論文が発表されたことによって支持された。

ファーリーは，ムラーの傾斜モデルに反論するために研究プロジェクトを開始したが，驚くべきことに，宇宙ダストのレベルは実際に氷河期に同期して縮小していたことを発見した。ムラーは気温の変化の直接的な原因として，宇宙からの塵は地球上の雲の覆いや大気中の温室効果ガス（主に二酸化炭素）の量に影響を与えると提案した。実際に，ニコラス・シャックルトン（Nicholas Shackleton, 2001）による，40万年の間の南極の氷のコアに捕捉された気泡の酸素同位体と，その他の特性の測定は，この事実を確認する証拠を示していた。

こうしたプロセスの広い理解を得るために，地球化学者たちが氷や岩石の深くに閉じ込められた気体の組成から気温を推測する新しい方法を探している一方で（Pope & Giles, 2001 を参照），地質年代学の研究者たちは，地球の歴史における出来事のタイミングをより明確に同定する新しい「時計」を探している（例えば，Feng & Vasconcelos, 2001）。未だに，軌道の変化がいかに二酸化炭素を大気中へ出し入れしているかについて知っているものはいない。そして，おそらくは二酸化炭素に加えて，他の地質学的因子が気候のコントロールに顕著に関わっていると考えられる。氷河期に関与していると考えられる複雑な変数を整理するには，まだまだ多くの研究がなされなければならない。

---

**科学的原則2**　研究を関係する理論と結び付けること

---

科学的な理論は，本質的に，ある現象を説明する概念的なモデルである。そ

Chapter3　科学的探究のための原則

れらは，「世界と呼ばれるものをキャッチするために投げられた網です……私たちはそのネットをより細かくしようと努力を続けています」(Popper, 1959, p. 59)。事実，多くの科学は根本的に物理的，社会的な世界の側面を説明することができる，理論，仮説，モデル，推論，あるいは概念的枠組みの開発と，テストに関わっている。よく知られている科学理論の例としては，進化論，量子論，相対性理論などがある。

　社会科学や教育の分野においては，そのような「壮大な」理論はまれである。確かに，一般化された理論的理解は，依然その目的ではある。しかしながら，社会科学の中のいくつかの研究は，状況や出来事を超えて一般化される理論的な理解ではなく，特定の出来事や状況についての深い理解を得ることを目指している。これらの極端な例の間には，社会のある側面を説明しようとする，マートン（Merton, 1973）が中範囲の理論と呼んだ，社会科学の理論やモデルの大部分が収まっている。そうした中範囲の理論の例や説明的なモデルは，物理・社会科学に見られる。

　これらの理論は，そのようなモデルによって近似できる，現実のある側面の代表例，あるいは抽象化である。分子，場，あるいはブラックホールなどは，物理学における古典的な説明モデルである。また，遺伝子コードや筋肉の収縮フィラメントモデルは，生物学におけるそうしたモデルの例である。同様に，文化，社会経済的地位，貧困は人類学，社会学，政治学の古典的モデルである。プログラムの評価においては，プログラムの開発者は，プログラムによるインプットが目標とする結果に影響を及ぼすメカニズムについてのアイデアを持っており，研究をガイドする「プログラム理論」を通してこれらのアイデアをテストする（Weiss, 1998a）。

　理論は2つの重要な方法で研究の過程に入り込む。第一に，研究は問われ，答えられる可能性のある疑問を提示したり，持ち出された問いに答える概念的枠組み，モデル，あるいは理論によって導かれるかもしれない◇4。重要な問いを提起する過程は，通常研究が実施される前に行われる。研究者は，特定の状

---

◇4　重要な問いや仮説は，研究の終盤においてや（e.g., Agar, 1996），一連の調査を通して課題の含む側面が理解されるにつれても同様に起こるだろう（e.g., Brown, 1992）。

68

況下で理論が成立しているかどうかを検証しようとしている。ここでは，問い
と理論の関係性は単純である。例えば，パットナムの研究は，市民の関与と近
代化に関する制度パフォーマンスの理論的概念に基づいている。

　研究課題は，実践的な課題からも開発することができる（Stokes, 1997; 前述
の議論を参照）。この場合，学級規模と児童・生徒の到達度の関係性のような
複雑な問題に対処するには，いくつかの理論が必要となるだろう。また，異な
る理論では，おそらく矛盾した予想が課題の解決策として与えられるだろう。
あるいは，様々な理論が問題に対処するために調整される必要があるだろう。
事実，テネシー州の学級規模を減らす研究（Box3-3 参照）における知見は，
学級規模を小さくすることがいかに児童・生徒の到達度を良くすることにつな
がるのかの理論的な理解を活用するためのいくつかの取り組みにつながった。
科学者たちは，最終的には生徒の到達度の変化を説明し，予測するような，大
規模な学級と小規模な学級の振る舞いの違いを理解するためのモデルを開発し
た（Grissmer & Flannagan, 2000）。

　理論的な理解が研究プロセスの要因となるもう 1 つの繊細なやり方は，すべ
ての科学的観察が「理論的積み重ね」である（Kuhn, 1962）という事実に由来
する。つまり，何を観察し，どのように観察するのかの選択は課題やトピック
の —— 明示的あるいは暗黙的な —— 編成された概念によって構成される。し
たがって，理論は，研究課題，方法の利用，そして結果の解釈を促進する。

---

**科学的原則 3**　問いの直接的な調査を可能にする方法を
利用すること

---

　研究の方法 —— データ収集の計画と，計画における変数の測定と分析 ——
は，研究課題の焦点に合わせて選択され，直接それに向かっているべきである。
課題に直接向かっている方法は，正当な結論に到達するための調査技術，デー
タ，仮説の相互作用に基づく，推論の論理的連なりの発展を可能にする。論点
を明確にするために，私たちは問いと方法のつながり（原則 3）と，証拠から
理論への厳密な推論（原則 4）とに分けた。研究活動の実際では，そうした分

離はなされないであろう。

　多くの領域・分野における方法に関する議論は，何世紀にもわたって研究者がいくつかの技術の相対的メリットについて戦ってきたのにつれて，激化している。単純な真実として，科学的な研究を遂行するために利用される方法は，提起された問いに適していなければならない，そして調査者はその方法を競争的に実施しなければならない。ある問いに対して，特定の方法はその他の方法よりも，より適している。例えば，1980年代のテネシー州ではランダム化されたフィールド試験として選択肢が限られていたことが，他の方法よりも学級規模の縮小が児童・生徒の到達度に及ぼす影響についてのより強い推測を可能にした（Box3-3参照）。

### 学級規模の縮小は生徒の到達度を向上させるか

　学級規模の縮小が児童・生徒の到達度に及ぼす影響についての研究は100年以上前にさかのぼるが，グラスとスミス（Glass & Smith, 1978）は最初の包括的な統計的統合（メタ分析）を文献として報告し，事実，学級規模が縮小されたとしても到達度の改善は少ないと結論づけた（Glass, Cahen, Smith, & Filby, 1982; Bohrnstedt & Stecher, 1999 も参照）。しかしながら，グラスとスミスの研究は，メタ分析にどの研究を選択するか（例えば，家庭教師，大学のクラス，非典型的に小さなクラスなど）を含めた，あらゆる根拠により批判された（例えば，Robinson & Wittebols, 1986; Slavin, 1989）。いくつかのそれに続くレビューは，グラスとスミスと同様の結論に至り（例えば，Bohrnstedt & Stecher, 1999; Hedges, Laine, & Greenwald, 1994; Robinson & Wittebols, 1986），他の研究は肯定的な効果の一貫した証拠を得ることはなかった（例えば，Hanushek, 1986, 1999a; Odden, 1990; Slavin, 1989）。

　学級規模の縮小は児童・生徒の到達度を改善するのか。論争の中で，テネシー州議会は，ちょうどこれと同じ問いを立て，それを見出すための無作為試験

に資金提供した。それは，ハーバードの統計家であるフレデリック・モステラー（Frederick Mosteller, 1995, p. 113）が「……これまでに行われた最も重要な教育調査の1つ」と呼んだものだった。1万1600名の小学生とその教師が79の学校から無作為に選ばれ，3つの学級条件（小規模クラス［13〜17名］・普通クラス［22〜26名］・普通クラス［22〜26名］にフルタイムの助手がつく）に割り当てられた（研究の詳細は Achilles, 1999; Finn & Achilles, 1990; Folger & Breda, 1989; Krueger, 1999; Word et al., 1990 を参照）。この研究は，1985年に幼稚園に入園した集団とともに始まり，4年間継続した。3年生を修了した後はすべての児童が普通クラスに戻った。児童は4年間もともとの学級条件にとどまると仮定されていたが，全員ではなかった。何人かは，1年生の段階で普通クラスと普通＋フルタイム助手のつくクラスに再び無作為に割り当てられたが，約10％の児童は他の理由で別条件のクラスに切り替えられた（Krueger & Whitmore, 2000）。

　この研究では，以下の3つの知見が特に際立つ。第一に，小規模のクラスの学生は普通規模のクラスの学生よりも（補佐の有無にかかわらず）優れていた。第二に，学級規模の縮小はマイノリティ（主にアフリカ系アメリカ人ら）や都心部の児童への恩恵がはるかに大きかった（例えば，Finn & Achilles, 1990, 1999; ただし Hanushek, 1999b も参照）。そして，第三に，4年生から児童は普通規模のクラスに戻ったにもかかわらず，学級規模の縮小の効果は，大学受験を受けるかどうかや，そのパフォーマンスにも影響を及ぼした（Krueger & Whitmore, 2001）[*]。

---

[*] 興味深いことに，学級規模の縮小の効果と費用の削減とのバランスをとるために，テネシー州議会は州の学級規模を縮小しないことに決めた（Ritter & Boruch, 1999）。

　問いと方法のつながりは，明確に説明され，正当化されるべきである。研究者は，ある特定の方法がいかに目的とする問いについて有能に調査できるかを示さなければならない。さらには，方法の詳細な記述 —— 測定，データ収集の手続き，そしてデータの分析 —— は，他者が研究を批判したり，追試したりするために利用可能なものとなっていなければならない（原則5を参照）。

Chapter3　科学的探究のための原則

　最後に，調査者は（潜在的に重要な変数や，データの欠損，そして潜在的な研究者自身のバイアスなど）方法の潜在的制約を識別していなければならない。

　方法の選択は，必ずしも直接的なものではない。なぜなら，すべての分野や領域をまたいで，量・質の両方で広範な合理的方法が利用可能であるからである。例えば，自然界についての問いを，原子や細胞，そしてブラックホールへと拡張するとき，根本的に異なる方法やアプローチがそれぞれのサブフィールドを特徴づける。自然科学における調査はしばしば高度に洗練された器具を用いるけれども（例えば，粒子加速器，遺伝子シーケンサー，走査型トンネル顕微鏡），より基本的な方法が科学の突破口となることもある。例えば，1995年のデンマーク人の動物学者は，拡大鏡と顕微鏡だけを使って，ロブスターの口の一部に住む，小さなワムシのような生物種からまったく新しい動物の門を発見した（Wilson, 1998, p. 63）。

　もし，研究の推論や仮説が複数の方法による精査に耐えることができれば，その信頼性は大幅に強化される。ウェブ，キャンベル，シュワルツ，シークレスト（Webb, Campbell, Schwartz, & Sechrest, 1966, pp. 173-174）が述べるように「仮説が一連の補完的な試験方法の対立から生き残ることができるとき，単一の方法のより厳格な枠組みの中で試験されたものでは達成できない程度の妥当性を含んでいる」。パットナムの研究は（Box3-1参照），量的・質的な方法の両方が，近代化が市民共同体に及ぼす影響に関する集約的な証拠を生成するための，大規模な研究計画に適用されるという一例を示している（例えば，インタビュー，アンケート，制度パフォーマンスの統計的推定，立法文書の分析）。同様に，氷河期の周期性に関する新しい理論は，複数の方法によってもたらされた（例えば，宇宙ダストの天文観測，酸素同位体の測定）。複数の分野の視点の統合と相互作用は ―― それぞれの様々な方法を用いて ―― 科学の進歩を説明することが多い（Wilson, 1998）。これは，例えばChapter2で説明した早期読解スキルの理解の進歩などが証拠づけている。この一連の研究は，神経イメージングから質的な教室観察に至るまでの方法を特徴としている。

　私たちは，多くの科学において，測定が研究方法の重要な側面であることに着目してこの原則における議論を終えたい。これは，社会科学や教育研究における多くの研究活動に当てはまることであるが，すべてがそうだというわけで

2節　ガイドとなる原則

はない。概念や変数が十分に指定されていなかったり，測定が適切になされていない場合,最善の方法であっても強い科学的推論を支持することはできない。自然科学の歴史は，概念や変数の顕著な発展の歴史であると同時に，それを測定するツール（計装）の発展でもある。測定の信頼性と妥当性を得ることは，社会科学と教育においては特に困難である（Messick, 1989）。時に，理論は概念や変数の明確な指定と正当化を可能にするほど強くない場合もある。またある時には，測定を行うために利用されるツール（例えば，多肢選択試験）は，測定される構成概念（例えば，科学の到達度）を過小評価することがある。また別の場合には，測定自体の使用が意図しない社会的影響（例えば，学校におけるカリキュラムの範囲に関するテストへの教育の効果）を持つことがある。

　そして,時に誤差は測定の過程において避けることのできない部分でもある。物理科学においては，多くの現象を直接測定することも，予測可能な性質を持つこともあり，測定誤差は多くの場合最小限である（しかし，物理学における測定がいつ，どのように不正確になるかの議論については，National Research Council, 1991 を参照）。人間の研究に関わる科学では，目的とする関係性の推測を弱めてしまう，こうした測定誤差の側面を特定することは重要である（例えば，Shavelson, Baxter, & Gao, 1993）。測定誤差を生じさせる社会的測定のこれらの側面を調べることによって，測定プロセス自体が頻繁に改訂される。研究分野にかかわらず，科学的測定は可能な限り不確かさの推定を行うべきである（下記，原則 4 を参照）。


### 科学的原則 4　一貫した明示的な推論の連なりを提供すること

　一連の科学的研究の過程でなされた推論が保証される範囲は，体系的かつ論理的に経験的観察と基礎理論とを結ぶ厳密な推論と，理論と観察の両方が調査の根底にある問いや課題と関連している度合いに依存する。これらの成分をどのように組み合わせるべきかを決定するためのレシピは存在しない。代わりに必要なことは，証拠から理論に戻って，また証拠に戻る論理的な「推論の連な

73

Chapter3 科学的探究のための原則

り」を発展させることである（Lesh, Lovitts, & Kelly, 2000）。この推論の連なりは，一貫しており，（他の研究者が追試可能なように）明示的であるべきであり，懐疑的な読者を説得できるものでなければならない（例えば，対立仮説が扱われる等）。

すべての厳密な研究は ―― 量的であっても質的であっても ―― 同じ根源的な推論の論理を具現化する（King, Keohane, & Verba, 1994）。この推論は，研究の結論にどのように達したかについての明確な声明によって支持されている。「証拠はどのように関係性があると判断されたのか」「代替的な説明はどのように考慮され，または棄却されたのか」「データと概念的または理論的枠組みとの関係はどのようにして作られたのか」等である。

この推論の連なりの本質は，研究の計画によって異なり，つまりは調査の対象となる問いによって変わってくる。研究は，仮説を作成し，拡張し，修正し，またはテストするだろうか。それは何が働くのか，どのように働くのか，あるいは，どのような状況下で働くのかを決定することを目指しているだろうか。もし，研究の目的が「if-then ルール」の形式を持った仮説を検証することであったら，良い推論は，多様な条件下で，そのルールが結果をどの程度予測するかに依存する。もし，細胞小器官や階層的な社会組織のような複雑なシステムの記述を作成することが目的ならば，良い推論はむしろ，多様な構成要素に適用された観察技法の忠実度および内的一貫性の問題や集められた証拠の信頼性に依存する。良い推論が可能とする研究計画や推論的理由づけは，問いの微妙さとそれに答えるための手順について徹底的な理解を証明しなければならない。

例えばムラー（Muller, 1994）は，地球の軌道の傾きに関するデータを 10 万年周期で収集し，氷河期と相関させ，氷河期の発生の原因として軌道離心率の蓋然性を排除し，地球の軌道上の弾みが氷河期をもたらした可能性が高いと推測した（Box3-2 参照）。パットナムは，民主的機構が多様な社会環境で発展していく際，その成否に何が影響を及ぼすかに関する仮説を立て，厳密な検証のために多角的な方法を用いた。そして，その証拠の重さは市民共同体の伝統が経済的な豊かさ以上に重要であるという主張を支持していることを発見した（Box3-1 参照）。そしてバウマイスター，ブラツラブスキー，ムラヴァン，タイス（Baumeister, Bratslavsky, Muraven, & Tice, 1998）は，3 つの競合す

74

る理論を比較し，無作為試験を用いて「精神エネルギー」仮説が，「意志の力」の重要な心理学的性質を最もよく説明したと結論づけた（3節「原則の適用」を参照）。

この原則には，精緻化にふさわしい，いくつかの特徴がある。作られた推論の根底にある仮定は，明確に述べられ，正当化されるべきである。さらに，研究計画の選択は，潜在的なバイアスと実践上の課題の両方を認めるべきである。

また，エラーの見積もりもなされるべきである。知識に対する主張は，研究計画，理論，そして外的変数の制御の強さに応じて，また代替となる可能性のある説明を排除することによって，実質的に変化する。科学者は常に不確実性があると考えているが，この不確実性の大きさを測ることが重要である。物理科学および生命科学では，結論に関連する量的な誤差の推定は，しばしば計算され報告される。教育学や社会科学における研究では，そうした量的な測定を行うことがしばしば難しい。どのような場合でも，結論とともに描かれた確実性のレベルを示す，誤差の本質とその推定された規模についての言明は行われなければならない。

おそらく最も重要なことに，証拠についての推論は，研究課題に対して，代替となり，競合する説明やライバルとなる「答え」を適切なときに識別し，考慮し，組み込むべきである。妥当性のある推論を作るためには，合理的，体系的，対立的なやり方で，ありうる対立仮説が扱われるべきである◇5。仮説の妥当性または信頼性は，代替となる対立仮説が排除され，望ましい仮説が支持されれば，実質的に強化される。特定の対立仮説（または「妥当性への脅威」）に対して，研究者を守るよく知られた研究計画がすでに作られている（例えば，教育心理学におけるキャンベルとスタンリー［Campbell & Stanley, 1963］，経済学におけるヘックマン［Heckman, 1979, 1980a, 1980b, 2001］やゴールドバーガー［Goldberger, 1972, 1983］，そして統計学におけるローゼンバウムと

---

◇5　報告においても，ライバルとなる仮説にも可能性があり，結論があたかも福音であるかのように提示されないことを明確にすることが重要である。マーフィーとその共著者らは，これを「"公正な扱い"すなわちあるグループの視点を，それが現象に関する単一の真実を定義しているかのように提示し，他の視点にはほとんど注意を払わないようにすることに懐疑的であること」と呼んだ（Murphy, Dingwall, Greatbatch, Parker, & Watson, 1998, p. 192）。

Chapter3 科学的探究のための原則

ルービン［Rosenbaum & Rubin, 1983, 1984］などがそれである）。しばしば，「選択バイアス」と呼ばれる例の１つは，（治験そのものではなく）治験の参加者の差別的な選択が結果に影響しているとするもので，それは，伝統的な条件下（統制群）の参加者とは体系的に違えられた治験の参加者が，結果に対して重要な役割を果たしているという対立仮説である。例えば，細胞生物学者は，意図せずにわずかな光沢を有する心臓細胞を実験群に配置（選択）し，他を対照群に入れるかもしれない。したがって，細胞グループ間の比較に潜在的にバイアスをかけるかもしれない。ここに偏った，あるいは不公平な比較の可能性が生じる。なぜなら，光沢のある細胞は，今研究されている事柄に影響を及ぼすという意味で，他と系統的に異なる可能性があるからである。

選択バイアスは，社会科学および教育研究によく知られた問題である。例をあげると，学級規模の縮小の効果を研究する際には，信用度の高い教師が，貧しい地区よりも学級規模を縮小できるだけのリソースを持っている裕福な学区にいることが多い。この事実は，学級の規模以外の要因（例えば，教師の影響）によって，より小規模なクラスで高い到達度が観察される可能性を高めている。「治験」に対する無作為な割り当ては，選択バイアスの問題に対する最も強力な解毒剤である（Chapter5 を参照）。

第二の対立仮説は，治験そのものではなく，治験と同時に発生した研究参加者の履歴における何らかが，その結果をもたらしたとする主張である。例えば，アメリカの４年生は，第３回国際数学・理科教育調査（TIMSS）の生態学のサブテストにおいて，他の国の児童よりも優れていた。この発見についての１つの（ポピュラーな）説明は，このテストの結果が彼らの学校活動と，アメリカの小学校カリキュラムにおける生態学の重視に起因するというものであった。これに対する１つの履歴からの対立仮説は，この高い到達度が子ども向けのテレビ番組における生態学的内容の普及であるとしている。研究中の「治験」を除いて，実験群と同じ経験を有する対照群を設けることは，この対立に対する最良の解毒剤である。

代替となる解釈の第三番目によくある部類として，使用された測定値によって結果が偏っているとする主張である。例えば，教育効果は事実的知識に焦点を絞った，狭義の到達度テストによって判断されることが多く，直接指導型の

76

教授方法に有利なものである。高い信頼性（一貫性）と妥当性（制度）を備えた複数の達成尺度は，潜在的な測定バイアスに対抗するのに役立つ。

　テネシー州の学級規模の研究は，通常の学級の子どもたちの到達度と縮小された学級の子どもたちの到達度とを比べることで，可能な限り，学級規模の縮小を除く，ありうるすべての説明を排除するように計画された。そして，そのように実行されたにもかかわらず，厄介な問題は残っていた。10％の子どもが割り当てられた条件（学級規模）から脱退し，厳格な比較を可能にするグループが残らなかったため，計画自体が弱体化してしまったのである。しかしながら，後にデータを分析したほとんどの学者（e.g., Krueger & Whitmore, 2001）は，元の研究計画による制約を受けていたにもかかわらず，これらの脱退が，学級規模の縮小が到達度を少ないながらも向上させる原因であったとする，研究の主要な結論には影響を与えなかったということを示唆している。13 〜 17人の学級に入った子どもは，平均して大きな学級規模のクラスの同級生を上回るパフォーマンスを見せた。

## 科学的原則 5　研究をまたいで追試し，一般化すること

　追試と一般化は科学的推論と理論の限界を強化し，明確にする。追試の意味するところは，初歩的な意味では，ある研究者が一連の観察を行う場合，別の研究者が同じ条件で同様に一連の観察を行うことができるということである。この意味で，追試とは，心理測定学者が信頼性と呼ぶもの —— すなわち，ある観察者から別の観察者へ，またあるタスクから別の並列タスクへ，ある機会から別の機会への測定の一貫性 —— に近い。これらの異なるタイプの信頼性の見積もりは，与えられた構成概念を測定する場合によって異なる可能性がある。例えば，軍人のパフォーマンスを測定する場合（National Research Council, 1991），複数の観察者がタスク内で観察されたことに大部分で合意したものの，志願兵のパフォーマンスは並列するタスクをまたいでほとんど一貫性がなかった。

Chapter3 科学的探究のための原則

　やや複雑な意味では，追試は複数の設定（1つの研究室から別の研究室，あるいはあるフィールドから別のフィールド）における調査を繰り返し，同様の結果に至る能力のことを意味する。確かに，物理科学，特に無生物における追試は，社会科学や教育学よりも容易に達成される。別の言い方をすれば，社会科学の追試における誤差の範囲は，通常，物理学における追試よりもずっと大きい。文脈的要因の役割と社会的領域における仕事を特徴づけるコントロールの欠如は，より微妙な追試の概念を必要とする。だからといって，社会科学の追試における典型的で大きな誤差は，その識別を妨げるものではない。

　追試の証拠を持つことで，科学の重要な目的は，結果がある対象や人から別のものへ，ある環境から別の環境へと一般化する範囲を理解することとなる。この目的に向けて，数多くの定量的な尺度が構築されてきた。そうした尺度は，ある研究において観察されたものが，より大きな目的（例えば一般化の試み）の中では何を意味するかを確認したり，あるいは一般化の取り組みにおいて起こりうるエラーの量的な尺度を提供したりできるようになることを目指していた。一般化については非統計的手段（例えば，トライアンギュレーション，分析的帰納法，比較分析）も開発され，ある知見が時間，空間，集団をまたいでどのくらいの範囲で一般化されるのかを理解する，民族誌的研究（エスノグラフィ）などのあらゆるジャンルの研究に適用されている。一般化可能性を保証したり，その限界を明らかにするためには，継続した適用，実践，あるいは試行がしばしば必要となる。例えば，テネシー州の事例以降，テネシー州以外でも学級規模の縮小化の影響を確かめるさらなる研究が開始されており，その結果を一般化できる範囲が評価されている（例えば，Hruz, 2000）。

　社会科学や教育学の研究においては，一般化は多くの場合，特定の時間と特定の場所に限られている（Cronbach, 1975）。これは，社会が急速で重大な変化をしばしば経験するためであり，クロンバックが述べたように，社会的な一般化は物理的な世界におけるものよりも短い「半減期」を有する。キャンベルとスタンリー（Campbell & Stanley, 1963）は，研究の治療条件と参加者の人数が，一般化が望まれる世界を反映する範囲を「外的妥当性」と呼んだ。再度，テネシー州の学級規模の研究を振り返ってみると，その研究は参加を希望し，教室の数を増やすための物理的な設備，そして十分な教職員の数を持つ学校に

78

2 節　ガイドとなる原則

おいて行われた。カリフォルニア州のウィルソン知事（当時）は，テネシー州の研究を「過度に一般化」しており，意志や能力といった具体的な実験条件を無視し，学級規模の縮小を K-3 学年の学級の 95％において実施した。当然のことながら，カリフォルニア州で研究しているほとんどの研究者は，テネシー州の知見が，異なる時間，場所，文脈に完全に一般化するわけではないと結論づけている（例えば，Stecher & Bohrnstedt, 2000 を参照）[6]。

---

**科学的原則6**　研究を専門的な精査と批判を奨励するために開示すること

---

　Chapter2 では，科学的知識の蓄積についての特徴は，その競合的な性質にあると主張している。ここで私たちは，科学は専門家による精査と批判によって特徴づけられるだけでなく，そうした批判が科学の進歩に不可欠であるということを示唆しているのである。科学的研究は通常，より大きな一連の研究の構成要素であり，さらに特定の研究を行っている科学者は，常により大きな研究者コミュニティーの一部である。研究結果の報告とレビューは，幅広く有意義な査読を可能にするために不可欠である。結果は，伝統的に専門雑誌，学術出版社による書籍，あるいは他の査読出版物として出版される。近年では，電子版が印刷物に付随するか，あるいはそれに代わるものとなっている[7]。また，結果は専門家の会議によって議論されるかもしれない。媒体にかかわらず，研究報告の目的は調査からの知見を伝え，同分野の研究者による審査，批判，レビュー，そして追試（原則5を参照）のために研究を公開し，最終的には新しい知識を分野の支配的な規範に組み込むことである[8]。

---

◇6　これが一般化の失敗であるのか，実践が不良であるのかという疑問が生じる。テネシー州が実施した実験条件は，カリフォルニア州では再現されず，今では追試と一般化の失敗であると知られている。

◇7　委員会は電子的な普及方式によって査読の質が大きく異なり，時にはその出所から評価するのは簡単ではないと懸念している。インターネットは科学者同士を結び付けて科学的議論を促進するための新しくてエキサイティングな方法を提供しているが，電子的に公表された研究の中で科学的原則が満たされる範囲は，しばしば不透明である。

79

Chapter3　科学的探究のための原則

　新しい知識を伝えるという目標は，自明である。研究結果が，理解され，議論され，そして結果的に実用的にそれを利用できる人々に知られるところとなるには，専門的な領域と公共的な領域へと持ち込まれなければならない。同分野の専門家によって新しい研究が，査読され，挑戦を受ける範囲は，データ，方法，そして推論的理由づけの，正確で，包括的で，かつアクセス可能な記録に大きく依存する。この慎重な説明は，結論に導かれる推論を透明化し，その信頼性を高めるだけでなく，科学者やアナリストのコミュニティーが，それを理解し，追試し，そうでなければ，その領域での理論，研究および，実践を伝えることを可能にする。

　科学者のコミュニティーからの指導を求めている多くの非科学者は，争いや「悪い」科学の兆候として，簡単に理解できるものを嘆いている。まったく逆に，専門学会や，研究協力，およびその他の場面における知的な議論は，科学的知識が洗練され受け入れられる手段を提供する。科学者は，批判と自由な議論が進歩への道を指し示す「オープンな組織」を目指して努力している。学問的批判（例えば，Skocpol, 1996 を参照）と議論を通じて，例えばパットナムの研究は，研究と政策の関係者の間における，政治やその他社会現象における「社会関係資本」の役割に関する一連の文献，解説，そして論争を刺激してきた（Winter, 2000）。そして，テネシー州の学級規模の研究は，多くの学問的議論の対象となっており，後に続く多くの分析を導くとともに，小規模な学級において振る舞いが学習を促進するように変化する過程を理解しようとする新しい研究が始まった。しかしながらラーゲマン（Lagemann, 2000）が観察したように，多くの理由から，教育研究コミュニティーは他の科学研究分野ほど，そのコミュニティー自体を批判したりはしない。

---

◇8　社会科学者および教育研究者は，一般的に新たな知見を実践者や社会のために公表する。そのような場合には，読者が研究者の手順を理解し，証拠，解釈，そして議論を評価できるように，研究はアクセス可能な方法で報告されなければならない。

80

## 3節　原則の適用

　委員会は，ガイドとなる原則のアイデアをテストするために，幅広い文献と学問を検討した。私たちは，経験主義は科学の特徴ではあるが，それを独自に定義するものではないことがわかった。詩人は初めて経験する世界からものを書くことができ，この意味では経験主義者である。そして，文芸評論家と歴史家の両方にとって，世界を観察し，その経験から推論をすることは，彼らの学問に付随する解釈的枠組みを構築するのに役立つ。しかしながら，科学的探究の経験的方法は，観察を行い，特定の方法に関する偏見の原因を認識するための成文化された手続き◇9，そしてこれらの観察から得られたデータは，知識の主張を支持するか否かを具体的に示すツールとして使用される，といったような異なる特徴を持つ。最後に，科学の経験主義は，論理，経験，そして共有理解に基づく集合的な判断を含む。

　科学のもう1つの特徴は，追試と一般化である。人道主義者は追試することを求めてはいないが，しばしば「人間の状態」を一般化するような作品を作ろうとする。しかし，いくつかの分野で働く科学者（統計的サンプリング理論等）とは異なり，彼らは一般化の正式な論理を持っていない。要するに，科学を非科学的なものと，あるいは高品質の科学と低品質の科学とを区別する明確な線がないことは明らかである。むしろ，私たちの原則は，科学的と見なされるものと，高品質な科学と見なされるものを理解するための，一般的なガイドラインとして使われる（ただし，より精緻化するためにChapter4・Chapter5を参照）。

　私たちの原則が科学と他の学問との差別化をいかに助けるかを示すために，査読雑誌や書籍に掲載されている2つのジャンルの教育研究を簡単に検討する。しかし，いずれの形式の探究の価値についても判断はしない。私たちは教

---

◇9　私たちはいずれの調査者や観察方法も「客観的」であると主張していない。むしろ，ガイドする原則は，厳密な方法と批判的なコミュニティーを通じて，偏見を防ぐために確立されている。

Chapter3 科学的探究のための原則

育研究における科学的探究のメリットを強く信じているが，より一般的には「科学」であるから「良い」という意味ではない。むしろここにあげる科学的探究を，科学の原則のはっきりした特徴を説明するための例として用いている。第一に，**鑑識眼**は，芸術と人文科学から生まれ（例えば，Eisner, 1991），科学的であると主張してはいない。第二に，**肖像画法**は，人文科学的研究と科学的探究の間の垣根をまたぐと主張する（例えば，Lawrence-Lightfoot & Davis, 1997）。

アイズナー（Eisner, 1991, p. 7）は，芸術と人文科学に根差した教育研究の方法を構築し，「世界を知るためには複数の方法があり，芸術家，作家，ダンサーは科学者と同様に世界について伝えるべき重要な事柄を持っている」と論じている。彼の探究の方法は，「行為，仕事，または対象を構成する資質を評価することを目的とし，典型的にこれらを文脈上および先行条件に関連づける」鑑識眼（鑑賞のアート）と（p. 85），「対外的な鑑識眼」を提供する教育批評（公表のアート）を組み合わせる（p. 85）。このジャンルの研究の目的は，読者が出来事に入り込み，そこに参加できるようにすることである。この目的のためには，教育批評家 —— 教育愛好者 —— は，教材，状況そして経験の重要な特質を捉え，それを他者に明確に見せるために，文章に表現（「批評」）する必要がある。「学校がどのようなものか，彼らの長所と短所を知るために，私たちはそこで何が起きているかを**知る**必要があり，鮮明で洞察力のある方法で，見たものを他者に伝えられるようにする必要がある」（Eisner, 1991, p. 23，強調は原典による）。

彼の主張の根拠は，私たちの示したガイドする原則のようなものではない。むしろ，その信頼性は以下によって確立されている。すなわち，①構造的裏づけ：「複数のタイプのデータが互いに関連しており」（p. 110）そして「**矛盾する証拠と矛盾する解釈**」（p. 111; 強調は原典による），②合意の検証：「有能な人々の間の合意，すなわち記述，解釈，評価，そして教育的状況の意味づけが正当である」（p. 112），③適切な参照：「読者がその主題の中で批評家が扱う質を見出すことができる範囲と彼または彼女がこれらに帰着する意味」（p. 114）である。私たちのガイドする原則といくつかの特徴を共有しながらも（例えば，好ましい解釈に対する反論を排除する等），知識の主張に対するこの人

82

文科学的なアプローチは，非常に異なる認識論に基づいている。例えば，主要な科学的概念の信頼性，追試，および一般化とはかなり異なっている。私たちはアイズナーに同意し，そのようなアプローチは科学の範囲外にあり，私たちのガイドする原則は，それらを容易に区別することができると結論づける。

肖像画法（Lawrence-Lightfoot, 1994; Lawrence-Lightfoot & Davis, 1997）は，「研究者たちが研究参加者の視点・経験を記録・解釈し，彼らの声とビジョンすなわち権威と知識と知恵とを記録する」ことを目的とする質的な研究方法である（Lawrence-Lightfoot & Davis, 1997, p. xv）。鑑識眼の人文科学的方向性とは対照的に，肖像画法は，「美学と経験主義の交差点を抱き込むこと」（Lawrence-Lightfoot & Davis, 1997, p. 6）によって，「科学と芸術に参加することを求める」（p. xv）。肖像画法の質を判断する基準は真正性であり，「演技の詳細と文脈の中で明らかにされた思考を通じて，俳優の経験と観点の本質と共鳴を捉えること」である（p. 12）。研究者，俳優，そしてオーディエンスにとって，経験的なテーマと台本的テーマが合致したとき（「共鳴」と呼ばれる），「私たちは肖像画（法）が真正性に達すると話す」（p. 260）。

『私は川を知ってきた（*I've Known Rivers*）』で，ローレンス＝ライトフット（Lawrence-Lightfoot, 1994）は，6人の男女の人生の物語を探った。

　　……「人類考古学」の集中的な探索方法を用いて，名前I（ローレンス＝ライトフット）は，探究の深みと卓識，人間の経験の層の厚み，先祖代々の遺跡（人工物）と苦労の検索，比喩的な掘り起こしが必要とする慎重な労働などを伝えようとする方法として，この肖像画法というジャンルをつくった。Iがこれら個人の人生の物語を聞き，物語の「共同構成」に参加するとき，Iは肖像画法のテーマ，目的，そして技法を採用する。それは，歴史，人類学，心理学，社会学のレンズによって形づくられた折衷的で，学際的なアプローチである。Iは，伝記作家の好奇心と探索的作品，小説家の文学的美と研究者の体系的な精査とを融合させる（p. 15）。

一部の学者は，肖像画法を「科学的」と見なしている。なぜなら，それは社会科学理論の利用と経験主義（例えばインタビュー）の形式に依存しているか

Chapter3 科学的探究のための原則

らである。経験主義と理論の両方が私たちのガイドとなる原則の重要な要素であるが，前述のようにそれ自体では定義されていない。神は細部に宿る。例えば，独立した追試は私たちの枠組みにおいて重要な原則であるが，研究者と被験者が共同で物語を構成する肖像画法においては，それが存在しない。さらに，私たちの原則が明示されていても，特定の形式と適用形態が大きな違いを生むことがある。例えば，私たちの原則における一般化は肖像画法における一般化とは異なる。ローレンス＝ライトフットとデイヴィス（Lightfoot & Davis, 1997）が指摘しているように，社会科学で用いられる一般化は肖像画法には適していない。肖像画法における一般化は「……研究者が特定の知見から宇宙全体に一般化するための成文化された方法を使用したり，サンプルの性質だけを反映しているような知見にはほとんど関心がないような，古典的な概念ではない」。対照的に，「肖像主義者は，オーディエンスがそれに自分自身が反映されていると観ること，そして読者が自分のことのように感じることを信じ，その複雑さと特定の経験や場所の詳細を記録し，光を当てることを求めている。彼女はそれに埋め込まれることで読者が共鳴する普遍的なテーマを発見するだろうことを信じているため，肖像画法は単一の事例に強い興味を持っている」（p. 15）。私たちの考えでは，本報告書に示すガイドとなる原則は肖像画法と科学的探究とを区別するだろうと結論づけている。けれどもそれには，鑑識眼と同じようにいくつかの共通点がある。

ここまで，私たちの原則がいかに科学と非科学を区別するのに役立つかを示してきた。大量の教育研究は，知識的主張の根拠を科学に基づけようとしている。しかし，科学的厳密さとその能力については大きな差異があることは明らかである。ここでは，私たちの原則がいかにこの科学的な質におけるグラデーションを示すかを，2つの研究例を用いて説明する。

1つ目の研究（Carr, Levin, McConnachie, Carlson, Kemp, Smith, & McLaughlin, 1999）は，重度の行動障害に苦しみ，グループホームか両親とともに住んでいる，3人の無作為に選択された個人に対して行われた教育的介入について報告している。先行研究から，「自然環境のシミュレーションと類似物（analogs）」（p. 6）を含む修復手順は確立されていたので，この研究の焦点は，介入の「現実世界」（場所や介助者）への一般化（あるいは外的妥当性）についてであった。

84

3節　原則の適用

　ベースラインを複数想定するデザインを利用し，彼らの問題行動の頻度の
ベースラインを確立し，数年間にわたって実施された介入の間，これらの行動
を再測定していった。研究者はまた，その継続期間内にいくつかの測定を行っ
た。行動観察，変数の構造，そして信頼性の描写に注意が払われたが，研究報
告書には，介入や誰がそれを実施したのかについての明確で詳細な描写がな
かった（研究スタッフ，グループホームのスタッフ，あるいは家族ら）。それ
だけでなく，人員配置や居住環境の管理における変更の詳細は示されなかった
——ここでいう変更とは，長い年月の中で不可避であったもののことである
（そのタイムラインそのものが明確に記述されていなかった）。最後に，何年も
の日常生活の中で，それぞれの被験者にはあらゆることが起こったであろうし，
そのうちいくつかは本研究に重要であると予想されるかもしれないが，そのど
れもが記録されていなかった。長年にわたって，研究対象者，特に10代の2
名によって示された攻撃的な行動には，若干の発達的変化が起こることが期待
されるかもしれない。要するにこの研究は，その内的妥当性と比較して，あま
りにも多くを費やして一般化可能性に注目した。結局，この研究では内的妥当
性に対する多くの脅威があったため，その報告書から「治療法」が実際の行動
の改善に寄与したと著者たちのように結論づけることは不可能である。

　私たちが科学的により成功していると考える2つ目の研究に目を向けよう。バ
ウマイスター，ブラツラブスキー，ムラヴァン，タイス（Baumeister, Bratslavsky,
Muraven, & Tice, 1998）は，4つの一連の無作為試験により，「意志力」（または
よりテクニカルには「自己管理」）についての3つの競合する理論をテストした。
すなわち，勉強や宿題に取り組むなどの困難なタスクにおける粘り強さに関係
すると考えられる心理的特徴についてである。第一の仮説として，意志の力は
繰り返しの試行を通して，ほぼ一定にとどまる発達したスキルであろうという
ことがあった。第二の仮説は，ある試行で活性化されれば2回目には意志力を
高めることが期待されるように，「自分の反応を変える方法に関する情報の利
用を形成する」自己管理スキーム（p.1254）を提唱した。第三の仮説は，自我
がイドと超自我を制御するためのエネルギーを働かせるというフロイトの考え
に先んじられるもので，意志の力は枯渇する資源であると仮定している。それ
は「精神エネルギー」を使用することを必要とし，第一の試行で多大な意志力

85

Chapter3 科学的探究のための原則

が要求された場合，試行1から試行2までのパフォーマンスは低下する。ある実験では，67名の心理学入門の学生が，食べ物無しか，ラディッシュと焼きたてのチョコチップクッキーが提供されるという条件に無作為に割り当てられ，参加者は（クッキーを我慢して）2～3個のラディッシュを食べるように，または（ラディッシュを我慢して）2～3個のクッキーを食べるように指示された。この状況の直後に，すべての参加者は，彼らの知らない，そして解くことのできない2つのパズルに取り組むように求められ，そのパズルに取り組む粘り強さ（時間）が測定された。実験操作は，マジックミラーを通して行動を観察する研究者が参加者全員についてチェックした。パズルに対する粘り強さは，何も食べていない条件とクッキーの条件で同じとなり，平均してラディッシュの条件の約2.5倍であり，精神エネルギー理論を支持している。おそらく，クッキーを食べる誘惑に抵抗することは明らかに自己管理の資源を枯渇させ，パズルのパフォーマンスを低下させた。後の実験によって，エネルギー理論を支持する知見は選択，非適応性のパフォーマンス，および意思決定にまで拡大（適用）された。

　しかし，私たちが述べたように，単一の研究や一連の研究は，私たちのガイドする原則のすべてを満たすものではなく，このような意志力の実験も例外ではない。彼らはすべて大学生を対象としており，小規模なサンプル数を採用している。実験は不自然であり，心理学実験室の外では起こりそうにない。そして，これらの知見がより現実的な（例えば学校の）設定に一般化されるかどうかの問題は扱われなかった。

　それにもかかわらず，私たちのガイドとなる原則のレンズを通した2つの研究の質の違いははっきりとしている。1つ目の研究とは異なり，2つ目の研究には理論的に根拠があり，自己管理についての問いに答える3つの競合する答えを特定し，それぞれが経験的に論駁可能な主張につながっている。そうすることで，推論の連鎖の透明性につながっている。2つ目の研究は，1つ目と異なり，選択バイアスや実験期間中の異なる経歴など，精神エネルギーの推論に対する反対意見に対応するために，無作為試験を利用している。最後に，2つ目の実験においては，一連の実験がエネルギー理論によって仮定された効果を追試し，拡張した。

86

# 4節 結 論

　ほぼ1世紀前，ジョン・デューイ（Dewey, 1916）は，本章で発展させた科学の説明の本質を捉え，私たちが同様に受け入れている科学の将来性を期待し，以下のように示している。

　　早期の受け入れや断言に対する私たちの選好や，判断が引き伸ばされることに対する嫌悪感は，私たちがテストのプロセスを短縮する元来の傾向があるということを示すサインである。私たちは，表面的かつ即時的な短いビジョンでの適用に満足している。これがある程度の満足度を満たすならば，私たちは私たちの前提が確認されたと仮定することに満足している。失敗の場合でも，私たちはデータと思考の不十分さと不正確さではなく，不幸さと状況の敵意のせいにする傾向がある……科学は，人類をこうした自然の性向とそこから流れ出る邪悪なものから守る。それは特殊な器具と方法から成り……その手順や結果がテストされるある条件下で振り返りを行うためにゆっくりと取り組まれる。

# EBPM と科学的教育研究

　この補論は，教育における証拠に基づいた政策立案（Evidence Based Policy Making：EBPM）の難しさを前提としたうえで，科学的な教育研究を推し進めることが，いかに EBPM にとって重要であるかを議論する。また，科学的な教育研究に欠かせないガイドラインを紹介し，教育のための EBPM の1つの要素として，再現研究・追試研究の重要性を論じる。はじめに，エビデンス（Evidence）の定義について検討するとともに，その重要な手続きであるランダム化比較試験（Randomized Controlled Trial: RCT）とメタアナリシスの制約について論じている。次に，教育分野におけるメタアナリシスの制約ともなっている，多様な認識論に基づいた研究方法論の多様性について紹介する。そして，また教育研究の理論と実践の分断を伴って，脅かされている再現性について，再現・追試研究のためのガイドラインを紹介し，今後の教育研究の科学的な発展のための見通しを得ることが，本補論の目的である。

## 1節　EBPM におけるエビデンスとは何か

　EBPM のためには，エビデンスを集めることがまず重要であるが，そもそもエビデンスとは何であるか。笹尾（2017）は，国際基督教大学の *Educational Studies* の特別号（59）に寄せて，「そもそも"エビデンス"とは何か？」「エビデンスに基づく教育で重要なエビデンスとは何か？」「エビデンスに基づく

政策・実践は各分野でどのように理解され実施されているのか？」「エビデンスに基づく実践で得た知見は教育研究でどのように生かされるのか？」といった問題に取り組む必要があるとしている（p. 1）。

岩崎（2010）は，「エビデンスとは実践や政策決定の際に用いられる科学的根拠を表す言葉である」とし，「医学分野では，ランダム化比較試験（RCT）に基づいた一次研究を集め，質評価のための系統的レビューを行うメタアナリシスをすることで最良のエビデンスとする」ことを紹介しながらも，「系統的なレビューを経た厳密なエビデンスというよりも，目的に応じエビデンスの厳密度を柔軟に考えて，活用するという現実的な考え方が，教育分野では取り入れやすく，エビデンスという言葉は，広義の科学的根拠という意味で用いられることが多い」とまとめている。

一方で，青柳（2018）は，エビデンスという語の用いられ方に警鐘を鳴らしており，単なる情報あるいはデータと，エビデンスとの差異を指摘している。

ランダム化比較試験（RCT）は，研究の対象者をランダムに2つのグループに分け（ランダム化），一方には評価しようとしている治療や予防のための介入を行い（介入群），もう片方には介入群と異なる治療（従来から行われている治療など）を行う（対照群）。無作為化比較試験ともいう。一定期間後に病気の罹患率・死亡率，生存率などを比較し，介入の効果を検証する[1]。教育に当てはめる場合には，治療や予防などを何らかの教育的な手立て，あるいは介入と捉えるとよいだろう。本書では，一貫して手立て（Strategy）や介入（Intervention）として訳している。

実際のところを考えてみてもらえれば想像がつくだろうが，教室や学校などの現場で，あるクラスには効果がありそうな介入を行い，あるクラスにはそれを行わない，などといった手段をとることにつながるため，先の岩崎（2010）も指摘しているように，倫理的な観点からも，この方略をとることは難しい。

他にもRCTの実施にあたっては，龍・佐々木（2004, pp. 52-58）が，次のような8つの制約をあげている。

---

[1] 国立がん研究センター「がん情報サービス」の用語集を参照し，語尾は筆者が改変。
https://ganjoho.jp/words.html

・ 社会的な要因による影響を排除することが難しい。
・ 実施にかかるコストが高く，時間がかかる。
・ 倫理的な制約を十分に考慮する必要がある。
・ 大きなサンプル数を必要とする。
・ 実験への参加について同意をとる必要があるが，同意しないで離脱する人もいる。
・ プログラムの最初から評価者が参加している必要がある。
・ 実験と本格運用の違いがありえる。
・ アサインメントによる選択バイアス発生の可能性がある。

　こうした制約もあり，RCT のみをエビデンスとするには，教育やその研究にまつわる状況は，多くの不確定要素を含んでおり，またこれらについていかに乗り越えていくことができるのかについては，十分な議論が必要である。さらには，メタアナリシスを行うにしても，これまでに積み重ねられた教育の知見が多様な哲学的背景，方法論をもって蓄積されてきているため，本書『科学的な教育研究をデザインする —— 証拠に基づく政策立案（EBPM）に向けて（*Scientific Research in Education*）』の作成にあたって委員会が「多様な教育分野の課題は，理論と実証的な知見を領域や方法をまたいで統合することにある」（Chapter4，119 頁）としたように，この多様性をいかに分析していくのかの枠組みが求められる一方で，それを作ること自体が課題となっているのである。
　ここで，研究の背景となっている多様な認識論と，それぞれの研究方法論が，どのように世界を見ているかを確認してみよう。図 1 は，ニグラス（Niglas, 2004）が社会科学と教育研究における哲学的背景と，研究方法論の関係を図式化したものである。左上から，自然科学にも通じる論理実証主義，ポスト実証主義（あるいは批判的実在論），現象学（［社会的］構成主義），解釈学が認識論としてある。これらの認識論は統計学，論理学，人類学的な考え方に関係しながら，実験的アプローチから，ケーススタディ，ナラティブ研究あたりまでを，それぞれ照らしている。最も左手には自然科学があり，右手には芸術分野，関連して左手には量的研究，右手は質的研究が配されている。これらの研究はまた，何を求めているかという点でも異なり，例えば論理実証主義は因果関係

1節 EBPMにおけるエビデンスとは何か

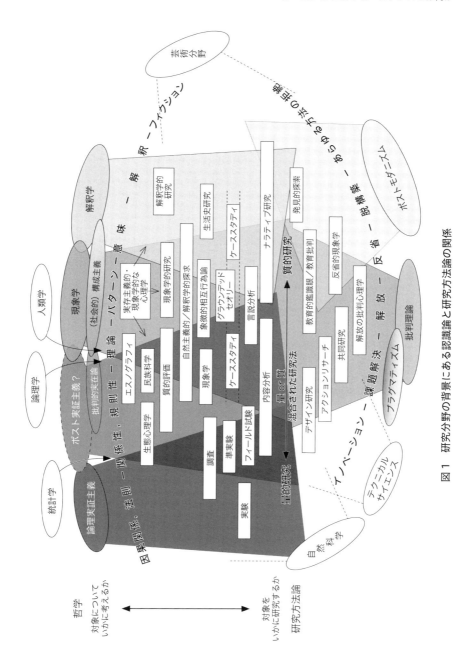

図1 研究分野の背景にある認識論と研究方法論の関係

訳者による補論　EBPM と科学的教育研究

や法則を求めているのに対し，右に進むにつれ，因果関係，法則−関係性，規則性−理論−パターン，意味−解釈−フィクションというように，それぞれの認識論，方法論に対応して，その求める帰結も異なる。間には混合研究法（Mixed Method Approach）のような，質と量の両面を扱う研究が置かれることになる。図の下方へ目を向けると，ポストモダニズム，批判理論，プラグマティズムなどが哲学的背景としてあり，デザイン研究，アクションリサーチから発見的探索（Heuristic Inquiry）[★2]までが配されており，最も左手は，例えばエンジニアリングなどのテクニカルサイエンス，右手にはこちらも芸術分野がある。イノベーション，課題解決，解放，反省，脱構築，あらゆる方法の拒絶などが，これらの帰結となっている。

　こうした研究方法ごとの，認識論的背景，そしてそれに基づいた見通し，それに基づく方法論を見ていくと，教育学を支えうる方法は，現時点で確認できるものだけでも，多様な哲学と研究方法論に基づいて研究が進められてきている歴史がある。これを前提に考えると，EBPM のためのエビデンスを構築するためのメタアナリシスとして，どんなことを考慮する必要があるであろうか。本書の作成委員会の言を言い換えるならば，「多様な教育分野の課題は，こうした認識論的背景と，研究方法論を超えて，知見を統合することにある」。

　すなわち，RCT に限らず，多様な認識論，研究方法論を考慮したうえで，メタアナリシスを行うことを提案しているわけだが，ここでこうしたメタアナリシスにおける着目点をまとめておきたい。

1. あるトピックについて，領域や方法をまたいだ研究が積み重ねられること。特に，理論と実践の垣根を越えるものを積極的に推進すること。
2. そのトピックについて，すでに行われている研究について，再現・追試する研究が試みられること。以下の理由による。
   ①あるトピックに対して，堅牢なデータあるいは知見が，1 つの方法

---

[★2]　発見的探索とは，人間の経験自体を数値よりも上位に価値づけるとともに，研究者と現象との間の主観的で創造的なつながりを導く，暗黙知に深く根差した独自の研究方法である（Sela-Smith, 2002）。慈悲深いアプローチを通じて，研究者は共同研究者との開かれた議論を受けて前進し，また感情的につながれた科学的探究を促す（Anderson, 2000）。

論から得られるとは考えにくいため。

②ある文脈で得られた知見が別の文脈に適用された場合の差異について より吟味するため。また，用意された文脈のどこが異なるのかについて，明示的・体系的な調査を踏まえたメタアナリシスが求められるため。

　ヤスダ（Yasuda, 2017）は，「エビデンスに基づいたアプローチ（Evidence-based Approach: EBA）」と「ベストプラクティスアプローチ（Best Practice Approach: BPA）」，すなわち最善の実践との統合を論じており，高いレベルのEBAが必ずしも高いレベルのBPAを保証しないし，その逆もまた然りと指摘している。ランダム化された試験によって，確かにあらゆる種類の過誤は，その平均においてランダム化される。また，そうした評価活動（EBA）によって，研究者自身も実践者らも「評価する能力の構築（Evaluation Capacity Building）」をすることができる。BPAは，その一方で，①成功する介入やプログラムを識別でき，②介入を成功に導く一連の要素を「ベンチマーク化」でき，そして③ターゲットとなるプログラムを提供することで，こうした要素を「追試」できる。しかしながら，こうして得られた最善の実践は，しばしばRCTによって実証的に検証されてはいないところがあるというのである。今，私たちはこうした理論と実践の分断を乗り越えて，具体的な介入の再現研究，あるいは追試研究に取り組み，最善の理論と実践を実証的に検証し，つなげていく取り組みを構築していく必要がある。これについては，「あとがき」でも論じているので，そちらも参照されたい。

## 2節　教育研究に再現性をもたらすためには何が求められるか

　再現性に関して，科学研究雑誌『サイエンス（*Science*）』誌の編集長マルシア・マクナット（Marcia McNutt）は，米国国立神経疾患・脳卒中研究所（National Institute of Neurological Disorders and Stroke: NINDS）の勧告を採択し，前臨床研究（Preclinical Studies）における論文著者らは，その研究の透明性を

訳者による補論　EBPM と科学的教育研究

保つために以下のようなガイドラインに従っていることを紹介している
（McNutt, 2014）。

1. 実験前のデータ取り扱い計画があったか。
2. 十分な SN 比[★3]を確かめるために，サンプルサイズの推定を行ったか。
3. サンプルはランダムに取り扱われたか。
4. 実験にあたり，実験者は被験者のことを知らなかった（ブラインドされていた）か。

　自然科学におけるこうしたガイドラインは，教育研究においても RCT を実施するうえでは，参考になるであろう。また，具体的な介入の効果について，量的に検討していくためのガイドとなる。マクナットは一方で，前臨床研究が再現されない多くの理由があるとしている。それは，調査されているシステムが以前に考えられていたものよりも複雑である場合，論文の著者らが複雑な実験の詳細を明らかにしていない場合，そしてランダム化したとしても，ある一定数の研究は，誤って肯定的な結果を示してしまっている場合などが考えられるという。こうした点は，教育研究においても再現性を脅かしうる理由となる。

　また，エヴェレットとアープ（Everett & Earp, 2015），さらにアープとトラフィモウ（Earp & Trafimow, 2015）は，ケペスとマクダニエル（Kepes & McDaniel, 2013）の問いに応える形で，「なぜ追試研究は行われないのか」を論じており，この問いは，近年心理学者たちの間で「**危機レベルの**」心配の種となっているという（再現性の危機）。

　特定の研究者が追試研究に時間を費やすのは典型的ではないとされ，アープらは，その理由をいくつかあげている。①研究の追試には時間がかかる，②独自の思考を反映させた他のプロジェクトからエネルギーとリソースを直接的に奪い取ることになると思われる，③追試研究は比較的パブリッシュされにくい，④それがパブリッシュされたとしても，その領域に対する顕著な貢献というよ

---

★3　SN 比：信号とノイズの割合を比で表し，音声信号に対するノイズ比を表すことで，音声の明瞭さ，また音響機器の精度を示す目的で使われる。ここでは，統計にエラーが含まれる可能性を SN 比に例えている。

りは，しばしば「レンガ積み」活動と揶揄される，⑤したがって，研究費を含め，承認と報奨がその著者にもたらされることがあまりないなどがそれにあたる。こうした現実を鑑みれば，研究者の体面のために，簡単に言えば「誰かの研究をコピーしているだけ」と見られるのを嫌って（Mulkay & Gilbert, 1986）追試研究を選ばない場合もあるだろう。これは，例えばテニュアを決定する委員会や，彼らの研究に資金提供する主体にそのように見られたくないと考えての結果であろうとアープらは指摘している。こうした追試を実際に行っている心理学者は，レンガの下積みととられ，実際に（科学的な）知識を進展させてはいないと見下されているというのだ。さらにアープらがあげている「心理学者らの心配」の源の1つは，科学的な信頼性のために必要だとされているものと，実践においてその領域の特徴だとみられているものとの間に隔たりがあることである（Earp & Trafimow, 2015）。

　こうした事態を鑑みると，教育研究において証拠に基づいた政策立案のための証拠が固められていくには，再現研究・追試研究を含めた，証拠の積み重ねが「推奨される」土壌と，理論と実践を超えて幅広く信頼性を確認する制度が発展していくことが求められる。

## 3節　証拠づくりのために展開された EBPM のためのガイドライン

　米国学術研究会議（National Research Council）は，2002 年の本書の発刊に続いて，その続編ともいえる『教育における科学的研究の発展（*Advancing Scientific Research in Education*）』（2004）を，また米国国立科学財団（National Science Foundation：以下，NSF）が，教育科学改革法（the Education Sciences Reform Act of 2002）の下で設置されたとされる教育科学研究所（Institute of Education Sciences：以下，IES）とともに，「教育に関する研究開発のための共通のガイドライン（*Common Guidelines for Education Research and Development*）」（2013：以下，「共通のガイドライン」）を，さらに最近では「教育研究における追試・再現性に関する公式ガイドライン（*Companion Guidelines on Replication &*

*Reproducibility in Education Research*)」（2018；以下，「追試ガイドライン」）を発表しており，再現研究・追試研究についての議論が，本書の示す「科学的原則」の上に進行している。

「共通のガイドライン」（2013）は，米国教育省（Department of Education：以下，ED）の IES と NSF による報告書として作成され，機関をまたいだプロジェクトと研究の類型化，そしてそれぞれの研究の複雑な関わりについて論じている。

同報告書は，2011 年に組織された ED と NSF の代表からなる委員会によるもので，STEM（Science, Technology, Engineering, and Mathematics）教育における質，一貫性，そして知識生産のペースを改善するための機関を超えたガイドラインを確立するために始められた。はじめは，STEM 教育における研究を対象としていたが，教育省は即座にそのガイドラインが他の教育研究分野においても適用可能であることに気づいていた。

委員会は，知見の初期段階を生成するものから，プログラム，政策，実践をフルスケールで試行するものまで，幅広いタイプの研究を類型化し，特にこうした研究の類型ごとに重要な特徴を描写するために共通する語彙を開発し，政府機関内外だけでなく，幅広い教育のコミュニティー間のコミュニケーションを活性化させることを目指していた。また，委員会はそれぞれの研究の類型同士がいかに関係し合っているか，またそれぞれを正当化するための理論的，経験的な基礎を示している。この際に，IES と NSF の委員会はこだわって本報告書の示す 6 つの「科学的原則」を参照していることから（IES & NSF, 2013, p. 4），本補論でもこちらの文献から，委員会のまとめている研究の類型の概要を示し，本文との関係を受けた議論を進めたい。

「共通のガイドライン」に示されている研究のジャンルとしては，タイプ＃ 1「基礎研究」，タイプ＃ 2「初期段階あるいは探索的な研究」，タイプ＃ 3「設計と開発の研究」，タイプ＃ 4「効能研究」，タイプ＃ 5「効果性研究」，タイプ＃ 6「スケールアップ研究」がある。

「基礎研究」は，学習の向上や他の教育的な成果に貢献する基礎的な知見を提供することを目的とするものとされる。このタイプに属する研究は，教授や学習の理論をテストし，開発し，改善することを目指しており，異なる文脈に

おける研究や開発に影響を与えたり，情報源となったりする方法論やテクノロジーなどにおけるイノベーションの開発につながる場合もある。加えて，タイプ＃２である「初期段階あるいは探索的な研究」のタイプに属する研究は，教育あるいは学習に関する重要な構成概念同士の関係性を検討する。これら２つのタイプの研究は，教育の核となる知見の生成に貢献する。ここでいう核となる知見とは，すなわち認知，学習や教授に含まれる要素や過程，教育システムの運営，そしてそうしたシステムや過程のモデルなど，教授や学習についての基礎的な理解などのことである。

　３つ目の「設計と開発の研究」タイプに属する研究は，児童・生徒の興味関心や一連のスキルの習得を改善することを目的として，その解決策を開発する。このタイプの研究は，既存の理論や証拠にのっとって計画され，介入と手立てを繰り返し発展させていく。こうしたプロジェクトでは，開発されたある介入がいくつもの条件下で，狙った効果をもたらすかといったパイロットテストなどを含んでいる。こうした研究は，その結果の背景となる基礎理論をよりよく理解するためのさらなる研究を導いたり，調査対象の介入や手立てがさらなる調査を証拠づけるに十分であるかを示したりすることになる。

　残る３つの研究タイプは効果研究（Impact Research）と呼ばれ，そのアプローチに多くの類似点がある。４つ目の「効能研究」（理想的な条件下での効果研究：Efficacy Study）は，"理想的な"条件下における介入や手立ての調査を可能にする。より高いレベルでのサポートや開発者の参画が"理想的な"条件には含まれる。こうした研究は逆にある目的とする集団に対する介入を制限することを選ぶ場合もある。５つ目の「効果性研究」（典型的な条件下での効果研究：Effectiveness Study）は，ある対象となる文脈において典型的に優勢である条件下で，ある介入や手立ての効果を検討するものである。"典型的な"条件が重要である意味は，通常の実践よりも開発者が重要な支援をするということがなく，その介入や戦略の評価についても開発者が重大な関わりをしないということである。最後に６つ目の「スケールアップ研究」は，より大きな集団，文脈，あるいは条件のもとに効果を検討する。ここでも，開発者は実践や評価に大きく関わることはない。効果研究とあわせて，スケールアップ研究は典型的な実践において期待されるもの以上に開発者が関わることなく，実施されるべ

訳者による補論　EBPM と科学的教育研究

きである。

　このように，研究のタイプの違いによって，その目的，対象とする範囲，そして開発者（研究者）が関わる範囲に違いを持たせており，特に日本の教育に関係して考えれば，広く国家的なカリキュラムとして適用される前に，基礎研究から始まった研究の芽が，開発者の手を離れて，検証されたうえでの証拠が積み上げられるべきであり，その意味で後半の３つの「効果研究」は，重要な意味を持つ。日本の現状でいえば，効果研究（特にスケールアップ研究）は各教育委員会において，特に重点を置いて実施され，それがまた，次なる政策を支え，改善することに貢献していると考えられる。こうした過程において，（情報・データにとどまらず）現場からの十分なエビデンスを捉え，かつ前述したメタアナリシスの過程が織り込まれるなどの仕組みが整備されることで，最善の実践から，最善の政策が一貫していくことが期待される。

　「共通のガイドライン」はまた，研究のタイプをまたいだ知識生成の複雑なつながりを示している。すなわち，先にあげた６つの研究タイプは論理的な順序となっているが，実際の知識生成はより顕著に複雑なものであるとし，以下の３つの点にまとめている。

1. 知識の発展は線形ではない。
2. 調査は時に核となる知識の開発から，スケールアップ研究へとより直接的に移行する。
3. 個々の研究は研究のタイプをまたいだ要素を含む場合がある。

　現行の研究は，必ずしも基礎研究からその効果の研究へと一方通行に進むわけではない。むしろ，ある研究からのフィードバックループが，また他のタイプの研究の証拠となったり，正当性を支えたりする。つまり，基礎研究が効果研究の正当化のために貢献するという場合だけでなく，逆に効果研究における知見がさらなる基礎研究のニーズを発掘するといった場合もありうる。また，最近では EdTech や MOOCs などの教育技術や新しい学習機会が，学習におけるイノベーションを大規模に調査することを可能にしており，そうした場合，小規模での先行調査を抜きにして試行がなされるといった場合もある。さらに

98

は，設計と開発の研究においては，小規模での効能研究というものを含んでいるということがあるだろうし，同様に効能研究を行う研究者が設計と開発の過程に従事するといったこともありうる。また，学習の基礎理論はその両方の要素となるといったことがある（これらの点は，あとがきにも通じる点であるので，あわせて参照されたい）。

## 4節　EBPM のための再現性を向上させるために

さらに，「追試ガイドライン」（NSF & IES, 2018）においては，再現研究と追試研究を明確に区別し，教育研究の再現性について言及されている。

同報告書によれば，再現性（Reproducibility）とは，他の調査者が先行研究から実在するデータを使用した場合に，同じ知見にたどり着く能力のことである。それは，従来から「信頼できる最低必要条件」として示されてきた（Subcommittee on Replicability in Science, 2015, p. 4）。再現研究は，同様の分析手続きを用いて，研究結果を検証したり，データセットや分析手続きの過誤を見出してきた。あるいは，異なる統計的モデルを用いて，方法や仮定が異なることで，オリジナルの研究と同様の結果を得られるかを確かめるものもある。

一般的に繰り返し実験あるいは追試（Replication Study）は，その新たな研究が一部にしろ全体にしろ，先行研究と同じ知見をもたらすかについて，データを収集し，それを分析することで決定することを含んでいる。この意味で，再現研究よりも高めの条件を設定しているといえよう。そして「科学的な主張が評価される最終的な基準」として示されてきた（Peng, 2011, p. 1226）。「追試ガイドライン」の作成委員会は，これまでの研究により，複数のタイプの追試研究が識別されてきているとし，以下のようにまとめている。

直接追試：先行研究の知見を同じか，できるだけ同じような研究方法や手続きを用いて追試しようとするもの。直接追試の目的は，先行研究によって見出された知見が，エラーによるものか，縁によるものかを調査することにある。これは，新しいけれども類似したサンプルからデータを集め，すべての研究

訳者による補論　EBPM と科学的教育研究

方法と手続きを揃えることでなされる。

概念的追試：先行研究における方法や手続き，あるいはその両方の特定の側面
　が体系的に変更された場合に，同様の結果が得られるかを同定することを求
　めるもの。変更される先行研究のある側面とは，これらに限らないが例えば，
　集団（児童・生徒や教師あるいは，学校など），介入の要素（例えば，補助
　的な要素を加えたり，強調する要素を変更したり，要素の順番を変えたりす
　る），ある要素の実施（例えば，実践支援のレベルやタイプの変更や，理想
　的な条件とは対照的な通常の，あるいは典型的な実践を行う），成果の測定，
　そして分析的アプローチなどがそれにあたる。

　効能，効果性，スケールアップ研究においては，概念的追試の一般的な目的
は，誰に対して，あるいはどのような条件下で，ある教育政策，プログラムあ
るいは実践が，効果的であるか，あるいは効果的でないのかについて，先行す
る証拠のうえによりよい理解を構築することである。一方で，概念的追試の研
究課題は，先行研究のどの側面に体系的な変更が加えられたのかについて，決
定することになるだろう。例えば，その研究が特定の児童・生徒に対する介入
の効果について，一般化することを目指しているとしたら，その介入は，他の
側面をすべて同じく保ったうえで，異なる集団の児童・生徒に対して試行され
ることになる。初期段階あるいは探索的な研究と比較すると，概念的追試の目
的は，教育や学習の構成概念間の関係性に関して追加できる情報を収集するこ
とといえよう。例えば，異なる評価ツールが使用されたとしても知見は保たれ
るのかどうかを同定することが目的だったとしたら，異なるツールを用いて
データは取得するが，そのうえで測定する構成概念あるいは学習成果（あるい
は他のすべての方法や手続き）については変更を加えずに収集される。

　以上が，「共通のガイドライン」に示された再現・追試研究の類型化である。
さらに NSF は追試のためのガイドラインを以下のように追加している。

## 5節　追試研究のためのガイドライン

　以下は，NSF によって示された，研究者がプロポーザル（研究計画）を書くためのガイドライン（NSF & IES, 2018）であるが，研究者は，IES や NSF からの勧誘，アナウンス，あるいは要請に応じて，再現性研究，追試研究の研究計画書を提出することが奨励される。日本の文脈においては，例えば卒業研究において，誰かの研究を異なる文脈（例えば，地域の違いや学年の違いなど）に応じて再現してみるといった試みにも適用可能であろう。先行研究の信頼性を確かめる重要な仕事であるので，卒業・修了研究を始める初期段階において，ぜひ参照されたい★4。

　先に紹介した「共通のガイドライン」（2013）に基づいて，研究の再現と追試のための包括的な原則が，以下のように示されている。

1. 研究計画は，ある再現研究・追試研究がいかに先行研究に基づいているか，そして学習や教育の成果を向上させることに貢献するための基礎的な知識を開発するかについて，明確にしているべきである。例えば，

   ①初期段階あるいは探索的な研究における再現研究・追試研究の研究計画は，いかに先行研究のうえに組み立てられ，教育や学習における重要な構成概念間の関係性についての知識の蓄積に貢献しているか，あるいは教育や学習における成果を向上させる将来的な介入や手立ての基礎を形成するであろう論理的なつながりを確立するかを説明するべきである。

   ②ある効果研究（効能研究・効果性研究・スケールアップ研究）の追試を実施する場合，研究計画は追試による同じか（直接追試），いくらか異なる（概念的追試）条件下における介入や手立ての効果についての理解を推進する潜在性を確立すべきである。

2. 概念的追試を実施するための研究計画は，提案する体系的な変更の合

---

★4　ここでいう研究計画は，卒業・修了論文のはじめの 3 章に相当する。

訳者による補論　EBPMと科学的教育研究

理性とあわせて，先行研究からの変更を明確に示すべきである。

3. 再現研究・追試研究のための研究計画は，客観性を確認すべきである。もし，原著研究の調査者が再現研究・追試研究の提案に加わる場合，知見の客観性を確認するために，何らかの保障措置が必要である。別の機会（例えば再分析研究）において，個別の独立した調査を実施することによって，客観性は満たされることになろう。

　さて，こうした再現性および追試に関する知見は，教育研究者が特に効果研究を行い，ひいては後の教育政策につながるようなEBPMのシステムを構築するうえでは重要である。直接追試はもちろんのこと，概念的追試において何をどう変えたことで，介入はまだうまくいったのか，あるいはいかなかったのかについて，集約していく研究は，後の実践者にとっても，何はうまくいかないのかを知るきっかけとなる。

　ところが，「この方法はうまくいかなかった」としている研究論文を目にすることはなかなかない。それは，専門雑誌の側が，結果的にうまくいった内容を，掲載することが多いことが主な理由だとされる。こうした偏りを，出版バイアス（Publication bias）と呼ぶ。本補論冒頭で扱ったように，EBPMのための「エビデンス」が統計的手法によるRCTのメタアナリシスによるものを最良のエビデンスとするとしたら，その元となるランダム化試験の対象が，すでに偏っている可能性を考慮しなければならないことはもちろんのこと，ある学習環境の設定が，別の文脈では成立しなかったにもかかわらず，出版されていないことで，後続の研究者・実践者たちが，改めて同様の課題に直面するといったことが起きていることも注意が必要である。

## 6節　まとめにかえて——EBPMのために何ができるか

　本補論は，研究者側からだけでなく，政府機関や研究雑誌の編集側からの視点としてEBPMのためのエビデンスづくり，多様な研究方法論，再現研究のガイドラインをまとめてきた。

6節　まとめにかえて——EBPM のために何ができるか

　本補論で見てきた EBPM のための課題をまとめると，以下のような点になるだろう。

- あるトピックについて領域・認識論・研究方法論をまたいだ研究が行われること。
- 理論と実践とをつなぐ研究方法論が構築され，その研究が再現・追試されること。
- 出版バイアスを前提とした「再現性の危機」を解決するような枠組みが構築され，教育における EBPM の前提として位置づけられること。

　研究方法論や領域をまたいだ研究については，現在でもいくらか進められつつあるが，ある研究トピックについて，質的な分析と量的な分析とを意図的に行い，複数の研究方法をまたぐ形で知見を導出するなどの方法は，個人あるいは個別の研究の中でも行うことが可能であるし，研究方法のトライアンギュレーションとして，1 つの研究をより堅牢なものにしていくことにもつながるため，推奨されたい。また，他者が行った研究を，違った方法論あるいは認識論をもって再現していくという研究は，後の実践に対して与える情報量を向上させ，また何が明らかにされていないのかを明確にすることにも役立つ。

　「訳者はしがきにかえて」でも少しふれたように，今行う研究が後にどのように役立つのかを考えたとき，理論と実践の分断をまたぐような研究が進められることはまた，教育研究の再現性の危機を防ぐとともに，EBPM を前提とした教育研究の発展を促すことにもつながる。繰り返しになるが，今日行った研究が，すなわち明日の政策につながると考えるのは早急にすぎる（v 頁）。とはいえ，各研究が理論を最善の実践につなげ，最善の実践を，改めて理論を構築することにつなげていく意識を持つことは，教育における EBPM を構築するための要と言ってよいだろう。

　最後の課題，枠組みの構築については，個人の意識だけでは解決できるものでもないが，教育研究に関わるシステム全体として解決を目指すことはできるのではないか。最後に，本書の続編である『教育における科学的教育研究の発展（*Advancing Scientific Research in Education*）』から，13 の提言を枠組みの参考までに示して本補論のまとめとしたい。

103

訳者による補論　EBPM と科学的教育研究

提言1：教育研究を支援する連邦政府機関では，研究計画を評定する査読者による基準は明確に描かれ，それぞれの評価軸における異なるスコアレベルは，定義され，描写がなされるべきである。査読者はまた，これらの評価軸の使用について，研修を受けるべきだ。

提言2：教育研究を支援する連邦政府機関は，グループとして，それぞれの査読委員会が研究経験を持ち，その査読する研究計画の理論的・技術的なメリットを判断することに長けていることを確認すべきである。加えて，査読委員会は利益相反を最小化するようにし，バイアスをバランスし，幅広い学術的見地から，また伝統的に過小評価されてきたグループからの人々が参加することを推奨する形でそのメンバーが構成されるべきである。

提言3：教育に関して実施される研究においては，調査者は保持された問いに適当な厳格な方法を選ぶだけでなく，それをこうした問いや方法のための最も高い規準を満たすやり方で実践するべきである。

提言4：連邦政府機関は，実践者と政策立案者とのパートナーシップを構築するために，大規模な調査を実施する教育研究のために適切な資源が利用可能であることを確認するべきである。

提言5：教育研究に関わる専門家の組織は，データの共有に関する明示的な倫理基準を開発すべきだ。

提言6：教育研究の学術雑誌は，採択の条件として，著者に関連するデータを他の研究者が利用可能にすることと，適切な倫理基準が支持されていることを確認すべきである。

提言7：教育研究の専門家組織と学術雑誌は，資金提供機関とともに，教育研究におけるデータ共有と知識の蓄積を促進するためのテクノロジーを活用するインフラを作り上げるために働くべきである。

提言8：教育研究の学術雑誌は，構造化された抄録（Abstract）を求めるポリシーを開発し，実施するべきである。

提言9：博士課程の大学院生を教育研究のキャリアのために育成する教育学研究科は，研究修了生が知り，できるようになるべき資質を獲得させるべきであるし，それを発達させられるようにプログラムを計画すべきである。

提言10：教育学研究科は，育成する博士課程の大学院生が深く本質的な研究方法論と専門分野のスキルを発展させられるように，そのプログラムを計画すべきである。

提言11：博士課程大学院生や教育研究に従事する人材を育成する教育学研究科は，すべての院生に多様で有意な研究経験を提供すべきだ。

提言12：教育研究に資金提供する連邦政府機関における査読委員会は，幅広い学術的見地から，また伝統的に過小評価されてきたグループからの人々が参加することを推奨するために開催され，研究者の専門性を高める機会を提供すべきである。

提言13：査読付研究の出版社は，教育研究者が専門性を高めることを奨励するために，その編集と査読のシステムを計画すべきである。

## 【 文 献 】

Anderson, R. (2000). Intuitive inquiry: Interpreting objective and subjective data. *ReVision*, *22*(4), 31-39.

青柳恵太郎（2018）．指定コメント「経済学および国際開発の視点から」　第 2 回 エビデンスに基づく実践と政策セミナー

Earp, B. D., & Trafimow, D. (2015). Replication, falsification, and the crisis of confidence in social psychology. *Frontiers in psychology*, *6*, 621.

Everett, J. A. C., and Earp, B. D. (2015). A tragedy of the(academic)commons: interpreting the replication crisis in psychology as a social dilemma for early-career researchers. *Frontiers in Psychology*. 6:1152. doi: 10.3389/fpsyg.2015.01152

Fitchett, P. G., and Meuwissen, K. W. (Eds.). (2018). *Social studies in the new education policy era: Conversations on purposes, perspectives, and practices*. U.K.: Routledge.

House of Representatives (2002). Education Science Reform Act of 2002, H.R. 3801 Pub. L. 107-279, title I, Nov. 5, 2002, 116 Stat. 1941 (20 U.S.C. 9501 et seq.)

Institute of Education Sciences [IES], & National Science Foundation [NSF]. (2013). Common guidelines for education research and development.（共通のガイドライン）
Retrieved from http://ies.ed.gov/pdf/CommonGuidelines.pdf

岩崎久美子（2010）．教育におけるエビデンスに基づく政策：新たな展開と課題　日本評価研究, *10*(1), 17-29.

Kepes, S., and McDaniel, M. A. (2013). How trustworthy is the scientific literature in industrial and organizational psychology? *Industrial and Organizational Psychology*, *6*(3), 252-268. DOI: 10.1111/iops.12045

McNutt, M. (2014). Reproducibility. *Science*, *343*(6168), p.229. DOI: 10.1126/science.1250475

Mulkay, M., and Gilbert, G. N. (1986). Replication and mere replication. *Philosophy of the Social Sciences*, *16*(1), 21-37.

National Research Council. (2004). *Advancing scientific research in education*. National Academies Press.

Niglas, K. (2004). *The combined use of qualitative and quantitative methods in educational research*. Estonia: Tallinna Pedagoogikaülikooli Akadeemiline Raamatukogu.

Peng, R. D. (2011). Reproducible research in computational science. *Science*, *334*(6060), 1226-1227.

龍　慶昭・佐々木亮（2004）．「政策評価」の理論と技法　多賀出版

笹尾敏明（2017）．〔特別号によせて〕何をもって教育研究・教育実践のエビデンスとするか？（エビデンスに基づく教育実践と教育政策：国内外の視点から）　国際基督教大学学報 . I-A, 教育研究, *59*, 1-4.

Sela-Smith, S. (2002). Heuristic research: A review and critique of Moustakas's method. *Journal of humanistic psychology*, *42*(3), 53-88.

Senate (2015). Every Student Succeeds Act, S1177 Pub. L. 114-95, title I, Dec. 10, 2015, 129 Stat. 1802 (20 U.S.C. 6301 note.)

Subcommittee on Replicability in Science. Advisory Committee to the National Science Foundation Directorate for Social, Behavioral, and Economic sciences. (2015). *Social, Behavioral, and Economic Science Perspectives on Robust and Reliable Science*. National Science Foundation.

The National Science Foundation & The Institute of Education Sciences, U.S. Department of Education (2018). *Companion Guidelines on Replication & Reproducibility in Education Research- A Supplement to the Common Guidelines for Education Research and Development*.（追試ガイドライン）
https://ies.ed.gov/pdf/CompanionGuidelinesReplicationReproducibility.pdf

U.K. Department for Education. (2011). The national strategies 1997-2011: A brief summary of the impact and effectiveness of the national strategies.

Yasuda, T.（2017）．エビデンスに基づくアプローチとベストプラクティスアプローチの統合による教育・社会プログラムの実施の検討　国際基督教大学学報 . I-A, 教育研究, *59*, 117-120.

# 教育と教育研究の特徴

　Chapter 3 では，教育における科学的研究のためのガイドとなる原則は，社会，物理，そして生命科学と同じであると委員会は論じている。しかし，天体物理学，生化学，労働経済学，文化人類学，あるいは数学教育等の学問分野において，これらの原則が具体化される方法は，研究される対象の具体的な特徴に依存している。つまり，各学問分野にはどんな研究課題が問われ，どのように研究が計画され，どのようにそれが実施され，そしていかにそれが解釈され，一般化されるのかについての特徴がある。ガイドとなる原則を彼らの学問分野にどうやって適切に適用するのかについては，その分野で働く研究者たちがその伝統と規準を確立している（Diamond, 1999）。

　本章では，私たちの科学の原則が，教授法，学習法，そして学校教育という豊かなタペストリーである教育の研究に，どうやって翻訳されるのかについて示す。特に，科学的探究を形づくる**教育の5つの特徴**について論じ，いかにこれらの特徴が研究に影響するのかについて簡単に示している。また，こうした教育の特徴の重要な意味は，これらが，探究の過程や，その知見が一般化できる範囲を理解するうえで，影響力のある文脈的な因子を説明するために必要とされていることであると，私たちは主張する。これらの特徴は，Chapter 3 で展開した科学的研究の質の概念をより鮮明に描き出す。また，本章では専門的研究の本質と実施を理解するために不可欠な**教育研究の3つの特徴**についても

Chapter4　教育と教育研究の特徴

議論していく。

　科学的教育研究の詳細について議論するステージを設けるために，私たちは物理的な世界と社会的な世界の探究の間には実質的な類似点があるという立場を繰り返しとっている。前章までに科学の原則は，分野やフィールドをまたいで共通しており，知識が蓄積される過程はほぼ同じように進んでいると主張してきた。さらに物理科学においては，根本的に異なるアプローチや方法が，時間枠，大きさの尺度，および必要とされる機器の複雑さなどの事項に応じて，それぞれの分野やフィールドを特徴づけている。同様のことが，社会科学や教育研究にも当てはまり，様々な教科における個人の学習から，基礎的な社会的パターン，時間の長さ，人数，研究を実施するのに必要な研究の手法などを決定する文化的規範にまで広がる問いを扱っている。

　特に調査対象となっている現象における違いが，物理科学者や社会科学者によって実施される研究を区別している。例えば，社会科学者や文化人類学者による社会的・文化的研究は，コントロールされた条件，無作為化された治験，または物理や化学における調査を象徴する反復測定のようなものには役に立たないことが多い。言語の社会化や偏見，アイデアの発達，教育的指導と文化的伝統の相互作用などは，原子や分子の系統的調査に使用されているコントロールに比べればずっと不透明であるとして悪名高い。分子や原子とは異なり，人々は成長し，時間とともに変化している。彼らが経験する社会的，文化的，経済的条件は，歴史とともに進化している。彼らにとって意味ある抽象的な概念やアイデアは，時間によって，場所によって，文化的伝統によって異なる。このような状況は，社会科学および教育研究者を，Chapter3に示したガイドとなる原則には沿いながらも，物理科学者とは明らかに異なる調査的アプローチへと導いてきた。

　社会科学と物理科学の研究を明確に区別できるもう1つの領域は，バイアスに関連した研究者の客観性についてである。物理および生命科学のいくつかでは，研究者はしばしば研究参加者の身元を無視していることが多く，統制区は二重盲検法または無作為化などの手順によって実施される。この戦略は，研究者の視点が，どの被験者がどのように扱われたかを知ることで影響を受けないように，またそれを知ることが被験者の行動に変化を加えないようにするため

107

Chapter4　教育と教育研究の特徴

に，しばしば医療治験において用いられる。対して，多くの社会科学の分野では，観察された経験と行動に関与する「関与的観察者」として研究参加者が認識されている（Blumer, 1966; Denzin, 1978; Kelly & Lesh, 2000）。このような「自然主義的研究パラダイム」（Moschkovich & Brenner, 2000）では，研究者は研究参加者から遠ざからず，むしろ研究者が研究にどのように影響し，いかに研究プロセスに貢献するかに意識的に注意を払いながら研究参加者の生活に没頭する。このような戦略は，研究者が観察し，分析し，予期しなかった研究プロセスや，絶え間ない変化，研究対象に影響を与える可能性のある側面を統合していくために開発された。これらのアプローチは，学校の教科がいかに変更されるかや，教育活動に組み込まれる新しいテクノロジーの開発を研究する際に特に重要である。このような質的なデータを収集し，コーディングする際には，繰り返しの例，複数の観察者，そして複数の評価者によって収束が証明される。また，この過程で重要なのは，競合する解釈，対照的なケース，および証拠の不確実性の検討である。グループや時間をまたいだパターンにおける規則性は，追試それ自体ではなく，一般化の源となる。そのような科学的方法の目的は，もちろん，一般化されたパターンを特定するという意味合いにおいて，同じである。

　理論の使用もまた，社会科学と物理科学の研究を区別する傾向がある。物理科学の理論は，将来起こることを予測する。強い理論には，何が起こるかを予測し，その理由を洞察する因果関係のメカニズムが含まれる。社会科学における理論は予測的であるが，より頻繁には，過去に起こったことを理解して，より診断的あるいは説明的な目的を果たす。過去を理解することで，社会科学者はしばしば，なぜそれが起こったのかを説明することができる。過去を理解することでは，時々未来を予測することもできるが，それは大まかなアウトラインにすぎず，確実性が低い。例えば研究者は，生徒が科学的または数学的な考え方を学ぶ際の，誤概念や失敗のパターンの規則性を記録している。それが起こることを確実に予想することはできないが，教師は生徒の発言をより効果的に解釈し，それらの証拠をテストする評価項目を作ることが可能となる。

　関連する最後のポイントとして，研究の結論における確実性のレベルは，通常物理科学では社会科学よりも高いということである。Chapter 3 で議論して

108

いるように，多くの科学的主張にはある程度の不確実性がある。つまり，決定論的ではなく確率論的である。私たちは，不確実性の慎重な推定と報告が科学にとって重要であるという考え方を原則の範囲内に含めている。しかし，人間の行動，思想，文化等の社会現象をモデル化する議論は，物理現象の理論ほど発展しておらず，しばしば研究者の直接的なコントロールから外れているため，結果は常に確率論的であり，物理科学よりも暫定的である。専門用語では，科学的推論に関連する「誤差限界」（一般に世論調査で引用されるところの信頼区間と同じもの）は，しばしば主要な構成概念や重要な文脈上の要素を正確に測定することが困難なために発生する「ノイズ」によって，社会学や行動学研究においてより大きくなる傾向がある。多くの社会学的，行動学的研究の探究における文脈の影響力ある役割は，人間を研究する際の根本的な側面である。しかし，それは（結果の確実性を高めるカギとなり，理論を精緻化する）追試をより難しくし，かつ微妙なものとしている。要するに，現在の社会科学の知見に関する精度の程度は，物理科学および生命科学のそれよりも低い傾向がある。

　教育研究は社会科学や行動科学に根差しているが，重要な点において医学や農学と似ており，応用分野の1つである。いくらかの研究者は，教育研究を工学に比し，実践的な課題の解決に理論的理解をもたらすことを基本的に目的としている営みであると主張している。他の応用分野と同様に，教育研究は2つの関係する目的のために役立つ。1つは教育関連の現象や出来事の根本的な理解を加えるため，そしてもう1つは実践的な意思決定を伝えるためである。どちらも価値があり，両方とも研究者に教育実践と政策についての鋭い理解が求められ，どちらも最終的には実践の改善につながる。説明や記述，または予測といった1つの目的を持った教育研究は，前の章で説明したような「伝統的な」科学的探究とよく似ている。短期間で教育実践，意思決定，政策を支援することを直接の目的とする研究は，厳密な科学的原則にも合致しなければならないが，行動志向も有する。教育研究の二重の目的は，知見の主張する妥当性の因子の考慮と，研究チームの信頼性，そして教育実践の状況に対する有用性と関連性のバランスを必要とすることを示唆している。

　科学的な教育研究は，主に新しい知識を発見することを目指しているのか，知識の生成と実践を伝えるという二重の目的を持っているのかにかかわらず，

Chapter4　教育と教育研究の特徴

教育という営みに特徴的で独特な構成の影響を受ける。

# 1節　教育の特徴

　教育は人間による複雑な取り組みであり，最終的には児童・生徒の認知的，市民的，社会的学習と発達を目的としている。医療，法律，農業のように教育は専門技能職であり，特殊なスキルを必要とする実践的な職業である。教師を研究対象とする研究者は，教えることとは，複雑で，双方向的な交流であり，新しい教材において生徒が学び，それを彼らの既有知識と関連づけ，多様な背景，興味，そして考え方を持つ非均一な子どもたちのニーズに対応し，そして生徒の学習の深まりと持続性を評価することを，教師が求めていることを記録してきた。教育は，学校の教室，家庭，博物館，コミュニティーセンターやWeb上でアクセス可能な情報等を通じて行うことができる。公教育でさえ，コミュニティーごと，そして未就学児から大人に至るまで様々な面で異なる。そうした機関は，数多く，そして多層にわたる。小学校，中学校，高等学校，2年制の専門学校，4年制大学，そして成人の学習センター等である。1つの機関でも，その学生は，例えばある学校や大学から別のところへと頻繁に移動する。教育の変動性（ばらつき）と複雑性は，教育実践によって反映されている。専門技能的演習において教育者らは，科学的に根拠のある理論や事実と同様に，実践的な知恵，専門的な関係性，そして価値に引き付けられ，それによって影響を受けている。事実，コラムニストであるミラー（Miller）が「教育改革が丸薬になったらよいのに」（Miller, 2001, p. A14）と嘆いたように，それが教育における研究の現実である。

　教育の性質は，研究という営みに影響を及ぼすだけでなく，いかに結果の理解や利用がシステムの異なるレベルの条件によって妨げられたり，促進されうるのかについて注意深く考慮することを必要とする。組織，構造，そしてリーダーシップ等の質は，すべて複雑な教育のシステムが，実際どのように働くかに影響している。結果は，文化的な変遷や資源の変化に伴って変化する「貯蔵

寿命」を有する可能性がある（Cronbach, 1975）。

　以下の項では，教育の顕著な特徴と，その科学的研究への影響について論ずる。すなわち，「価値観と政治」「人間の意志」「教育プログラムのばらつき」「教育という制度」「教育に関わる多くの個人の多様性」に焦点を当てていく。

## 1. 価値観と政治

　アリストテレスは「良き人生」という概念から離れて，教育について話すことは不可能であると論じた（Cremin, 1990, p. 85）。事実，教育は価値観が中心的な役割を果たす分野である。なぜなら，人々が（特に子どもの）教育を通して達成しようとしているものは，個々の人間の可能性についての人々による見解，社会がどのようになるのかについての彼らの望みと期待，そしていかに社会的問題が緩和されるのかについてのアイデアと密接に関連している。このようにして，社会理念は必然的に，そして適切に教育制度に，そして次には，実施される研究へと影響を及ぼす。より微妙ではあるが決定的なこととして，これらの価値観は，基本的な知識やスキル，コミュニティーのサービス，職業訓練，社会発展，そして課題解決等，無数の教育の目的を肩代わりするので，研究され測定される成果の選択にも影響している。私たちは，Chapter 6 でも，連邦の教育研究機関の役割について論じる中で，こうした機関同士の目的の不一致の影響についてさらなるコメントをしている。

　教育研究における価値観の役割をグローバルな意味合いで考慮すると，教育における研究が事実，工学に似ている範囲にまで至る。ここで，なぜ教育研究が非経口ポリオ生ワクチンに相当するものを生み出していないのかという問いが想起される。結局のところ，医学研究は寿命を延ばし，病気を減らすという実践的な課題を解決することに力を入れている，生命科学における理論的理解をもたらす工学の一種である。教育研究はこれに似ているが，その目的についての共通認識は薄い。医学の研究では，がんの治癒の発見など，より明確な目標がしばしばある。教育においては，様々な形で価値観が埋め込まれているため，研究者はその調査を推進する特異な実践的目標を持っていない（Bruner,

Chapter4 教育と教育研究の特徴

1996)。

　地域，州，連邦政府の政治家，教員組合，特別利益団体，高等教育の教員，そしてその他教育に関心のある市民は，しばしば異なる方向性で動き，様々なインセンティブによって動かされている。これらのステークホルダーは，教育政策と実践に影響を与える決定を行うため，それをモデル化して理解しようとする研究に影響している。いつでも，学校や学校のシステムは，その主なクライアントである子ども，保護者，そしてコミュニティーのメンバー等にサービスを提供しながら，ステークホルダーからの矛盾する要求の構成に対応している可能性がある。こうしたダイナミクスは，研究のためには乱雑な環境を作り出す。さらには，政治的な動機は研究の利用に影響を与える可能性がある。ステークホルダーの中には，研究者による知見や解釈に抵抗したり，たとえ適切な証拠に支持された結果であっても，それに対する過度な解釈をする強いインセンティブを持っている者もあるかもしれない。

　ステークホルダーの役割のもう1つの潜在的な影響は，教育研究が政策の変更や特定のタイプの改革に対する政治的な支援によって中断されることがあるという点である。現在のアメリカの科学と数学のスタンダード◆1の重要な例となった，カリフォルニア州で1980年代後半に制定された数学と科学のスタンダードは，政治的な変化のために急変した。州が新しいスタンダードを体系的な方法で実施するためにカリキュラム，教授，そして責任あるシステムを準備しているのと同じように，政治的な環境は変化し，スタンダードとその責任をとるシステムも変化した（Kirst & Mazzeo, 1996)。そして，改革に関する研究も突如として終了した。このような変化は，アメリカにおける教育ガバナンスの民主的制度の結果として起こり，研究計画に実践的な影響を持つ可能性がある（例えば，長期研究を実施する機会の制限等)。

---

◆1　この時点では National Science Education Standards（National Research Council, 1996年）と Principles and Standards for School Mathematics（National Council of Teachers of Mathematics, 2000年）を指していると考えられる。

## 2. 人間の意志

　教育は学習者，教師，保護者，市民，そして政策立案者などの人々に一貫して関わっている。これらの個人の意欲や意志は，研究者がその過程を通じてコントロールできるレベルを低下させる。例えば，いくつかの事例においては，人々を治験群にランダムに割り当てることはできない。彼らは自分や子どもたちが実験的な試行の目的で，「コントロール」されることに同意しない。このコントロールの欠如は，研究プロトコルや不足しているデータの例などとの不一致の問題を引き起こす可能性がある。なぜなら，例えば保護者は個々の子どもの利益を念頭に置いており，研究プロセスの利益と矛盾する優先順位とニーズを持つことがあるからである。

　例えば，人間の動きと変化は，教育バウチャーが児童・生徒の到達度に及ぼす影響を研究するための取り組みに影響してきた。多くのバウチャー研究（Witte, 2000; Peterson, 1998; Rouse, 1997; Peterson, Howell, & Greene, 1999; Myers, Peterson, Mayer, Chou, & Howell, 2000; Peterson, Myers, & Howell, 1999）は（そのいくつかは無作為試験化され，いくつかはされなかったが），かなりの割合の家族がベースラインデータの収集された次の年に帰国しなかったり，すべてのアンケート項目に答えていなかったり，あるいは標準テストを完了しなかったために，課題に直面している。ニューヨーク市の選択プログラムの研究（Barnard, Frangakis, Hill, & Rubin, 2002）では，これらの反則的問題を予期し，またこれらの条件下で「治験」のプログラムへの影響を予測するための洗練された統計的（ベイジアン）モデリングの使用を組み込んだ計画を特徴としていた。

　関連する点として，アメリカの人口は流動性が高く，人々はしばしばある地域から別のところへ，ある家から別の家へ，ある仕事から別の仕事へと移動する。そして，彼らの子どもたちは揃ってついていき，教室，学校，学区，そして州の間を移動する。アメリカの国勢調査局が収集したデータによると，人口の16%が1999年3月から2000年3月の間に所帯を移している（Schacter, 2001）。大学進学前の児童・生徒だけでなく，学部を卒業する前に少なくとも

Chapter4 教育と教育研究の特徴

2つの機関における高等教育に参加した学生の3分の1が、こうした移動を経験していることになる（National Center for Education Statistics, 1996）。学生は、特定の教室、学校や大学、学区、そして州に応じて、様々なカリキュラム、異なる教授法、そしてパフォーマンスに対する異なるスタンダードによる評価を経験する可能性が高い。したがって、学校での大規模な研究に取り組んでいる研究者は、しばしば集団ごとの実質的な変化に直面しており、彼らをサンプルとすることは、時間の経過に伴う学生の学習の進展を追うことを複雑なものにしている。

## 3. 教育プログラムの変動性（ばらつき）◆2

　研究者は通常、学習者が直面する核となる教育プログラムの頻繁な変更を促進する傾向がある、急速に変化する改革の環境に適応しなければならない。現在の教育改革の運動は、18年前の大統領諮問委員会のレポートである「危機に立つ国家（*A Nation at Risk*）」（National Commission on Excellence in Education, 1983／橋爪［訳］, 1984）にさかのぼることができる。それ以来、国は学校を改革する絶え間ない過程にあり、この「ユートピアに向けた工夫」（Tyack & Cuban, 1995）がすぐに終わるという兆候はない。歴史的に、教育改革は少なくとも19世紀にさかのぼるアメリカの教育において、新奇なものではなく、標準的なものであるように思われる（Tyack & Cuban, 1995）。1つの改革案が別の改革案を置き換えるため、カリキュラム、スタンダード、そして説明責任のメカニズムにおける不安定性が一般的なものとなっている。

　改革の動きの中でさえ、州や地方の教育の管理は、顕著に教育プログラムやその他学校教育への変更が実施される方法を形づくっており、一般化を困難にしている。例えば、チャータースクール（州機関か地域の教育委員会と契約し

---

◆2　VUCAのVをVolatilityとしている文献が主流だが、Variabilityとしているものも多く見られる。本書ではどちらも変動性と訳しているが、教育においては本文でも付しているように「ばらつき」（Variability）が、そのVUCAな性質を決定づけているともいえよう。なお、VUCAについては、訳者はしがきと訳者あとがきでもふれている。

ている公立学校）は，州の認可法令や学校が動かす契約（チャーター）に従って，非常に異なる形態をとっている（RPP International, 2000）。すべてのチャータースクールは，州の教育法によるある程度の柔軟性がその特徴であるが，教育プログラムや児童・生徒の数は州内でもかなり違っている。例えば，ミネソタ州のチャータースクールを認可する法律は，特に特別なニーズを持つ子どもにサービスを提供することを奨励している。これとは対照的に，コロラド州の（すべてではないが）多くのチャータースクールは，子どもたちのために厳密な学術プログラムを求めていた裕福な保護者らによって設立されている。したがって，「チャータースクールは伝統的な公立学校よりも学生の到達度を向上させるのに効果的であるか？」といった一見単純な質問に答えることは，イノベーティブな教授法の影響を理解したい場合に，格別有効ではない。なぜなら，「チャータースクール」のルーブリックに基づく教育環境とプログラムは非常に多様であり，評価されるべき共通の教育的介入が存在しないのである。

　カリキュラム改編の評価はまた，プログラムのばらつきの影響を受ける。カリキュラムの実施は，州のレビュー，教師の意見，学区のリーダーシップ，そしてパブリックコメント等の複雑な混合によって支配される周期的なプロセスでもある。さらに新しい取り組みでは，教員研修のために，現時点では利用可能でない資金の投入が，しばしば必要となる場合もある。高いレベルで説明責任を果たすシステムや，国による大学入試はまた，カリキュラム改編の有効性を評価することを複雑にする可能性がある。本章で議論する他の事例と同様，これらの典型的な状況において，研究者は知見が作られる際の注意点と条件を慎重に指定することを求められる。


## 4. 教育という制度

　公立の学校教育は，相互に依存する多層システムにおいて行われる。例えば，幼稚園入園以前から高等学校まで（preK-12）のシステムにおいては，幼児・児童・生徒は学級に割り当てられ，学級は学校ごと学年段階ごとに編成され，学校は学区ごとに設置され，学区はおそらく郡内に割り当てられ，そして郡は

Chapter4 教育と教育研究の特徴

州の下部区分である。さらに，教室内では，幼児・児童・生徒は，異なる教育的グループに配置されることがよくある。そして，すべては連邦政府の教育政策の影響を受けている。研究に対する影響として，あるレベルにおいて何が起きているのかを理解するためには，他のレベルを理解する必要があることがしばしばである。したがって，例えば，アメリカにおける歴史の重要なテーマをいかに子どもたちが理解するのかといった研究は，歴史の教授における教師らのアプローチ，カリキュラムの中での歴史の主な位置づけ（何時間，教師が教え，子どもたちは学ぶかに影響する），学区によって採択されたカリキュラム（そしてそれを実施するにあたっての関連する意思決定），そして，異なる家族性や地域性の要因（例えば，歴史の教授に対するアプローチを支持する保護者やコミュニティー等）に影響を受けるだろう。後のコースでの到達度が事前の学習の質に大きく依存している科学や数学などの教科では，preK-12 の学校構造は，学び直しの成功を促したり，時間の経過とともに学び直しのコースを受ける子どもたちを体系的に減らしていくために計画される可能性がある。これらの相違点ゆえに，研究者は研究においてシステムの大規模な編成の本質を考慮することを求められる。

　教育研究者は，これらの様々なレベルのシステムの相互作用を長い間，調査してきた。例えば，統計的な手法を用いることは，生徒の到達度の履歴に対する教育的な影響を推定する助けとなると同時に，K-12 の教育システムにおける複数の層の影響についても説明している（Bryk & Raudenbush, 1988）。カトリック学校が児童・生徒に公平な成果をもたらすメカニズムを調査した研究は，そうした手法を利用していた（Box5-4 参照）。

## 5. 多様性

　アメリカの人口は，様々な形でますます多様化しており，人口動態の予測はこの傾向が続くことを示している（Day, 1996）。より広範な人口の多様性を反映して，それぞれの地域では，特有の地理的，歴史的，社会的，民族的，経済的，文化的な取り合わせにおいて教育が行われている。例えば，数十の母語を

1節　教育の特徴

持った児童・生徒が1つの学校に通うということもありうる。また，いくつかの学区では125以上もの言語を話す例もある（Crawford, 1992）。多くのアメリカの学校を特徴づけるこの言語的多様性は，多様性が研究に及ぼす影響を示している。移民の家族である児童・生徒は，しばしば英語が流暢でないという共通の特徴によって定義される。しかし，表面を引っ掻いてみると，そのすぐ下にはっきりとした違いがあることは明らかである。何世代もその家族がアメリカに居住を続けており，英語の流暢さも異なる多くのヒスパニック系，アフリカ系，アジア系，アメリカインディアンだけでなく，（多くの場合映画で見たことのある程度でしかアメリカの生活に慣れていない）新しくやってきた移民である児童・生徒のために，各学校は奉仕するのである。

　言語的多様性に加えて，文化，宗教，学習に対する準備の段階でも多様性がある。自国に頻繁に帰る子どももいれば，保護者の出生地には接触しない子どももいる。一部の移民児童・生徒は，アメリカにやってくる前に自国で優れた教育を受けており，一部は戦争によって学校教育が中断されたり，あるいは学校に通っていなかったりする。また，いくらかは，自らの言語でも識字していなかったり，最近まで口頭でしか話せなかった言語も存在する。また一方で，長い文学的伝統を持つ文化から来る者もいる。こうした児童・生徒の差異，すなわち年齢やアメリカの学校への入学，それまでの学校教育の質，彼らの母語と教室におけるその数，彼らの保護者の教育とその英語スキル，そして彼らの家族の履歴と現在の状況等は，彼らが共通して英語の能力に欠けることそのものよりも，彼らの学習の成功に影響している（Garcia & Wiese, 2002）。そのような言語的，社会文化的な文脈を研究の過程に組み込むことは，これらの違いが多様な教室での学習にどう影響を与えるのかを理解するうえで重要である。

　要するに，教育研究に対する私たちの科学の原則の適用を形づくっている特徴——価値観と政治，人間の意志，教育プログラムのばらつき，教育という制度，そして多様性——は，文脈の重要な役割を強調している。教育研究における文脈的な要因の役割の具体的な含意は，科学的研究から一般化の境界線を慎重に描写する必要があることである。前述の多様性についての私たちの議論は，例示的なものである。例えば，西ヨーロッパにおいて郊外に住む中間層の子どもについての研究結果を，中央アメリカや東南アジアの中都市，低所得，

117

Chapter4 教育と教育研究の特徴

英語力が限定されている子どもたちに，どのくらいの範囲で一般化可能であろうか。このような文脈の違いを認識していない研究の純粋な使用とそれに対する期待は，研究の解釈を簡素で，情報不足，かつ狭いものとし，その無差別的な適用を導く可能性がある。理論を構築し，研究課題を策定し，研究を計画・実施し，結論を導き出すためには，科学的な教育研究はそのような状況に適応していかなければならない。

　このような文脈への注意は，複雑で多様な教育環境における理解を促進するためには，研究者と実践者の間の緊密な調整，学際的な研究，そして様々な教育研究の間の相互作用を必要とするであろうことを示唆している。それはまた，教育経験の本質的な多様性と，異なる子どもの集団にとってのその結果に対する評価に大きく重点を置いていることを意味する。端的に言えば，これまでの多くの教育研究よりも頻繁に，より体系的に，研究の文脈に具体的な注意を払う必要があるということである（National Research Council, 1999c）。

## 2節　教育研究の特徴

　研究に影響を与える教育の特徴に加えて，教育研究には，教育の科学的探求の本質を明確にするのに役立つ分野としての側面もある。営みとしての教育研究の視点は，その維持を支えるいくつかのインフラを指摘し，その1つとして，教育研究を支援するうえでの連邦政府の役割の考慮を私たちは取り上げた（Chapter6）。以下3つの教育研究の特徴は，この点で注目すべきである。すなわち，その多分野的性質，倫理的配慮，そしてその教育実践者との関係性への依存である。

### 1. 多分野的視点

　教育の変動性（ばらつき）と複雑性は，学問分野という製粉場に運ばれる穀

物である。複数の科学分野が教育を研究し，そのための知識形成に貢献している。経済学者は，行動を変えるように計画された介入と教育効果の間の関係性を理解するために学校教育の動機構造を研究している。また，発達心理学者と教科のスペシャリストは，認知，言語，そして社会化の基本的な過程を研究している。あるいは，物理学者，化学者，生物学者は，科学のカリキュラム，教授，そして評価を研究している。他にも，組織社会学者は，教育目標を達成するために組織されたシステムを研究している。さらに，文化人類学者は，子どもたちの学校内や学校外での教育的経験を特徴づける社会的相互作用の性質および形態を研究している。そして，政治学者は，チャータースクールのような大規模な制度変更の実施について研究している。

　教育研究における多分野的な視点には，少なくとも3つの意味がある。1つ目の意味は，いくつかの分野の視点がシステムの異なる部分に注目しているため，正当な研究の枠組みや方法というものが数多くある（Howe & Eisenhart, 1990），ということである。一方で，多くの分野がシステムの様々な部分に焦点を当てているため，矛盾する結論が出される可能性があり，具体的なトピックや教育研究の価値についての議論の火に油を注ぐ場合がある。多様な教育分野の課題は，理論と実証的な知見を領域や方法をまたいで統合することにある。したがって，一連の分野の研究者が協力し合うことは，特に価値あることである。パークシティ数学研究所（Park City Mathematics Institute［http://www. admin.ias.edu/ma/◆³］を参照）による継続的な研究は，理解を深め，効果的な教授を促進するために，教育における学際的な探究としての可能性ある事例を提供している。数学教育，統計学，そして心理学からの多様な研究者のグループと，教師や教員養成教員といった実践者たちは，カリキュラム開発者に助言を提供するために，子どもたちが，例えば「分布」のような統計学的な概念を理解するかについて，共同的に研究を実施するために参加した（Jackson, 1996; Day & Kalman, 2001）。

　2つ目の意味は，教育研究の進歩は，関連する分野や領域における進歩にかなりの部分，依存するということである。

---

◆3　現在（2019年10月）は https://www.ias.edu/pcmi に移動。

Chapter4 教育と教育研究の特徴

　最後の意味は，教育における理解に貢献する多くの分野の真の範囲と相まっ
て，この枠組みの蔓延は教育研究者のための専門的なトレーニングの開発を特
に困惑させる，ということである。複数の認識論的および方法論的枠組みだけ
でなく，対象とされる領域の幅と深さを単一のプログラムで十分にカバーする
ことはほとんど不可能である。教育研究者のための専門性教育の連続体をいか
に構築するかの概念化は，特に教育の学者が何を知っていなければならないか
について，ほとんど同意が得られていないため，同様に課題である◇1。これら
未解決の問いは，教育研究者の準備が不揃いであることの一因となっている。

## 2. 倫理的配慮

　現代の教育研究では，研究者はしばしば学校での，保護者や児童・生徒，教
師らとのフィールドワークに参加している。子どものような脆弱な対象を研究
する際のケアと監督の必要性は，時に，科学的研究の実施における正当な妥協
とより一般的な意味での科学的な営みの進歩を伴う。研究参加者（特に子ども
たち）の保護を含む倫理的問題は，計画，データの取得，そして最終的には教
育研究から生み出される結果に現実的な影響を与える。

　研究の倫理的な実施を確実にする必要性は，利用できる研究計画の長所を抑
制してしまう可能性がある。例えば，倫理的な配慮からすれば，生徒が当然受
けられる教育を留保することは許されない（物理科学でいうところの「制御」
条件）。したがってほとんどの場合，教育プログラムにおける妥当性を研究す
るにあたっては，スタンダードあるいは既存の実践と比較を行う必要がある。
この状況においては，新しい介入の比較効果は，標準的な実践と比較してめっ
たに大きくはならない。また，いくらかの状況においては，倫理的な理由から，
研究者たちは研究の目的を被験者に隠すことはできない（これは二重盲検法に
おける一般的なやり方である）。

---

◇1　例えばスペンサー財団のフォーラムは，教育研究における若手研究者のメンターとして有望な
　実践を特定することを目的とし，明確なパターンのない多くの効果的な戦略やアプローチを明らか
　にした（Schoenfeld, 1999）。

2節　教育研究の特徴

　倫理的な問題は，データの収集にも影響する。保護者らはプライバシーに関する懸念から，子どもが研究に参加することを拒否することがある。このような事象は，データの収集を複雑にし，サンプリングの手順を妥協させ，一般化する機会を妨げる可能性がある。研究倫理は，研究者がこれらの発生を予測し，研究の結果に及ぼす影響を理解し，記述することを求める。

　Chapter6 では，私たちは簡単に連邦政府の求める研究倫理の要件について検討し，児童・生徒のデータに対する倫理的なアクセスを促進するうえで連邦政府機関が果たす主導的な役割を主張する。

## 3. 実践者との関係性

　農業，健康リスクの低減，犯罪，司法，そして福祉など他の応用分野と同様に，教育研究は研究者と専門的な実践に従事する人々（すなわち教師，学校管理者，カリキュラム開発者，大学の学部長，学校評議員，そして他の多くの人々）との関係性に大きく依存している。教育研究という営みは，これらの関係性なくしては機能できず，その健全性は実践者が喜んで参加するか，あるいは研究を支援する程度と強く相関している。

　短く，遠く，一度の対話を求める弱いものから，長期的なパートナーシップや協調を求める強いものまで，研究の種類が異なれば，異なるレベルの関係性が必要となる。例えば，最も関係性が弱いものとしては，全米教育統計センター（National Center for Education Statistics）の Common Core of Data[4] や，全米学力調査（NAEP）などがある。強いものとしては，ブリックとその同僚らによって行われた，シカゴにおける学校改革の研究がある（Bryk, Sebring, Kerbrow, Rollow, & Easton, 1998）。この研究は，すでに研究に興味を持っていた学区と学校職員の協働によって実施された。例えば，異なる分野の教育者や学者など，典型的な組織編制の慎重な見直しを必要とする，大学内の異なる

---

◆4　Common Core of Data（CCD）：米国教育省のデータベースで，小中高等学校の教育について扱っている。https://nces.ed.gov/ccd/ を参照。

121

Chapter4 教育と教育研究の特徴

部分の間でのコラボレーションは，強力な関係性のもう１つの事例である。私たちは，これらの強力な関係性をパートナーシップと呼んでいる。

近年，教育研究の場が実験室から実際の学校や教室へと移っているので，研究者と実践者の間のパートナーシップは興味をそそるものとなっている（Shulman, 1997）。このようなフィールドベースの研究では，実践者とのコラボレーションは，実践を分離した状態では得ることのできない知的資本の一形態をもたらすことになる。理想的には，この関係性は研究に双方向性をもたらし，研究はその成果としての知識を実践に伝えるとともに，実践的な知恵は，研究を豊かなものとする。場合によっては，この共同作業なくして重要な研究は実施できない。このパートナーシップは常に容易に形成されるとは限らず，その確立に時間がかかることがしばしばである。しかし，これは研究者が適切に職務を遂行するのに必要な信頼を築くために不可欠であるし，教育の専門家が実践における研究の役割について相互に豊かな対話を持つために欠かせないことである。現在の米国学術研究会議の取り組みは，実践のための研究を育てる長期的なパートナーシップのためのインフラとなる能力を構築しようとしており（National Research Council, 1999d を参照），他にも研究自体が研究者と実践者の間の長期的なコミュニケーションの基礎となることを示唆している（Willinsky, 2001）。Chapter6 では，連邦政府の教育研究機関が，教育研究のインフラを強化するための出資の一環として，そのようなパートナーシップを仲介する手助けをするべきだと主張している。

フィールドベースの研究者が最近，教育実践を研究プロセスに近づける試みをしたもう１つの方法は，「実践現場」に探究を埋め込むことである（National Research Council, 2001a）。例えば，教師が３年生の算数を効果的に教えるために必要な知識をよりよく理解するために，研究者は教授法の具体例（例えば，数学的な問題を解決する児童の学習サンプル）に基づいた研究を進めてきた。教育実践の過程との関係性に研究の焦点を当てることは，教室における教授と学習の双方向的な性質について重要な洞察を生み出すことになる（Ball & Lampert, 1999）。もちろん，この種の研究に携わることは，学校における実践者の参加意欲と，それを促進するための関係性の確立にかかっている。

Chapter2 で私たちが議論しているように，いくつかの例外を除いて，アメ

2節 教育研究の特徴

リカ社会は教育研究を，教育，学習，および学校教育改善のためのツールとして使用するいわゆる意地のようなものを発展させてはこなかった（Campbell, 1969）。この姿勢は，研究を行うために必要な関係性を確立することをより難しくしている。無作為試験を実施する際の問題点は，教育プログラムや介入が厳密な研究の対象となるべきであるとほとんど期待されていないという事実を証明する（Cook, 2001; Burtless, 2002）。私たちやその同僚の研究においては，信念や逸話というものが天下の通宝であることが，繰り返し見出されており，商業的な利益を持つ者が，その商品を支持するために，研究を利用することは，教育者，政策立案者，そして一般の人々によって期待されていることではない。私たちは，研究に基づいた情報が利用可能であり，意思決定のプロセスの一部であるべきであるという期待は，社会と研究コミュニティーの両方において育成される必要があると考えている。そのような期待をもってすれば，強いか弱いかは別として，教育研究の実施には不可欠である関係性を確立することがますます容易になるであろう。簡単に言えば，研究者には実践者が必要であり，実践者には研究者が必要なのである。こうした関係性がなければ，教育における科学的な研究の多くは，断片的で機会主義的◆5なものとなる可能性が高く，教育者が科学的な知識を利用して，彼らの実践を意味ある形で改善していく可能性は低くなる。

　本章では，教育における科学的探究を特徴づける含味を提供してきた。次章では，ガイドとなる原則や，教育の特徴が，多様な研究計画の中にどのように統合されるのかについて，いかに教育研究者が特定のタイプの問いにアプローチするのかを考察および例示しながら詳しく説明していく。

---

◆5　機会主義的：日和見主義ともいう。ここでは，場当たり的な研究，あるいは政治的な時勢を意識しすぎた研究等，科学的な原則や原理よりも状況に応じて研究し，あるいは実践をする状況を指している。

# 教育における科学的研究計画

　Chapter 4 で詳述した教育の主な特徴と Chapter 3 で示した科学的研究のための原則は，科学的教育研究の計画と実施のための境界線を設けている。こうした点を考慮すると，研究計画（例えば，無作為試験，民族誌学，多変量調査など）それ自体が，研究を科学的なものにしているわけではない。しかしながら，もしその計画が経験的に問われたことのある課題に直接向かっていて，先行研究と関連する理論とのつながりがあり，文脈の中で十分な実践がなされていて，その研究から見つかったことについて論理的に他の解釈が除外されるような説明がされており，科学的に精査することを可能としている場合，それを科学的であると考えることは可能であろう。それは，例えば次のようなことである。「計画の基礎となる明確な問いはまとまっているか」「その方法は問いに答えるのに適切なものであり，競合する答えを除外しているか」「その研究は先行研究を参照しているか」「概念的な基礎を持っているか」「地域の状況に応じてデータを収集し，体系的な分析がなされているか」「研究は明確な表現で批判に耐えうるようになっているか」。これらの原則に沿うほどに，科学的研究の質は上がっていく。そして，教育の特徴の影響を予測し，それに応じてモデルを作り計画するように，研究のプロセスが明確になっていなければならない。

# 1節　研究計画

　私たちの科学的原則は，厳密な探究の大きな過程の中の1つの側面として，本章の主旨である研究計画を含んでいる。しかし，研究計画，そして対応する科学的な方法は科学の決定的な側面である。それはまた，教育を含め多くの分野における議論の対象となっている。本章では，教育における広範な研究課題に科学的に対処するための，最も頻繁に使用され，信頼できる計画をいくつか示す。

　その過程において，私たちは3つの関係するテーマを紹介する。まず1つ目のテーマは，前述したように，教育研究における原則にのっとった様々な科学的なアプローチがあるということである。そのため，本章で論じる方法の記述は，信頼できるアプローチの範囲を例示するものであるが，それは権威として解釈され，他の方法を除外するような例示であってはならない◇1。前章までに示してきたように，科学の歴史は，その研究課題や提示する理論，そして全体としての知識と同様に研究計画も進化してきたことを示している。

　2つ目のテーマとして，研究の計画と方法は，研究課題に最適なものが注意深く検討され，実践されるべきであるという，Chapter3で示した議論を広げていく。特定の目的に対しては，ある方法が別の方法よりも良いということがあるし，科学的な推論は用いる計画の種類に縛られている。例えば，ある教育的な介入の効果を推定するために適切な方法は，中退の比率を推定することにはほとんど役に立たないだろう。教育学に限らず，ある研究者が1つの研究からの結論を誇張したとしても，科学的な推論の強度はその調査における課題を解くために使われる計画において判断されるべきであろう。その研究に適切な計画であるかを包括的に解明することと，様々な条件下での分析的なアプローチには，研究方法論の教科書に見られるようなある程度の深さの処置が求めら

---

◇1　多くの教科書や処置が，教育研究における多様なタイプの研究計画をマップ化している（例えば，Kelly & Lesh, 2000）。私たちは，本章を通じて，研究方法論についてのいくつかの独創的な研究についてふれている。

Chapter5　教育における科学的研究計画

れるだろう。しかし，この点は私たちの目的ではない。目的はむしろ，現在利用可能な方法の中で，特定の条件の下で特定の種類の課題に答えるのに，他よりも適した計画を例示することにある。

　3つ目のテーマは，時間とともに洗練され，修正される教育における科学的知識の豊富な資源を生み出すために，異なる種類の探究，そして方法が必要とされることである。いつでも，この探究と方法は，知識の全体的な状態を正確に評価すること，またその一連の探究が理解をどのように促進するのかについての専門的な判断に大きく依存している。少しでも事前の知識がある領域では，例えば，研究は一般的に初期のアイデアを煮詰めるような慎重な説明がなされる必要がある。そのような状況においては，教育に関する課題や傾向を浮き彫りにするためや，学習や行動の基盤となる構造についての妥当な理論を生成するために記述的研究が行われる可能性がある。しかしながら，大規模に実施されてきた教育プログラムの影響を理解する必要がある場合は，因果仮説をテストするように設計されなければならない。そのため，私たちは本章において，個々の研究に当てはめる形で計画のトピックを扱うが，研究計画は時間をかけて開発されていく一連の探究につながっているため，より広範な質を持っている。

　これらの概念を完全に成り立たせることは私たちの責任を大幅に超えているが，私たちは以下に示される方法についての議論を大局的に見るためにこの簡単な概要を示す。また，本章のまとめとして，より強固な知識を確立することをさらに推し進めるための教育学研究に最も必要と考えられる仕事に対して，いくつか目標となる提案を行う。

# 2節　研究課題の種類

　計画の議論において，私たちは研究課題こそが計画を駆動するという不可逆な戒めに忠実でなければならない。問題を簡単にするために，委員会は教育研究の膨大な数の研究課題をおおよそ3つの（相互に関係する）タイプに分けら

れると認識している。すなわち,「記述（何が起きているのか）」「原因（体系的な影響が認められるか）」「過程やメカニズム（なぜ,あるいはどうやってそれが起こるのか）」の3つである。

　1番目の課題である「何が起きているのか」については,子どもたちの数を特徴づけたり,問題の範囲や重大性を理解したり,理論や推測を発展させたり,あらゆる教育指標の時間に伴う変化を示すために,例えば,到達度,支出,あるいは教師の免許資格など,いくつもの種類の記述を含み込むことになる。その記述は,例えば音楽や美術の授業の規定に影響している学校の特色（例えば大きさ,位置,経済基盤）などの変数間の関連づけを含む。2番目の課題は,「$x$ は $y$ の原因となるか」といった因果関係の確立に焦点を当てている。原因を探すために,例えば子どもたちの学習への教授方略の影響や,州の政策変更が地域の人材の決定に及ぼす影響を理解しようとすることなどを含むことになる。3番目の課題は,$x$ が $y$ を引き起こすメカニズムや過程を理解する必要性に直面している。複雑なシステムのあらゆる部分がどのようにまとまっているのかをモデル化することを目指すような研究は,指導,学習,学校教育の変化を促したり,妨げたりする条件を説明するのに役立つ。どのタイプの研究課題においても,より細かい目的や探究の条件を考慮した手法の使用について,それぞれ項に分けて論ずる。

　これらの議論において,私たちがこうした課題を別々に扱ったとしても,実践においてこれらは密接に関わり合っている。例が示すように,特定の研究の中にあっても,いくつかの種類の問いに取り組むことができる。さらには科学的な教育研究の様々なジャンルは,多くの場合,これらの課題の複数に対処しようとする。評価研究（教育プログラムや政策の厳密かつ体系的な評価）は,複数の課題とそれに対応する計画の使用を例示している。教育に適用されるように,このタイプの科学的研究は,プログラムの改善に貢献するという目的を持っている点で他とは区別される（Weiss, 1998a）。この研究における評価は多くの場合,そのプログラムが学習成果や興味関心の改善に寄与したかについての評価を伴う（体系的な効果が認められるか）。また,それはそのプログラムが実際にはどのような文脈で実践されたかなどの方法についての詳細な記述（何が起きているのか）,そして,そのプログラムが結果にどう影響したのか（ど

Chapter5　教育における科学的研究計画

うやってそれが起こるのか）を含んでいる。

　私たちは議論を通して，科学的原則（Chapter3）や教育の特徴（Chapter4）
につなげながら，いくつかの科学的教育研究の例を提供する。これらの研究が
選ばれたのは，いくつかの科学的な原則に沿っているためである。また，これ
らの例は仮説や推測を生成したりするだけでなく，それらをテストするものを
含んでいる。両方のタスクは科学に不可欠なものであるが，一般的なルールと
して，これらを同時に達成することはできない。

　さらには，私たちが研究計画がそれ自体を科学的なものとすることはないと
主張するのと同様に，これらの課題の1つに対応しようとする調査は必ずしも
科学的とは言えない。例えば，多くの記述的研究は —— それはおそらく便利
なものなのだが —— 慎重な科学的研究とは言えない。なぜなら，何かしらの
概念的な視点や，データを記録するために再現性のあるプロトコルなどを用い
ずに観察を記録することがあるからである。やはり，研究はそれらが科学的原
則を満たし，研究の文脈において設計されていると厳密に評価されることに
よって，科学的であると考えることができるだろう。

　最後に，私たちは，それが科学的であるかどうかという，単純な二分法によっ
て研究について語る傾向がある。しかし，現実はより複雑なものである。個々
の研究プロジェクトはおそらく，様々な度合いで科学的原則に関係するであろ
うし，彼らがこれらの目標を達成する度合いは，研究の科学的な質を決定する
長大な道のりでもある。例えば，すべての科学的研究は，経験的に調査でき，
既存の知識に根差した明確な課題を提起する必要がありながら，より厳密な研
究においては，研究課題を駆動する基礎理論のより正確な文言によって始めら
れ，データ収集と実験の段階に進む前に，一般的にはより具体化された仮説を
持つことになる。とはいえ，より初歩的なレベルにあり，一般的に科学的知見
に大きく貢献するためには後続の研究が必要となるような，明確な概念的枠組
みと仮説から始まっていないものであっても，科学的な研究である場合がある。

　同様に，包括的な研究を含み込んでいるような研究の数々は，知識を前進さ
せるうえで多かれ少なかれ生産的であり，有用である。例えば，記述的な段階
を超えて，長期間にわたる，より正確な科学的調査によって因果関係やメカニ
ズムを明らかにしていく段階へ進まないような研究分野は，明確に先行研究に

128

基づいて行われ，因果関係のより完全な理解のために推し進めているようなものと違って，明らかに知識に貢献していないといえるだろう。これは，記述的な研究が重要なブレークスルーを起こすことができないといっているわけではない。しかし，成長の度合いというものは，私たちが本章の終わりに述べるように，高度な探究をサポートする意味合いにおいては考慮に入れておくべきものであろう。本章の残りの部分では，3つに区分けられる問いについて考察するが，それらは調査研究がどれくらいお互いにつながり合っているかに従って並べることができる。

# 3節　何が起きているのか

「何が起きているのか」という問いについての回答は，ヨギ・ベラ（Yogi Berra）の忠告を体系的に追うことで見つけることができるだろう◆1。すなわち，「もし，あなたが何が起きているのかを知りたかったら，外へ出て何が起きているのか，見に行く必要がある」。このような探求を記述的な探究という。このような研究は，記述的である。記述的な研究は，幅広い地方自治体，住民，および機関において記録された動向や問題から，特定の地域における教育実践の複雑性の豊富な記述や，そうした要素の社会経済的地位，教師の資格，そして生徒の到達度に至るまでの膨大な情報を提供することが意図されている。

## 1. 集団特性の推定

教育分野における記述的研究は，国家レベルの問題，州をまたいだ到達度レベル，子ども，教師，または学校の人口統計など，一般化可能な言明を作るこ

---

◆1　ヨギ・ベラは，ヤンキース等で活躍した野球選手であったが，機知に富んだ発言でも知られており，ここではその言を引用している。

Chapter5 教育における科学的研究計画

とができる。ランダムに抽出されたサンプルからのデータ収集を可能にする方法は，そのような問いに対処する最善の方法を提供する。アンケートをとったり，電話を使ってインタビューをするなどの方法は，関心のある人口における代表的なサンプルから情報を集めるために開発された一般的な調査手段である。国家レベル，州レベル，時には地区レベルの政策立案者が教育の構想を描く場合は，この方法に頼っている。国家レベルでの到達度調査の集計推定（例えば，全米教育統計センター［NCES］，全米学力調査［National Assessment of Educational Progress: NAEP］等）について言えば，教師の供給，需要，その効果（例：全米教育統計センターの Schools and Staffing Survey），中退率の調査（例：全米教育統計センターの Common Core of Data），アメリカの子どもたちは他国と比べた場合，数学や科学のテストに対してどれだけ適性があるか（例：第3回国際数学・理科教育調査［Third International Mathematics and Science Study］），全国の博士号の分布（例：NSF の Science and Engineering Indicators）など，これらはすべて子ども，教師，学校などの人口統計調査に基づいている。

　信頼できる結果を得るために，そのようなデータの集計は，通常，対象となる集団の無作為抽出（確率サンプル）に基づいている。もし，人や学校に対するすべての観察が研究に採用される機会を持っている場合，研究者は統計的な技術と理論に基づいて，より大きな関心集団の推計を行うことができる。サンプルデータに基づく集団特性に関する推論の妥当性は，回答率に大きく依存している。つまり，収集されたデータからランダムに選ばれた者の割合に依存していることになる。測定は信頼性を確認し，結果が再現される範囲で使用されなければならない。最後に，データ収集機器の値は，サンプリングの方法，参加率，および信頼性だけでなく，質問紙や調査項目が想定していることを測定できているかという妥当性にも左右される。

　全米学力調査では，いくつかの教科領域にまたがって児童・生徒の到達度の全国的動向を追跡し，学校・児童・生徒・教師の特性における，ある範囲のデータを収集している（Box5-1 参照）。この豊富な情報は，いくつかの記述的な研究を可能にする。例えば，研究者は数学における8年生（中学2年生）の平均点を推定し（すなわち中心傾向の尺度），それを過年度のパフォーマンスと比較することができる。その研究の一部として，私たちは同様の集団特性を推定

3節　何が起きているのか

した調査に特徴づけられる，大学における女性の職業選択に注目する（下記参照）。その研究では，2つの大学を代表するサンプルである23名の女性の詳細な研究から，彼らの知見の一般化可能性を評価することを助けるデータを集めるための調査を開発した。

## 2. 単純な関係

全米学力調査は，研究者が変数間の関係のパターンを記述することができる方法をも示している。例えば，全米教育統計センターは2000年に，数学あるいは数学教育の専攻であった教師が担任する8年生は，これらの専攻ではなかった教師が担任する生徒に比べて，平均的に高い点数をとることを報告している（U. S. Department of Education, 2000）。この知見は，変数間の相互関係を探る記述作業の結果であり，この場合，生徒の数学の得点と，その担当教師の学部専攻の間における関係性を示している。

そのような関係づけは，原因を推測するために使用することはできない。しかし，そこには，裏づけはないものの，関係性の確立と原因を結論づけることの間にある，一般的な傾向を見ることができる。委員会のメンバーであるポール・ホランド（Paul Holland）は，その審議中に「表面的（casual）な比較は必然的に不注意な因果的（causal）結論を導く」と皮肉を述べた。単純な相関関係から因果的な推論を描写することに問題があることを説明するために，カトリック学校を公立学校と比較する研究を例にとってみよう。私たちは，この研究を因果関係のメカニズムについて上手に調べたものとして，本章の後半で扱う。メカニズムについての問いに立ち向かう前に，基礎的な研究はカトリック学校の高校生と公立学校の生徒との数学の標準テストにおけるパフォーマンスを比較した，単純な相関結果を扱う。これらの単純な相関によって，カトリック学校の生徒の成績は公立学校の生徒よりもかなり高いことが明らかになった（Bryk, Lee, & Holland, 1993）。しかし，研究者はこの分析からカトリックの高校がよりよい成果を引き起こすと結論づけないように注意した。なぜなら，この学校のタイプと到達度の間の関係には，カトリックの高校に通うこと以外の

Chapter5 教育における科学的研究計画

潜在的な説明の可能性が，まだ他にあるからである。例えば，カトリック学校は子どもの適性を見て選抜することができるので，彼らははじめから公立学校よりも多くのことができる生徒の母集団を得ることができる（これは一般的に非無作為研究における因果関係の主張の妥当性を脅かす古典的な選択バイアスの例である。この点については，次節で再度ふれることにする）。簡単に言えば，異なるセクターにおける生徒の到達度の違いを説明しうる仮説は他にもある。この事例の場合，カトリック学校とその生徒の学習成果との間にあると考えられる潜在的な因果関係を評価するにあたっては，そうした仮説が考慮されるべきである。

---

**BOX 5-1**

## 全米学力調査

　単にデータを収集することは，それ自体が科学的なことではない。科学的な記述の基盤を形成するのは，明確に具体化された問いに答えるためのデータの厳密な編成と分析であって，データそのものではない。定量的なデータは，教育学研究の多くの方法において示される。その最も一般的な編成の形式は，「変数による単位（Unit-by-variables）」の配列である。全米学力調査は1つの有益な例を示してくれる。この4，8，12年生に対する大規模な調査は，全米教育統計センターによって実施・維持されており，これらの学年の抽出されたサンプルから，数学や読み書きなどを含む多様な学問分野の情報を定期的に収集している。

　そこには，例えば児童・生徒や教師などの，いくつかの「単位」* がある。情報はそれぞれの単位に適切な分野の児童・生徒と教師から体系的に収集された。児童・生徒に関して，全米学力調査は学業成績のデータだけではなく，背景となる情報も一緒に収集する。教師は，彼らの研修や経験，あるいは教育方法などについて調査される。変数に基づいた単位によって編成されたデータは重要である。なぜなら，各行はすべてのデータの各単位に相当し，そして列はその研究のすべての単位にわたって，1つの変数によって表される情報に対応する

3節　何が起きているのか

からである。現代の心理学的測定法は，生徒の到達度と，その他の因子との関係性について，この複雑な情報のセットを要約し，報告にまとめるために利用可能である。厳密なデータの収集，分析，および報告の作成というこの組み合わせは，科学的な記述と表面的な観察を区別している。

───────────────────

\* ここでいう「単位」は，厳密には研究の対象となっている児童・生徒・教師・あるいは州など，現象の分類や種類を指す専門用語である。

## 3. 特定の教育環境についての記述

　いくつかの事例では，科学者は（分布や中心傾向よりも）特定の組織やグループ，あるいは背景の中でどんなことが起こっているのかという詳細部分に興味を持っている。この種の研究は，グループや背景についての良い情報が存在しないとき，または乏しいときに特に重要である。このような研究においては，その後，特定の注目したグループや場所についての詳細な情報を直に得ることが重要となる。そのような目的のためには，その興味を持った集団からランダムサンプルを得ることが適切な方法ではないかもしれない。むしろ，サンプルは目的に合致した現象を詳しく見るために選択することができるだろう◇2。例えば，社会経済的地位の低い子どもを持つ都市部の環境にもかかわらず，到達度の高い学校についてよりよく理解するために，研究者はそうした学校の詳細な事例研究（ケーススタディ）や民族誌的な研究（文化の面に注目した事例研究）◆2 を実施する場合がある（Yin & White, 1986; Miles & Huberman, 1994）。こうしたタイプの科学的な記述は，学校の事業における方針，手順，そして文

───────────────────

◇2　これは，確率サンプリングがケーススタディに関して常に不適切であるという意味ではない。集団から無作為にサンプルをとるケーススタディの集合も開発することはできる。

◆2　文化の面に注目した事例研究：エスノグラフィ。デザイン研究と並んで，求められる課題に対してデザインをベースとした解決策の提供を目指す。フィールドにおける深い観察とその記録を特徴とする。

Chapter5　教育における科学的研究計画

脈等の豊かな描写を提供し，その成功を説明するであろう説得力のある仮説を生成することになる。研究者は，どのような決定が行われ，どのような信念と態度が形成され，関係性が作られ，どんな形で成功を迎えたのかについて理解するために，その設定やグループの中で長い時間を費やす。原因となる方法と組み合わせて使用されたとき，これらの記述は児童・生徒の到達度などの教育成果を理解するために重要である。なぜなら，それらは重要な文脈要因を照らしてくれるからである。

　Box5-2 では，半数が大学で科学を専攻し，半数はより女性にとって伝統的な専攻（コース）を選んだ少人数の女性グループの詳細について描写した研究の例を提供する（また，いくつかのメカニズムの可能性をモデル化する。この点については後に議論する）。この探究の記述部分は，2 つの大きな大学に進学した 1 年生（初年次）の 23 人の女性の生活についての民族誌的研究を含んでいた。

　このタイプの科学的な記述は，注目するグループや場所についての体系的な観察を生成することになり，その結果に見られるパターンは他の同様のグループや場所，あるいは将来の同様の研究に対して，一般化することがおそらく可能である。他の方法と同じように，科学的に厳密なケーススタディでは，それが対応する研究課題に対応するように計画されなければならない。つまり研究者は場所，機会，回答者，および時間を，明確な研究目的と，自らの期待，そしてバイアスに敏感になったうえで，選ぶ必要がある（Maxwell, 1996; Silverman, 1993）。データは，典型的には多様な出所から，多様な方法によって収集し，他の研究者によって確認されるべきである。また，ケースの説明にはオリジナルの証拠に基づいて，詳細を十分に提供し，それによって読者が結論の妥当性を判断できるようにする必要がある（Yin, 2000）。

　結果はまた，新しい理論構築や，新しい実験，一般化の範囲を示す調査尺度の改善などの基礎として利用されることになるだろう。ホランドとアイゼンハート（Holland & Eisenhart, 1990）の研究においては（Box5-2 参照），女性が大学で勉強していた分野において非伝統的な職業を選んだり，あきらめたりをどのように決定するかを説明する多くの理論モデルが開発され，試行された。彼女らが見つけたのは，男性との競争への恐怖やその他の以前に設定されていた仮説ではなく，大学生活への取り組みがこうした意思決定を最もよく説明す

134

るという新しい知識であった。いくつかの学校では追加のモデルが存在しているように思われたが，ホランドとアイゼンハートの新しい知見は後続の研究（同様の学校にいくらか一般化しようとするもの）でも確認された（Seymour & Hewitt, 1997）。

このような目的に合わせて抽出されたサンプルは，他の場所や人々などへ科学的に一般化することはできないだろうけれども，これらの鮮やかな記述は，多くの場合実践者にアピールをする。科学的に厳密なケーススタディは，そのような使い方においては長所と短所を持っている。例えば，それらは地域の意思決定者に，その教育現場における見込みを持ったアイデアと戦略を提供することで，彼らを助ける。それらはその他の方法と組み合わせない限り，ある教育的アプローチが他の条件下で働くかどうか，あるいはそれが根底にある原因を正しく特定しているかどうかについての可能性の推定値を提供することはできない。私たちが本書全体にわたって主張しているように，研究計画は多くの場合，集団特性の定量的な推定と，特定の文脈での質的な研究の両方を統合して利用するといった，複数の方法を使用することで，大幅に強化することができる。

## 女子学生の職業選択

1970年代の終わり，文化人類学者ドロシー・ホランド（Dorothy Holland）とマーガレット・アイゼンハート（Margaret Eisenhart）は，大学で非伝統的な専攻（科学，数学，コンピューターサイエンス）を選んだ女性のほとんどが，なぜその分野で働き続けないのかについて研究を始めた。当時は，いくつかの異なる説明が提案されていた。例えば，（とても失礼な話だが）「大学入学時点で，女性は準備が整っていないのではないか」「女性は大学側に差別されている」「女性は男性と就職活動において競争したくなかったのではないか」など。ホランドとアイゼンハート（Holland & Eisenhart, 1990）の研究は，はじめ2つの寄宿制の公立大学（歴史的に，1つは黒人の，もう1つは白人の学生が多かった）から初年次の女子学生の小さなグループを対象とした民族誌的事例研究として

Chapter5 教育における科学的研究計画

計画された。それぞれのキャンパスからボランティアで参加した学生の中から，彼女らの高校時代の成績，大学での専攻，そこでの活動，そして大学の同級生などについてのアンケートをもとにある一定のグループ（matched groups）が選抜された。そのうち，23 名すべての女性が，高校では B+ の成績をとっていた。2 つのキャンパスの女性のうち，半分は女性にとって伝統的な専攻を，残りの半分はそうでない専攻を選んでいた。

　研究参加者を 1 年間観察し，また彼女たちからオープンエンドのインタビューを行った結果得られた民族誌的データの分析に基づいて，23 名の女性がいかに大学での生活に取り組んでいるのかのモデルが開発された。そのモデルは，大学における学生生活への 3 つの異なる関わり方を描き出している。それぞれのモデルには，①学生生活の価値についての女性の視点，②彼女たちにとっての学生生活を営む意味，そして③学生生活を営むうえで認識された経済的，社会的コストが含まれていた。こうしたモデルから，研究者は女子学生が卒業後に何をするのかについて予測した。例えば，大学に在籍し続ける（大学院進学や他学部移籍）のか，それとも自分の専攻分野か，専攻分野以外で職を得るのか，あるいは結婚するのかなどである。4 年後と，さらに 3 年後，研究者はそれぞれの女性に電話インタビューを行って追跡した。23 すべての事例で，学生生活への関わり方のモデルに基づいた研究者らの予測が確認された。また，すべての事例で，学生生活への関わり方のモデルは，高校レベルでの準備（成績や参加した授業），女性への差別，あるいは男性との競争意識よりも良い予測因子となっていた。

　他の記述的な計画は，回答者へのインタビューや 30 学区とか 60 大学など，かなり多数の事例を扱った文書レビューが含まれるだろう。ケースは多くの場合，様々な条件を代表するように選択される（例えば，都市部・農村，東西，富裕層・貧困層のように）。このような記述的な研究では，条件がどのように変化するのかを数年にわたって同じケースにあたり，長期的な研究となるだろう。

　こうした記述的研究の例は，科学の原則を満たしており，明確に科学的知識の基礎への重要な洞察を与える。しかし，もしその研究が「何が働くのか」と

いう問いに答えるために利用される場合は，次に考えられるような異なるレベルの科学的調査に進展する必要がある。

## 4節　体系的な影響が認められるか

　体系的な影響を特定しようとする研究計画は，その根本に因果関係を確立しようという意図を持っている。因果関係を探す研究は，理論と記述的研究の両方によって構築されている。つまり，因果効果の探索は，真空中で行うことはできない。理想的には，強力な理論的基礎だけでなく，豊富な記述情報が因果関係を理解するための知的基盤を提供するために備わっている。

　「$x$は$y$の原因となるか」という簡単な問いは，順次行われるいくつかの異なる種類の研究を典型的に含む（Holland, 1993）。基本的には，いくつかの条件が原因を確立するために満たされなければならない。通常，変数間の関係や相関が最初に同定されることになる◇3。研究者はまた，$x$が$y$に（時系列の中で）先行すること，そして決定的な点として，観察された関係性に関するすべての現在考えうる対立する説明は「除外」されていることを確認する。代替となりうる説明が排除されることで，確かに$x$が$y$によって引き起こされたのだという信頼度が増す。競合する説明を「除外」することは，医学の研究，診断や教育を含む他の分野の中心的なメタファーであり，そしてそれは，因果を問う際の重要な要素である（Campbell & Stanley, 1963; Cook & Campbell, 1979, 1986）。

　複数の質的方法の使用，特に私たちが本節で述べてきたような種類の比較研究に関連した使用の仕方は，観察された結果についての代替となる説明を除外しようとする際に特に有効である（Yin, 2000; Weiss, 2002）。このような調査ツールは，競合する説明が，データに見られるパターンを説明することができているかについての分析を強化することによって，強固な因果的推論を可能に

---

◇3　いくつかのケースでは，2つの変数の間にある単純な相関関係は，関係する因子の釣り合い効果による因果関係がある場合，存在しないかもしれない。

137

Chapter5 教育における科学的研究計画

する（例えば，信頼性のない測定や対照群の汚染など）。同様に，質的な方法は，研究の範囲の外側で発生，観察された効果について考えられる説明を調べることができる。例えば，ある介入が進行している際に，他のプログラムや政策が参加者に似たような機会を提供している可能性があり，介入が提供したものを強化することがある。このように，研究によって観察されたその「効果」はその他のプログラムに起因している可能性がある（対抗する解釈としての「歴史」については，Chapter3を参照）。すべてのもっともらしい対立する説明が識別され，様々なデータの形態をそれらを除外するための証拠として使用することができる場合には，その介入が観察された効果を引き起こしたという因果関係の主張が強化される。教育においては，生徒や教師の経験を深く探索し，彼らの活動を観察し，彼らの日々の活動に影響する制約について記録する研究は，妥当な因果仮説を生成する重要な供給源である。

　本節の残りの部分では，以下2つのことについて述べる。1つは，グループにランダムに割り当てることになる，実態が試験される場合の理想的な方法であるフィールド試験の無作為化について扱う。試験は特に，因果仮説が比較的単純である状況によく当てはまる。もう一点は，無作為化したフィールド試験が実現不可能か望ましくない状況について説明する。そして，複雑な因果関係の問いに対処するために因果モデリング法を採用する研究を紹介する。私たちは，そうした研究によって典型的に主張される因果関係の強さの違いを示すために，無作為化された研究とそうでない研究とを区別してきた。因果関係の主張をすることに関して，無作為化されたフィールド試験と他の方法との主な違いは，それらの基礎となる仮定がテスト可能な範囲である。この単純な基準によって，無作為化されていない研究は，無作為化されたフィールド試験よりも因果関係を確立する能力という意味では弱いことになる。その大部分は，無作為化されていない研究では，調査対象とする結果に影響する他の因子の役割を測定することがより困難なためである。方法の選び方に影響を与えるその他の条件については，以下，本節の過程で論じている。

## 1. 無作為化が可能な場合の因果関係

　因果関係の主張を行う際の基本的な科学的概念（$x$ が $y$ を引き起こすという推論）は，比較である。結果（例えば，生徒の学力など）を，因果を引き起こす変数（例えば，教育的介入）以外がほとんど似ている2つのグループの間で比較することは，目的とした結果に対する作因の効果を特定するのに役立つ[◇4]。Chapter4で議論したように，教育においてはプロキシミティ[◆3]（例えば，別々の介入に割り当てられたある教室の生徒に着目する研究計画には，「スピルオーバー効果[◆4]」が適用される）や人間の意志（例えば，ランダムに作られたグループの整合性を脅かすような，他の条件に切り替えようとする教師，保護者，児童・生徒の決定など）のせいで，その比較の鋭さを維持することは時に難しいことである。しかし科学的な観点からは，無作為試験（私たちは「実験」という語も，無作為な割り当てを特徴とする因果を確かめる研究を表すために使用する）は，ある結果において1つ以上の因子が変化を作り出しているかどうか確立するためには理想的である。なぜなら，それが公正な比較を可能にする強力な能力を持っているからである（Campbell & Stanley, 1963; Boruch, 1997; Cook & Payne, 2002）。児童・生徒，教室，学校などの異なる処置群への無作為な割り当ては —— その比較する単位が何であれ，おそらく —— これらの比較群が，大雑把にいえば，ある介入がなされた時点で同等であること（つまり，隠された影響による体系的な違いはないということ），そしてグループ間の機会の差は統計的に考慮することができることを保証している。その結果，その介入の目的とした結果における独立した影響は，単離することができる。さらに，これらの研究は結果における信頼性の正当な統計的言明を可能にする。

　学級の少人数化におけるテネシー州のSTAR実験（Chapter3を参照）は，

---

[◇4]　具体的には，比較群を使用することは「反事実」，あるいは異なる環境下で，どのようなことが起きるかについて明らかにすることができる。

[◆3]　プロキシミティ：物事の近接度合。

[◆4]　スピルオーバー効果：漏出効果，拡散効果ともいう。ある介入の効果が，目的とした集団に近接するグループにも波及すること。

Chapter5 教育における科学的研究計画

ある教育研究における原因を評価するために無作為化を使用した良い例である。特に，このツールは，ある介入の妥当性を測るために使用された。一部の政策立案者や科学者は，州の主要な政策決定のための基礎として，学級の少人数化におけるこれまでの主として非実験的な研究の受け入れに消極的であった。これらの研究は，統計的に同等なグループの実際の構成ではなく統計上の調整に依存していたので，小規模学級と大規模学級における子どもたちの公正な比較を保証するものではなかった。テネシー州では，統計的な同等性は，適格な子どもたちや教師を，異なる学級規模の教室に無作為に割り当てることによって達成された。もし，試験が適切に実施されれば[5]，この無作為化は学級の少人数化の相対的効果に関する公正な推測と，その結果の信頼性についての統計的な言明を導くであろう。

　無作為試験は，医学研究と精神疾患の予防（例えば，Beardslee, Wright, Salt, & Drezner, 1997），禁煙への行動的アプローチ（例えば，Pieterse, Seydel, DeVries, Mudde, & Kok, 2001），薬物の乱用防止（例えば，Cook, Lawrence, Morse, & Roehl, 1984）等を含む行動科学・社会科学の特定の分野で頻繁に使用されている。個人を喫煙や飲酒などに無作為に振り分けることは倫理的ではないだろう。したがって，ニコチンやアルコールの有害な影響に関する多くの証拠は記述的・相関的研究から来るものである。しかし，健康決定要因の減少と社会的・行動的機能の向上を示す無作為試験は，薬物の使用と有害な健康・行動上の結果との因果関係を強化する（Moses, 1995; Mosteller, Gilbert, & McPeek, 1980）。医学研究では，ソークワクチン（Lambert & Markel, 2000 を参照）と，ストレプトマイシン（Medical Research Council, 1948）の相対的な有効性はそのような試験によって実証された。また，私たちはどの薬品や外科的治療が無効であるかを，ランダム化比較試験（例えば，Schulte et al., 2001; Gorman et al., 2001; Paradise et al., 1999）によって学んでいる。ランダム化比較試験はまた，産業，市場，農業の研究においても利用されている。

　このような試験は，教育研究において頻繁に実施されるわけではない

---

◇5　私たちは，テネシー州における無作為化されたフィールド試験が適切に実施されたのかどうかについて議論があることを認めるためにこの注を示した。

（Boruch, De Moya, & Snyder, 2002）。それにもかかわらず，その実現可能性を実証する教育分野の良い例を識別することは難しいことではない（Boruch, 1997; Orr, 1999; また，Cook & Payne, 2002 も参照）。例えば，教育プログラムの中で，その妥当性が無作為試験によって評価されたものというと，『セサミストリート』のテレビシリーズ（Bogatz & Ball, 1972），読字障害を持つ幼児に対する子ども同士の支援学習（Fuchs, Fuchs, & Kazdan, 1999），アップワード・バウンド（Myers & Schirm, 1999）である。そして，これらの試験の多くは，大規模で，その全体を介入条件に無作為化された教室や学校において正常に実施された。学校，職場，および他の実体における試験の多数の例については，マリー（Murray, 1998），ドナーとクラー（Donner & Klar, 2000），ボルーチとフォーリー（Boruch & Foley, 2000）やキャンベル共同計画（http://campbell.gse.upenn.edu.）で見ることができる。

## 2. 無作為化が不可能な場合の因果関係

本項では，無作為化が現実的ではなかったり，望ましいものではない条件について，因果を問う問いの解決に向けて代替となる方法を選択し，具体例を提供しながら論じる。多くの非実験的方法や分析のアプローチは，一般的に全面的なルーブリックである「準実験（quasi-experiments）」に分類される。なぜなら，それらは基礎となる実験の論理を無作為な割り当てなしに概算しようとするからである（Campbell & Stanley, 1963; Caporaso & Roos, 1973）。こういった計画が作られたのは，社会科学者がいくつかの文脈（例えば学校）において，実験室のような設定を与える制御をすることができないために，常に無作為な単位（例えば教室など）の割り当てができるわけではないと認識していたためである。

準実験（あるいは観察研究［observational study］と呼ばれる◇6 もの）は，

---

◇6 「quasi-experiment」と「observational study」は同等の語ではないが，私たちの目的のためには，本質的に互換性がある。細かい違いについてはQuasi-experimentについてクックとキャンベル（Cook & Campbell, 1986）を，Observational Study についてはコクラン（Cochran, 1983）とローゼンバウム（Rosenbaum, 1995）を参照のこと。

Chapter5　教育における科学的研究計画

　例えば，時には無作為に別の条件（例えば生徒を小・中・大の学級規模）に当てはめるのではなく，自然と存在する目的とするグループ（例えば規模の異なる既存の学級）を比較する。これらの研究は，目的となる結果の違いを説明することができる背景となる変数の調整のために統計的な手法を駆使するなど，無作為化以外の方法によって公正な比較を確保しようとする必要がある。例えば，研究者は学級規模が異なる学校に出くわし，学校や子どもたちの間での他の変数を調整することで，大小両学級の生徒の到達度を比較することがある。この調整が行われた後，学級規模の予想が成立する場合，研究者は小規模学級の生徒のほうが，大規模学級の生徒よりも高い成績を示すことを予想する。確かにこの差が観察された場合，因果関係がよりもっともらしいということになる。

　しかし，研究者の因果解釈の妥当性は，いくつかの強い仮定に依存している。彼らは，彼らが学校や子どもたちを同一視する試みが，実際に成功していることを仮定しなければならない。しかし，その影響が学級規模を小さくしたからではなく，いくつかの測定されていない，学校や子どもたちごとの既存の違いがある可能性はいつもある。また，学級規模を小さくしたことそのものではなく，少人数化したクラスにおける教師が，学校改革に積極的に取り組み，その（時間とともに衰えていく可能性を持つ）努力とモチベーションの増加が，効果を引き起こしている可能性もある。要するに，これらの計画は，真の実験と同じ権限を持つ，競合するもっともらしい仮説を排除することにおいては効果的ではない。

　無作為化されていない計画の主な弱点は，選択バイアスである —— 逆に言えば，その処置は結果の差異に影響しないが，むしろ測定されなかったグループ間の既存の差異（差分選択）が影響しているということである◇[7]。例えば，地域のプリスクールプログラムに参加する低所得家庭の子どもと，参加していない子どもの初期の識字能力の比較は，おそらく選択バイアスによって混乱させられている。つまり，プリスクールに我が子を参加させる保護者は，家庭で

---

◇7　選択バイアスや「内的妥当性に対する脅威」の古典的な対処法は，多くの異なる学問分野の教科書に記載されている。例えば，キャンベル（Campbell, 1957），ヘックマン（Heckman, 2001），そしてデンジン（Denzin, 1978）などを参照のこと。

子どもたちに読書の経験をさせる意欲が他の保護者よりもあるかもしれず，したがって早期の読書を成功に導くいくつかの潜在的な原因（例えば，プリスクールのプログラムなのか読書経験なのか）を解きほぐすことが難しくなっている。

このような研究においては，その後，バイアスの潜在的な根を認識することと，それを目的とした結果に関連づけて説明することができるように測定することが重要である[8]。これらのバイアスが知られていない場合，準実験は誤解を招く結果をもたらす場合がある。したがって，仮定を明示的に作り，何が違いをもたらしたかについての競合する仮説を除外することに注意深く取り組むという科学的な原則は，重要性を高めている。

いくつかの設定では，十分に制御された準実験は，割り当てが完全に無作為化された実験よりも大きな「外的妥当性」――他の人，時間，設定等への一般化可能性――を持っている（Cronbach et al., 1980; Weiss, 1998a）。特定のプログラムにおける学校での経験と投資を活用し，プログラムの良い実践を行っている学校と，プログラムを実施していない学校（あるいは別のプログラムを実施している学校）とを比較する準実験を計画してみることは有効であろう。このような場合，ひどい実践がなされたり，そのプログラムにより多額の投資がかかったり，潜在的により大きな効果が出てしまうリスクが低減される。準実験による知見が，無作為試験よりも一般化可能性があると考えられる理由は，無作為試験が外部（例えば研究者）から押し付けられたものであり，「現実社会の」教育環境における実践では，実現不可能なものであるかもしれないためだ。その結果はまた，強力な外的妥当性を有しているかもしれない。なぜなら，もしある学校や学区がある1つのプログラムを使用していれば，教師や学校管理者が話すことによる，他の異なるプログラムによる影響が混じる可能性は低下する。学校内での教室や子どもたちのレベルでの無作為化は，しばしばプログラムの希釈や混合のリスクを伴う。もし，割り当てが真に無作為であれば，内的妥当性に対するそうした脅威は，プログラムの比較にバイアスをもたらさない――すなわち，効果の強さに対する推定となる。

---

[8] 最近の方法論の進歩――具体的には研究用具の進歩――は，無作為化されていない因果研究の選択についての問題に対処することを試みる。Box5-3に示されている研究は，この技術を利用している。

Chapter5　教育における科学的研究計画

　前述の「何が起きているのか」についての節では，いくつかの種類の比較研究は，教育にまつわる現象の間に見られる広いパターンを理解するために重要な貢献をすることを強調した。ここでは，私たちは2つかそれ以上の変数における因果関係を推測する比較研究の計画を強調する。相関法が「モデルフィッティング」と呼ばれる理論的に生成された体系的な変数に基づく技法を使用している場合，それらは未だ暫定的な因果関係の推論とはいえ，強力なものになる。

　Chapter3では，私たちは氷河期の原因についての代替となる仮説をテストする地球物理学からのモデルフィッティングテクニックの使用を示す例を提供している。Box5-3では，そうした技法の教育における価値を示した，因果モデルの例を提供している。この研究は，教師の報酬と生徒の中退率との間の潜在的な因果関係を検討した。この関係性の探索は，教育政策に非常に関連しているが，それは無作為化されたフィールド試験では研究できない。生徒を教師に無作為に割り当てることはできたとしても，当然のことながら，教師の給料は無作為に割り当てることはできない。こうした重要な問いは，多くの場合実験的に確かめることができないので，統計学者は，潜在的な代替となる説明を統計的に除外し，選択バイアスの問題に対処するために，洗練されたモデルフィッティングテクニックを開発してきた。

　単純な相関を見る研究と，モデルフィッティングの主な違いは，後者が因果帰属をより強調するということである。この教師の報酬と中退率を調査した研究では，例えば，研究者は生徒の結果と教師の給料の関係性にある概念的モデルを導入し，その関係性の本質をテストするために明示的に仮説を記し，そして競合する解釈モデルを評価した。経験的に競合するモデルを却下することによって，残りの（複数の）モデルの説明力における信頼度が高められる（もっとも，他の代替となるモデルが，データと同等の適合性を提供するものとして存在してもよいが）。

　Box5-3で示されている研究は，この方法で異なるモデルをテストしている。ローブとペイジ（Loeb & Page, 2000）は，教師の給料と生徒の学習成果の間には因果関係がないという収束された証拠らしきものを扱う，かなりの歴史を持つ問いに対して，見直しを行った。彼女らは，こうした結果に対する1つの

144

4節 体系的な影響が認められるか

説明の可能性として，教師の給料の生徒の学習成果に対する影響のための通常の「生産関数」モデルは十分に具体化されていないと推論した。具体的には，彼女らは，以前のモデルが考慮していなかった非金銭的な仕事の性質と賃金を得る代替となる機会は，教師の報酬と生徒の学習成果の間の関係性を理解することに関連している可能性があるという仮説を立てた。これらの機会費用（opportunity costs）をモデルに組み込み，裕福な保護者は子どもを教師がより高い給料を得ている学校に通わせる傾向があるという事実をコントロールする高度な方法を見つけた後，ローブとペイジは，教師の賃金が10%上がることで，高校の中退率は3〜4%減少することを発見した。

### 教師の給料と児童・生徒の学習成果

　児童・生徒の学習成果のための教育支出の効果に関する研究のいくつかの包括的なレビューにおいて，ハヌシェク（Hanushek, 1986, 1997）は，生徒の学習成果は生徒1人当たりの支出や教師の給料に常に関係しているわけではないことを発見した。グロガー（Grogger, 1996），ベッツ（Betts, 1995），そしてアルトンジ（Altonji, 1988）は，国家レベルの大規模なデータを使用して，同様の結果を得ている。

　しかし，ローブとペイジ（Loeb & Page, 2000）は，これらの知見と学校やボランティア教師の効果を発見した研究（例えば，Altonji, 1988; Ehrenberg & Brewer, 1994; Ferguson, 1991）の間での矛盾を指摘している。実際，ハヌシェク，カイン，リブキン（Hanushek, Kain, & Rivkin, 1998）は，教師の質と児童・生徒の到達度の間に信頼性の高い関係性を見出した。ローブとペイジにとって，これらの知見は難問に新たな局面を追加している。「もし教師の質が児童・生徒の到達度に影響するのであれば，それでなぜ教師の報酬から生徒の学習成果を予想する研究は，脆弱な結果しか得られないのか」（2000, p. 393）。

　ローブとペイジは，以前の教育支出に関する研究は，仕事の非金銭的な性質

145

Chapter5 教育における科学的研究計画

と地域の雇用市場で教師志望者に開かれていたであろう機会を説明できていないと指摘している（「機会費用」）。その両方が，おそらく質の高い教師が教えるようになるかに関わっている。その結果，彼女らは，一般的に使用されており，過去のほとんどの研究の理論的な基礎を形成している，支出から学習成果を予想する「生産関数」モデルと，機会費用を取り入れて修正した生産関数モデルの2つの競合するモデルをテストした。彼女らは，以前の研究に見られる伝統的な生産関数の手順を利用して，以前の知見を追試した。すると，彼女らが機会費用の調整を統計的に行うとすぐに，教師の報酬が10%上昇することで，高校の中退率は3〜4%減少することがわかった。教師の報酬の生徒の学習成果に対する影響を調べた以前の研究は，教職の非賃金的な側面や代替となる職業機会の市場の違いについて適切な管理を欠いていたために，その効果を示すことに失敗していたと彼女らは示唆している。

# 5節　なぜ，あるいはどうやってそれが起こるのか

　多くの場合，原因因子（$x$）が結果（$y$）につながるという発見は十分でない。重要な問いは，未だ$x$がどう$y$を引き起こすのかについてのままである。物事がどう働くのかについての問いは，原因がどう影響するのかについて，その過程とメカニズムに注目を求める。しかし，科学的研究はまた，正当な方法として反対の方向に進むこともできる。つまり，その影響が成立する以前のメカニズムの探索である。例えば，ある介入が生徒の学習効果に影響している過程が確立されている場合，研究者はしばしばその妥当性を既知の確率から予想することができる。いずれの場合も，その過程とメカニズムは，目的とした現象の説明を生成するように理論とつなげられているべきである。

　因果のメカニズムを探るためには，特に因果効果が強い経験的支持を集めた後，私たちが論じてきたすべての計画を使用することができる。Chapter2では，私たちは遺伝子がどうオン・オフされるのかを調査した分子生物学における調

査の順序を追っている。かなり異なるが，これらの遺伝研究に反映され，因果分析に同様の基礎的な知的アプローチを共有している技術が，教育の分野でも理解を得てきた。例えば，テネシー州の学級規模の実験について考えてみよう（詳細はChapter 3で論じられている）。少人数クラスが特にマイノリティの児童・生徒の到達度に好影響を及ぼすかどうかを調べることに加えて，その分野の研究チーム等（例えば，Grissmer, 1999を参照）が，テネシー州と他の学級規模の効果を説明するものは何であるかを問うてきた。それは，少人数化が到達度に影響を与える因果関係のメカニズムは何かを問うものであった。この目的に向けて，研究者（Bohrnstedt & Stecher, 1999）は，異なる学級規模での教授法を比較するために，教室での観察とインタビューを実施した。彼らは，メカニズムの探索のために民族誌的研究を行った。彼らは，教授行動の測定と，児童・生徒の得点とを相関させた。これらの問いは重要である。なぜなら，学級規模が縮小された場合の職場での基礎的な過程についての理解を高め，こうした改革を，異なる時，場所，文脈において実現させる能力を向上させるからである。

## 1. 理論がかなりよく確立されている場合のメカニズムの探索

　よく知られているカトリック学校の研究では，メカニズムを理解するためのもう1つの厳密な試みの例を見ることができる（Box5-4参照）。カトリック学校についての，過去の非常に議論の余地がある研究（例えば，Coleman, Hoffer, & Kilgore, 1982）は，カトリック学校と公立学校の児童・生徒を比較して利点を検討した。これらの研究だけでなく，効果的な学校に関連して書かれたある本質的な文献に描写されているように，ブリックとその同僚たち（Bryk, Lee, & Holland, 1993）は，カトリック学校が公立学校に比較して学習に成功しているように思われる，そのメカニズムに焦点を当てた。カトリック学校が公平な社会分布を達成しているそのメカニズムを説明するために，一連のモデル（セクタ効果のみを見るもの，構成効果を見るもの，学校効果を見るもの）が開発され，テストされた。研究者の分析は，学校生活のある面が，カトリック学校

147

の内部で連帯感を高めることが，最も効果的にカトリック学校と公立学校の学習成果の違いを説明することを示唆している。

## 効果的な学校教育：
## カトリック学校と公立学校の比較

1980年代初期の2冊の影響力のある書籍（Coleman, Hoffer, & Kilgore, 1982; Greeley, 1982）は，カトリック学校と公立学校の有効性の比較について，学会と政界に長年にわたる議論と論争を引き起こした。10年間にわたるいくつかの系統での研究を統合し，ブリックとその同僚たち（Bryk, Lee, & Holland, 1993）は，以前の研究に対するよりよい理解と，より一般的な学校の改善に関する洞察を与えるために，カトリック学校がどのように機能するのかに着目した。この大規模な研究は，このような複雑なトピックについて，収束された証拠を生成するために，質的なものと量的なもの両方の複数の方法を使用した優れた例である。それは，特に成功している7つのカトリック学校を対象とした詳細な事例研究，全米のカトリック学校を説明する紹介，そして因果関係のメカニズムを評価する高度な統計的モデルをつくる技術を特徴としていた。

この多層にわたる一連の探究は，カトリック学校と公立学校の児童・生徒の数学の到達度を比較する準実験を特徴としていた。簡単な相関技法を用いて，研究者たちは，カトリック学校ではそうでない学校よりも学力の社会的な分布が均等化されていることを示した。例えば，マイノリティとそうでない生徒の到達度の差は，カトリック学校のほうが公立学校よりも小さかった。こうした「セクター」の差の背後にある原因の可能性をより理解するために，ブリックとその同僚は，豊富で大規模なデータを用い，学校組織の何らかの特徴がこうした違いを説明し，成功を予期するかをテストした。このデータにおける児童・生徒は無作為にカトリック学校と公立学校に割り当てられたわけではないため，研究者は到達度の社会的分布に関する知見を説明できるようにする，統計

5節　なぜ，あるいはどうやってそれが起こるのか

> 的に一定である他の変数（生徒の背景など）を保持することで，公正な比較であることを保証しようとした。カトリック学校の相対的な有効性を説明する3つの潜在的な説明モデルが開発され，テストされた。すなわち，「セクター効果のみ（カトリック学校の私立であることや精神的なことについての性質）」「構成効果（カトリック学校における生徒の構成）」，そして「学校効果（学校生活に影響する学校の運営上の特徴）」の3つである。組み合わせとして，こうした3つの潜在的な理論的メカニズムの面からのデータの分析は，カトリック学校の学校生活の**一貫性**がこの分野における相対的な成功を最も明確に説明することを示唆していた。それにもかかわらず，カトリック学校が有意である状況，学校を選ぶときの家庭の違いによるコントロールの仕方，そしてこれらの知見への政策の影響についての論争はまだ存在している。

## 2. 十分な理論が確立されていない場合のメカニズムの探索

　メカニズムに関する問いを解決していくにあたって，理論的な基盤が弱い場合，論争がある場合，そして理解が乏しい場合は，おそらく他の方法をとるのがより適切であろう。これらの問いは，多くの場合，強力な記述的構成要素を持ち，予期せぬ関係を照らし，新たな洞察を生み出す，詳細な研究から強さを引き出してくる。本項では，そうしたアプローチのうち2つを例として示す。その1つ目は，女子大学生についての民族誌的研究（Box5-2参照），それから2つ目は，子どもがどのように比率や割合などの数学的な概念を学ぶかについての理論的なモデルになった「デザイン研究（design study）」である。

　1つ目の例では，民族誌的な広範な分析と，調査データに基づいて女性の大学での生活について豊富な記述をした後，研究者たちはなぜ非伝統的な専攻を選んだ女性は，典型的にそうした分野を職業として選ばないのかという問いに転じた（Box5-2参照）。それは，女性たちが大学入学の前に準備ができていなかったためだろうか。彼女らが差別されたからだろうか。それとも，男性と競

149

Chapter5 教育における科学的研究計画

争したくなかったためだろうか。こうした問いに答えるために，研究者たちは，女性たちがどう大学生活に参加していたかを説明するために，学業への取り組みを示すいくつかの理論的なモデルを構築した。モデルから推定すると，それぞれの女性が大学を修了した後に何をするのかが予測され，すべてのケースにおいて，モデルの示した予想が確認された。

2つ目の例は，メカニズムを調べるもう一つの分析的なアプローチを強調する。ここで分析されるメカニズムは，理論的なアイデアから駆動され，初期段階で推測されたメカニズムを埋め込んだ学習環境の計画，実施，そして教育ツール（カリキュラム，教授法，コンピューターアプリ等）の体系的な研究を通じてテストされる。そうした研究は，異なる名前で呼ばれている。おそらく，最も一般的な2つの名前は「デザイン研究」(Brown, 1992) と「授業実験(teaching experiments)」(Lesh & Kelly, 2000; Schoenfeld, 2008) であろう。

Box5-5 は，小学生の割合に関する推論の発達から理論的メカニズムを開発し綿密化することと，教室での観察とやりとりを通じて開発された学習のモデルを取り入れた適切なタスクと評価を構築し，改変することを目的としたデザイン研究を示している。この研究は，数学的なアイデアやそれを伝えるための教育手法としての比率や割合の理論的本質についての，その分野の重要な既存の文献に関連づけられていた（例えば，Behr, Lesh, Post, & Silver, 1983; Harel & Confrey, 1994; Mack, 1990, 1995）。初期のモデルは1つの教室に集中して3年間にわたって研究され，慎重に区別するようにテストされ，洗練され，またその拡張は記録され，説明され，代替となる説明が考慮された。デザイン研究の方法が選ばれたのは，実験室またはその他の高度に制御されたアプローチとは異なり，教師と生徒の複雑な相互作用の中に研究を取り込み，すべての学校教育の要望と機会が調査に影響を与えることを可能にしたからである。

多くのこのようなデザイン研究と同じように，この研究には2つの主要な産物がある。まず1つ目は，比率と割合のための教授戦略を計画する，理論に主導されたデザインのプロセス —— また，データに主導された洗練のプロセス —— を通して，研究者は小学生がどうやってこのような核となる数学的概念を理解するかについての綿密な説明モデルを作ったことである。2つ目は，作業の過程で開発された教授戦略はそれ自体有望だということである。なぜなら，

150

5節　なぜ，あるいはどうやってそれが起こるのか

それらは多くの関連する研究文献に基づいて作り上げられたからである。新しい授業を受けた子どもと，その他のクラスや学校の子どもたちの学習成果の比較を通じて，研究者はこの理論的メカニズムを具体化するようにデザインされた介入が効果的であるという予備的証拠を提供した。その介入がより広範な教育課程への利用に向けて，合理的に範囲を拡大することになる前には，私たちが前述したような，さらなる開発，テスト，そして比較が必要となるであろう。

ステフとトンプソン（Steffe & Thompson, 2000）は，デザイン研究と授業実験は科学的に実施されなければならないと注意深く指摘した。彼らの言葉を借りれば，以下のようになる。

　　私たちは「授業実験」における実験を科学的な意味合いで使用していた……重要なのは，授業実験は仮説を生成すると同時に仮説をテストするために行われるということだ。意図的な授業実験は，テストする主要な研究仮説がなければ着手されることはない（p. 277）。

このジャンルの方法やアプローチは，教育研究の分野においては，比較的新参者であり，本章で示している他の方法と同じように受け入れられているとは言い切れない。私たちは，ここでその研究過程において，アメリカの教育を象徴する複雑な教育環境に埋め込むための，新しい方法の創造的開発の具体例として，これらの方法（デザイン研究や授業実験）を強調する。私たちは本報告書において，ステフとトンプソン（Steffe & Thompson, 2000）の言うように，そうした研究を実施する際に，科学的な原則の慎重な適用に注意を促してきたことを繰り返しておく[9]。

---

◇9　私たちは，政府機関と財団の両方に支援を受け，その標準的で厳密な実施を確保するために，このアプローチのさらなる開発を目指したいくつかの取り組みを認識している。

## 小学生の「割合」と「比」の学習

　児童の「割合」や「比」に関する推論についてのプロジェクトにおいて，Confrey & Lachance（2000）やその同僚たちは，あるクラスの 20 名の児童のグループを，3 年にわたって調査した。加法的構造（加法・減法）からの有理数構造（乗法・除法・比・割合）の相対的な独立についてのある推論から始めたため，調査者らは比例的推論の起源を子どもたちにとっては親しみのない等価の意味にあると考えた。9 歳の児童が，4：6 と 6：9 が等価であることをいかに理解するに至るかを考えてみてほしい。（車椅子用のアクセスマップや外国通貨の旅行者ガイドなどをデザインする）一連のプロジェクトや課題，挑戦を利用して，研究者らは児童の理解がいかに変遷していくかを記録した。児童は，倍にしたり（4：6 = 8：12）半分にしたり（4：6 = 2：3）しても等価であることが保存されることを信じるところから始まり，ratio unit（一連の割合の等価を表す最も簡単な比）を識別すること，比から足したり引いたりする能力，a：b：：c：x などの馴染みある形の比の値を計算し，割合の問題を解く能力へと理解を発達させていく。

　比例的推論の背景にあるメカニズムのこうした操作的な記述は，ユニバーサルデザインのスロープをデザインするうえで角度を計算するような教育的な課題を開発し，それに取り組む生徒を観察するうえで使われる。教室の様子をビデオに撮っておくことで，対象となる実践の最中にも，それを終えた後にも，児童や教師らの実際の発言や，活動，そして表現を，研究者がレビューできるようになる。これによって，比例的推論に関する根本的な推論を構築し，綿密化することにつながる。

　同時に，算数の評価における児童のパフォーマンスは，他のクラスや学校の児童や，比や割合の推論における共通する誤概念を測定するために計画された評価項目におけるパフォーマンスの大規模測定などと比較された。研究の主要な科学的成果である，比や割合の学習の理論的モデルは，複数年にわたる詳細な研究により，洗練され，充実したものとなっていった。

# 6節　結　語

　本章では，Chapter 3 で示した科学的な原則と，Chapter 4 で示した教育の適用に影響する特徴に基づいて，幅広い方法が科学的な教育研究に合理的に使用され，ある方法が他の方法よりも特定の目的のためにはより優れていることが示された。ジョン・デューイ（John Dewey）は，次のように述べている。

　　私たちは外科手術，武装，道路建設，航海，その他様々なことの方法に善し悪しがあることを知っているのと同じように，探究のいくつかの方法が，他のものよりも優れていることを知っている。だからといって，いずれのケースにおいても「よりよい」方法が理想的で完全であるというわけではない。……私たちは**どうやって，そしてなぜ**ある特定の手段や機関が，保証可能で，断言可能な結論を提供してきており，その他はそうしてこなかったり，できなかったのかを確かめる。

　　　　　　　　　　　　　　（Dewey, 1938, p. 104；強調は Dewey の原著による）

　また，本章では，記述的な研究と因果関係を調べる研究の相互関係の連鎖と，理論と知識の洗練を通じて，知識が生成されることを明らかにしてきた。こうした一連の探究は，典型的に，いくつかの観点から精査する課題となる理論や推測のための，ある範囲の方法やアプローチを必要とする。

　私たちは，科学的な理解がその現状を超えて前進していくためには注目が必要だと考えている，教育研究の現状についてのいくつかの観察と提案とともに本章をまとめることにする。私たちは，国のための包括的な課題を提案しているわけではない。むしろ，未来の改善につながるカギとして，検討を通じて特定してきた問題を指摘することで，建設的な指針を提案したいと思っている。

　まず，教育実践や政策の多くの分野において，基本的な理論的理解が弱い。例えば，小さな子どもが，比や割合といった数学的な技能の発達において重要な役割を果たしている概念をどう学ぶのかについて，ほとんど知られていない。

Chapter5 教育における科学的研究計画

本章で強調してきた研究は，持続的な開発とテストを受けなければならない，最初の理論的なモデルを生成した。そのような領域では，私たちは優先順位が本章で強調してきた記述的な研究，そして理論を構築する研究に与えられるべきであると信じている。科学的な記述は，どんな科学的な努力であれ，その本質的な部分であり，教育も例外ではない。これらの研究は，多くの場合それ自体が非常に価値あるもので，それらはまた，因果関係の研究を行うために必要な重要な理論的裏づけを提供する。私たちは複数の研究をまたいで，複数の方法（私たちが論じてきた質問や計画のすべてに通じるスレッドである重要な科学的原則）を利用している理論と推論の開発と体系的なテストへの注意は，現在のところ他の科学の分野と比較して，教育においては過小評価されていると信じている。物理科学は，理論を継続的に開発しテストをすることで進化をしてきたが，そのような性質のものが，教育においては系統的に行われてきていない。そのような壮大な統一理論が社会に存在することは明らかではないながら，概念的な理解は，科学的な理解への基礎を構築し ―― Chapter2で示してきたように ―― 体系的な評価と理論の精緻化を経て進行する。

　第二に，大規模な教育政策とプログラムが，定常的に行われているかたわら，私たちはそれらが典型的にその開発や実践，あるいは時間を通じてどのように改善されたのかを示す十分な証拠に基づいて実施されているとは言えないという信念を再度表明する（Campbell, 1969; President's Committee of Advisors on Science and Technology[PCAST], 1997)。教育研究についての一般的な「需要」，特に教育プログラムの評価は，数値化することが大変難しいけれども，私たちは，それに対する教育者や政策立案者，あるいは社会からの評価は低いものと信じている。そこには国民が意思決定をガイドする際に，客観的な証拠を利用する態度を奨励する兆候がある（例えば，国家的なプログラムの評価を実施するための年間予算の割合を設定するための法的要件である，「政府業績成果法（the Government Performance & Results Act)」[5]，あるいは一般的な

---

◆5　訳は，白川（2019）による。
　　白川展之（2019）．米国における根拠に基づく政策（EBPM）推進に果たす非営利組織の役割とソーシャルインパクト：米国連邦・地方政府へのデータ利活用の能力開発・支援活動を行う米国非営利組織 Results for America　STI Horizon, 5(2), 29-34.

6節　結語

レトリックである，「証拠に基づいた」とか「研究に基づいた」政策や実践など）。
しかし，私たちは意思決定のためには，教育的な介入についての，より強固な
科学的知識が必要とされていると考えている。

　教育プログラムについての効果的な意思決定を向上させる，科学的な証拠の
豊富な貯蔵を生成するために，少ししか関わっていない研究の鎖を強化するこ
とは必要である。第一に，多様な教育環境で実施されているプログラムの方法
についての系統的な研究が必要とされている。私たちは，実践的研究 —— 学
校における構成要素と，指導を改善する取り組みとの相互作用の方法を試験す
るジャンルの研究 —— を，重要でありながらも，資金不足で，かつ過小評価
された教育研究の形として見ている。また，少数の事例において見込みを持っ
ている教育的介入をどうやって「スケールアップ」（Elmore, 1996）をするの
かという理解は，複雑なアメリカの教育システムにおいて，どう政策や実践が
採用され維持されるのか（Rogers, 1995）についての深い理解に大きく依存す
ることになると信じている◇10。

　こうしたすべての研究において，因果関係についてのより多くの知識が必要
とされている。プログラムの効果を推定するにあたって，私たちは無作為な割
り当ての利用を拡大することを勧める。無作為試験は完璧ではない。事実，教
育においてそれを使うことのメリットは真剣に疑問視されている（Cronbach
et al., 1980; Cronbach, 1982; Guba & Lincoln, 1981）。例えば，それらは典型的
に複雑な因果仮説をテストすることはできず，その他の環境への一般化可能性
に欠き，しかもコストが高い。しかし，私たちはこれらやその他の複雑な問題
は，その教育研究における使用に反対するような説得力のある根拠を示さない
と信じている。そして，倫理的な問題，政治的な障害，あるいはその他の潜在
的な障害に関する課題は，たいてい解決可能であるとも考えている。無作為試
験に対する信頼のおける反対があったからこそ，他の研究方法と同じように無
作為試験の目的・長所・制約・用途が明らかになってきた。原因を確立するこ
とは，多くの場合 —— 例えば，介入の大規模な展開において —— 非常に重要
であり，相関を調べる研究や準実験においての曖昧さは，実践的な目的では望

---

◇10　連邦政府の政府機関間教育研究構想は，この厄介な問題に対処するために開発された。

Chapter5 教育における科学的研究計画

ましいものではない。

　本報告書を通じた主張を踏まえて，私たちはまた，重要なニュアンスに光を当てたり，潜在的な対立仮説を同定したり，複雑な教育環境における因果関係の主張を支持する証拠のさらなる源を提供したりすることなど，詳細な質的アプローチを含む，その他の方法によって補充され無作為化されたフィールド試験を実施することを勧める。

　まとめると，実践や介入の理論の構築と厳密な研究は，私たちが注目に値すると考えている，2つの大きな基礎となる領域である。包括的な研究課題の枠組みにおいて，こうした研究の側面に焦点を当てることは，私たちが本報告書を通じて強調している，科学という営みの成功にかかっている。

# 連邦政府教育研究機関において科学を育成するためのデザイン原則

　連邦政府は，教育研究を含む公的財産としての研究を支援する重要かつ正当な役割を担っている（例えば，National Research Council, 1999d; President's Committee of Advisors on Science and Technology, 1997; Geweke & Straf, 1999）。教育研究における連邦政府の役割は，アメリカの学校の統計を集めたり模範的なモデルを提供するために米国教育省が設立された19世紀中ごろにまでさかのぼる[1]。そして今では，国家はすべての州，学区，および学校において利用可能となるべき，中央で生み出される教育研究の価値を認識している。連邦政府のリーダーシップ的役割がないと，個々の州は他にもたらす利益を過小評価する傾向にあるため，ある州や学区において得られ，他の地域にも関係あるかもしれない知見は，広く頒布される可能性が低くなるだろう。さらに，多くの科学的研究が，代替的な教育アプローチやモデルを対比しており，州や学区，そして学校をまたいで重要な比較が頻繁に行われている。連邦政府は，教育効果，費用，プロセス，インプット，そしてそれらの相互作用について，データを収集し，幅広く利用することが自然な場所でもある。

　本章では，教育研究における正当な連邦政府の役割を前提に，以下のような

---

◇1　米国教育省は，1867年に初めて設立された。その名前は，すぐに教育局（Bureau of Education）に改称され，その後には教育庁（Office of Education）に改称された歴史がある。現代の教育省は1979年に設立されたことになる。

Chapter6　連邦政府教育研究機関において科学を育成するためのデザイン原則

問いを扱っている。すなわち，教育実践の複雑さ，科学的な原則の厳格さ，そして正当な研究計画の幅広さを考慮して，教育における科学的研究を促進するために，連邦政府教育研究機関はいかにデザインされるべきであるのか，ということである。

　私たちは，単一の機関をデザインする原則に焦点を当てる一方で，国益に関する教育研究は，歴史的に米国教育省の他の機関，連邦政府の他の機関，そして民間組織（例えば，財団）によって支持されてきたことを指摘している。

　連邦政府機関は，こうした大きな営みのほんの一部であるが，その中でも中心的なところを占めている。事実，委員会は，ある機関が科学的な営みを導くように，多くの提案をしているが，他の機関や非政府組織と協力して実施することが最善であることも認識し，そのような選択肢の探索を奨励している。こうした教育における科学的研究の幅広い枠組みの中で，本章では連邦政府機関が科学的な営みにおけるその役割を最大限果たすためには，どのようにデザインされうるのかという特定の問題を取り上げることとする。

　本章における私たちのアプローチは，将来を見据えたものである。また，米国教育省の教育研究・改善局（Office of Educational Research and Improvement：以下，OERI）の現職者たちを排他的に検討するつもりはなく，別に議論を進めたいので，ここでは一般的な教育研究機関について論じている。本報告書の一部は，政策立案者が保留している OERI の再授権について考えやすくなることを意図しているが，**委員会は OERI の評価を求められておらず，また実施もしていない**。むしろ，OERI を含めた連邦政府の社会科学研究機関やプログラムのサンプルから収集されたデータ，すなわち，いかにそれらがその科学的ミッションを支持するかのデータに基づいている◇2。要するに，繰り返しになるが，私たちは OERI の評価をしなかったが，自分たちの役目に効果的に対処するためには，特にそれを比較して学んだり，議論することは避けられなかったこと

────────────────────

◇2　具体的には，OERI や米国立科学財団（NSF）における社会・行動・経済学および教育と人的資源局（the Social, Behavioral, and Economic Sciences and Education and Human Resources Directorates），児童の健康と人間発達に関する国立研究所：子どもの発達や行動に関する部門（the Child Development and Behavior Branch at the National Institute on Child Health and Human Development），そして米国国立老化研究所における社会的・行動的研究プログラム（the Social and Behavioral Research Program at the National Institute on Aging）等である。

Chapter6　連邦政府教育研究機関において科学を育成するためのデザイン原則

は明らかである。したがって，本章を通じて，私たちは OERI や他の機関を参照し，財源のいくつかの側面とその運営を比較している。

　私たちはまた，連邦政府の役割についての有識者とあわせて，これらの政府機関や他の機関からの上級職員による委員会を特集した，2001 年 3 月に主催されたワークショップで委員会が集めた情報も利用している。ワークショップの参加者は，教育研究や他の関連する社会科学における複数の機関をまたいだ連邦政府の役割について，将来の連邦政府教育研究機関（繰り返しになるが，OERI は代表的な機関の 1 つであり，議論の対象である）に向けた視点から議論した。このイベントは，ワークショップのレポートに要約されている（National Research Council, 2001d を参照）。

　ワークショップに集められた情報と，その後のデータ収集，ガイドとなる科学の原則，研究の実施に影響する教育の特徴，科学の進歩に関する本質に基づいて，私たちは，**科学的文化を生み出す**というアイデアにまつわる 6 つのデザイン原則を開発した。本報告書を通じて私たちは，科学はそれ自身，科学のコミュニティーの規範と門戸を通じて支持されていると主張し，研究機関内でこうした価値を養うことが成功のカギであると考えている。また，数十年にわたる現在の連邦政府機関の組織的改善が，その文化，ひいてはその評価を改善するためにはあまり効果がなかったことにも留意している。

　政府機関内の科学的文化に焦点を当てるのは，政府機関が多くの点で，その支持している分野を反映しており，その分野は逆に政府機関を反映しているという認識からきている。政府機関の成功には，強力な学者のグループと，活発な連邦政府の存在に一部分は依拠している，幅広いコミュニティーが必要である。したがって，私たちのデザイン原則は，政府機関をリードし，そのスタッフともなり，諮問委員会に出席し，現在の知識の状態を合成することを助け，研究のプログラムや研究計画の査読者として働く，研究者の役割を強調している。原則はまた，その分野の専門的能力を育成するうえでの政府機関の役割を評価している。

　本報告書内の他のテーマも，デザイン原則に組み込まれている。例えば，研究倫理の問題 ── 教育研究という営みに影響力のある側面（Chapter 4 を参照） ── を，それらを支配する連邦規則の観点から取り上げる。また，私たちは，

159

Chapter6　連邦政府教育研究機関において科学を育成するためのデザイン原則

　科学的な進歩と機会の動的な性質に対応するため，政府機関における柔軟な意思決定の権限を主張する（Chapter2・Chapter3を参照）。さらに，教育実践の複雑さに迫る方法を見つけることによって，政府機関が研究のポートフォリオを部分的に強化するよう提案している（Chapter4を参照）。

　この科学的文化の発展に焦点を当てることと，H.R.4875◇3（少なくとも部分的には本報告書の成立に寄与した法案である）の研究方法やOERIの将来に関連する議論に焦点を当てることとの違いを認識することは重要である。法案の文言には，体系的なデータ収集，実験，厳密な推論，追試，そして査読等，本報告書で扱う主要な概念の多くが含まれている。しかしながら，「妥当な」科学的方法のリストを義務づけて，連邦政府から資金提供を受けた教育研究の科学的基盤を強化しようとするのは，問題のある戦略であろう。特定の状況でどのように適用されるかにかかわらず方法のリストを含めるということは，科学が機械的であると仮定して処方することができるとしているが，それは誤りである。私たちが示してきたように，科学は一連の共通の原則に従ってはいるが，その適用は，与えられた状況の特性と研究の対象に大きく依存している。H.R.4875におけるこれらの定義はまた，量的方法と質的方法の明確な区別をし，これら2種類の研究アプローチは根本的に異なることを意味しているが，私たちはその反対を主張している。さらに，改良のためのツールとして方法の定義を使用することは，理論や，私たちが強調しているような，知識の幅を押し広げる強固で，自己管理的で，懐疑的な研究者のコミュニティーの重要な役割を認識していないことになる。私たちが連邦政府教育研究機関のデザインにアプローチする際，科学的文化に注目するのは，こういった精神に基づいている。

　委員会は，教育における科学的研究を支援する機関をデザインする際の，固有のジレンマを認識している。科学的な教育研究はしばしば，教えること，学ぶこと，そして学校教育やその様々な背景にある実践的な問題に根差している。したがって，政府機関の機能に実践者を関与させ，研究を連邦政府の教育プログラムのデザインとマネジメントに結び付けることが重要である。しかし，以下で説明するように，連邦機関における研究と教育プログラムの間の密接な官

---

◇3　法案の本文は，http://thomas.loc.gov/ にアクセスし，第106回議会でH.R.4875を検索。

Chapter6　連邦政府教育研究機関において科学を育成するためのデザイン原則

僚関係が研究機能を圧倒している可能性があるという歴史が示されている。したがって私たちは，こうしたコミュニティーのニーズが満たされ，その強みが最大化されていることを確認するために，研究者，実践者，政治家の適切な役割を明確にしようと試みている。また私たちは，政府機関の成功の責任と，それが支援する広範な研究の取り組みは，連邦政府の政策立案者に依存するだけでなく，教育と教育研究に携わるすべての者に託されていると強く信じている。

　もう1つのジレンマは，教育研究コミュニティー自体の構成と関係がある。本報告書の前半で論じているように，教育研究の分野を特徴づける幅広い多様性は，大きな強みであると同時に弱点でもあると私たちは考えている。認識論的パラダイム，方法論的ツール，そして専門的な訓練における違いは，その営みに知的活力をもたらす。しかしこの違いが，分離を促進し，科学的な共通理解の構築と発展を妨げる，下位分野間の文化的な分断の根源でもある。要するに，教育における科学者の「コミュニティー」は，実際には異なる規範と，異なる証拠の規準を持つ学者の折衷的な組み合わせである。私たちは，科学的なコミュニティーとその連邦政府機関における役割について，統一された，容易に識別可能なグループであるかのように論じているが，現実はもっと複雑である。教育研究における才能プールは，多くの構造的，歴史的，文化的な変数によって形づくられており，それを分析するためには慎重な検討が必要である。したがって，以下の議論では，フィールドとの対比の中で，デザイン原則を実行することに関わるであろう問題を強調しようと思う。

　連邦政府教育研究機関の基本的な使命は，政策と実践における意思決定を伝える知識を生み出すという目的で，教育における科学的研究の整合性を高め，保護することである◇4 というのが私たちのビジョンである。この使命を達成するためには，政府機関は科学的文化を開発し，発展させていく必要があり，そのためには，経験豊富な幹部スタッフが意思決定を柔軟に行い，支援する分

---

◇4　私たちの焦点は科学的研究であるが，連邦政府は開発と実証，統計関数，国立図書館，他の形態の教育的学問（例えば歴史と哲学）や，研究の普及と実施の構造等，関連する活動にも資金提供すべきであると考えている。科学的研究はこれらの機能に関連し，しばしば依存している。確かに，私たちは科学的知識と人文科学や他の学術研究の洞察との統合が，最終的に教育の最も強力な理解をもたらすと考えている。しかし，教育における科学的研究に焦点を当てた委員会の役割の範疇ではないため，本報告書では明示的に取り上げていない。

161

Chapter6 連邦政府教育研究機関において科学を育成するためのデザイン原則

野と継続的な相互作用ができる豊富な資源にサポートされたインフラを持つ必要がある。私たちは，この核となるアイデアから6つのデザイン原則を開発した。

- 教育研究機関は，科学，リーダーシップ，マネジメントに精通した人材を擁していること。
- 研究の課題をガイドし，出資の決定を知らせ，仕事をモニターするための構造を作り出すこと。
- 不適切な政治的干渉から，教育研究機関を隔離すること。
- 政策と実践の重要性に関する短期，中期，長期的な問題に立ち向かう集中的かつバランスのとれた研究のポートフォリオを作成すること。
- 教育研究機関に適切に資金提供すること。
- 研究のインフラに対して投資すること。

　本章の残りの部分では，これらの原則を詳述し，それをサポートするために実行されるであろう具体的なメカニズムについての提案を行う。そして，これらの提案は，ある連邦政府研究機関のデザインの具体的な特徴を規定する，1つの「モデル」があるという見方を反映してはいないことを強調する。実際，アメリカの連邦政府研究という営みは，連邦政府全体にわたって効果的な，幅広い構造やプロセスによって特徴づけられている。

デザイン
原則1

## 教育研究機関は，科学，リーダーシップ，マネジメントに精通した人材を擁していること

　私たちは意図的に，リーダーシップと人材から話を始める。すなわち，科学的文化というものは，有能な人材に始まり，有能な人材に終わる。十分な数の有能なリーダーとスタッフを引き付け，維持することは，健全な連邦政府教育研究機関にとって非常に重要である。私たちは，これ以外で問題になることはほとんどないと考えている。リーダーシップと人間の能力に代わるものはあり

162

Chapter6 連邦政府教育研究機関において科学を育成するためのデザイン原則

えないのだ。

政府機関のリーダーは最も重要である。すべての連邦政府機関のリーダーには，リーダーシップとマネジメントのスキルが必要であり，この機関のリーダーたち —— すなわち政治的任命者と職員も同様に —— は，高い科学的信頼性のある尊敬される教育研究者である必要がある。組織の文化はそのリーダーたちから始まるため，トップレベルでの研究経験がなければ，科学の規範や習慣は保持されない可能性が高い。

同様に，政府機関の研究スタッフは，広範な教育研究経験を有するべきである。科学的に厳密な研究の計画や理論，データ収集の戦略，そして分析手法を認識できるだけでなく，関連する内容の知識も必要である。政府機関は，有望な若手研究スタッフが上級研究スタッフと協力して働き，機関の業務に新しいアイデアを注入するとともに，機関における将来の上級スタッフとして成長できるように，様々な研究スタッフを混在させて雇用する必要がある。研究スタッフのための継続的な専門性開発の機会を提供することも，広範な研究コミュニティーの継続的かつ持続的な交流を可能にするために重要である。

連邦政府教育研究機関は，科学的に厳密な教育研究の整合性を育て保護する科学的文化を開発し維持するために，いかにそのような人材を引き付け，維持することができるだろうか。これは，難しい問いである。

既存のいくつかの連邦政府機関◇5 の採用戦略の範囲にあわせて，連邦政府教育研究機関は，そのリーダーシップを発展させ，職員を育成するための，複数のアプローチを追求する権限を持つべきである。核となるフルタイムの職員を育成することは，機関としての知識と，政府と研究分野における長期的な関係性を高めていくという利点につながる。短期的な配属は，現場からの新しい

---

◇5 連邦政府の人事行為はすべて米国連邦法の Title V で規制されているが，多くの研究機関は一時的な科学または技術的な職員のサービスを維持するための雇用慣行に関する一定の規定を免除している。これらのパラメーターの中で，政府機関は非常に異なる方法で，その職員を供給している。例えば，米国国立科学財団（NSF）の社会科学，行動科学，経済学の部局では，現在の研究スタッフの40％が短期間にその部署で働くいくつかのタイプの一時的な「ローテーター」で構成されている。これらの一時的な任命は，歴史的に，専門性の向上と活発な研究者の視点とを政府機関の業務にもたらすために利用されてきた。対照的に，米国国立衛生研究所（NIH）の国立小児保健・人間発達研究所（NICHD）における子どもの発達と行動部局は，1995年以来雇用された短期職員はわずか3名である。代わりに，NICHD の部局と研究者視点の接触を保証するべく関係する研究領域の人々と開くワークショップは，フルタイム職員に依存している。

163

Chapter6 連邦政府教育研究機関において科学を育成するためのデザイン原則

アイデアで政府機関をアップデートし，大学の教員や他の研究者に政府機関の運営，ニーズ，業績を知らせるという二重の目的を持つ。同様の理由から，ポストドクターの任命は有益である。これらの配属や任命は，研究分野における将来のリーダーの能力を築くのにも役立つ。

　連邦政府教育研究機関が，その職員の科学的規範を育成するもう1つの方法は，他の機関と共同研究を行い，関連する科学的研究を支援する伝統を持つスタッフとの交流を促進することである。このような共同研究は，スタッフの知識の幅と深さを豊かにすることができ，また，連邦政府機関をまたいで最先端の学際的な研究プログラムを開発するという利点も提供する（National Research Council, 1999d）。現在，こうした教訓を学ぶことのできる教育研究における，いくつかの省庁間の取り組みがある。その事例としては，政府機関間教育研究構想，有望な教育実践方法の理解を目的とした OERI，国立小児保健・人間発達研究所，米国国立科学財団のパートナーシップ，バイリンガルの子どもが英語を読むことを学ぶうえで最善の方法を理解することに焦点を当てた，OERI と国立小児保健・人間発達研究所の共同研究等が含まれる。

　これらの政策ツールは，トップレベルのスタッフを引き付け，維持するのに役立つが，人材の調達には，資金調達，評判，リーダーシップ等に関連した問題が大きく関わっている。例えば，研究者が利用できる他の機会と比較して，教育研究の資金が不十分だと（デザイン原則5を参照），トップレベルの才能の持ち主は，現場と政府機関の両方から他のところへ行く可能性が高い。1980年代の事例がその教訓を示してくれている。教育と社会科学の両方で連邦予算の大幅な削減があり，研究者は特に健康と国防の分野へと移動し，その多くが戻ってこなかったのだ。こうした資金不足は，米国国立科学財団や米国国立衛生研究所と同様の権限を有しているにもかかわらず，有能なスタッフを引き付けて維持するための OERI の能力に影響を与えてきた。1980年代に，連邦予算が大きく削減された結果，スタッフのレベルは大幅に低下し，1990年代には予算が上昇しはじめたにもかかわらず，政府機関は再び最も有能で経験のあるスタッフを含む25％の人員を失ったのである（Vinovskis, 2000）。

　政府機関とそのリーダーシップの評判は，スタッフの雇用にも影響する。もちろん，良い評判を築くことは，政策修正という単純な問題ではない。適切な

164

Chapter6　連邦政府教育研究機関において科学を育成するためのデザイン原則

資金提供は助けになるが，政府機関の評判が悪い場合，そのリーダーはスタッフの採用の可能性についても創造的でなければならず，かなり多くの研究者に対して働いてもらうよう同時に説得する必要があるかもしれない。このように，科学的文化の発展は非常に重要である。まずは，非常に才能のある科学者を任命し，彼らに魅力的なポジションを提供し，連邦政府への奉仕が彼らの専門性を高める重要な方法と思ってもらえるようにしなければならない。

> **デザイン原則2**　研究の課題をガイドし，出資の決定を知らせ，仕事をモニターするための構造を作り出すこと

　連邦政府教育研究機関が，その主要課題を達成するためには，一貫したガバナンスシステムによって支援されなければならない。私たちは，包括的なプランを提示してはいないが，そのような構造の2つの重要な要素が，政府機関内外の科学的な規範を育む可能性が高いと考えている。すなわち，トップレベルの運営委員会とハイレベルな科学者による常任査読委員会である。

## 1. 運営委員会

　運営委員会は，連邦政府の研究機関のための共通のマネジメントと監視ツールである。私たちは運営委員会の構成と責任のいくつかの側面に特に注意を払うことが，政府機関内の科学的文化の発展を促進するだけでなく，他のステークホルダーとの交流を促進することになると考えている。それゆえ，教育政策と実践，教育研究，ビジネスそして両政党の指導者から成るハイレベルな運営委員会の概括的な指示の下で政府機関が活動することを提案する。運営委員会の多様性は，それぞれの代表的なグループに関連する多くの異なる文化が共通の目標に向けて働くよう互いに学ぶことを可能にする。多くの研究機関には，現在，なんらかの統治あるいは諮問委員会（例えば，米国国立科学財団の米国科学委員会［National Science Board］やOERIの米国教育研究政策方針委員

165

会［National Educational Research Policy and Priorities Board: NERPPB］等）
がある。そのような委員会は，最高幹部に助言を提供し，研究の方向性を勧告
し，政府機関の独立を助け，実践と政策のコミュニティーに重要なつながりを
提供し，政府機関内の科学的規範を強化すべきである。

　この運営委員会の重要な任務は，研究の課題を発展させることである。その
科学がどれほど強力であっても，もし政府機関が，研究者，政策立案者，実践
者との緊密な協力の下，また利用可能なリソースと整合した形で，その課題を
注意深く開発し，維持しなければ，その使命を達成することはできないだろう。
到達度が低く，コストがかかり，第二言語学習者が増えているというアメリカ
の教育が直面している問題は，非常に現実的であり，莫大な資金を必要とする。
教育研究が役割を果たすためには，連邦政府教育研究機関が，知識生産のため
の明確で長期的な優先順位を持ち，教育における核心的な問題の理解に向けて，
その分野における共同的な取り組みに従事し，知見の転移と利用を促進するこ
とが不可欠である。

　政府機関には著名な実践者が議長を務める議題設定委員会を備えることもで
き，この委員会は運営委員会と協力して議題をつくることもできるだろう。科
学者のコミュニティーの代表者は，科学的な発展の状態に基づいてさらなる研
究が必要な分野を特定するための助けとなるべきである。そして，この課題に
は，即座にテストすることに適している研究分野，あるいは科学的な仮説や主
張を生成するために，より基本的な記述的研究を必要とする研究分野を特定す
ることが含まれる。実践コミュニティーの代表者は，実践的な観点から教育の
向上のための最重要課題を明らかにする役割を果たすべきである。また，政策
コミュニティーの代表者は，短期的，あるいは永続的な政策課題を明らかにす
るとともに，研究者や実践者の推奨する新しい方向性への移行の実現可能性を
明確にする役割を果たすべきである。

　運営委員会のもう１つの役割は，議会と国民に対し，明確で共通した目標を
達成するための政府機関の進捗状況を報告することである。1993 年の政府業
績成果法（GPRA）の精神において，政府機関は知識の生産と普及という研究
成果に責任を負うべきである。研究成果を定量化することは困難であるため，
連邦政府の研究機関は，この法律を遵守することに苦労している。最近の報告

書（National Research Council, 1999b）は，政府業績成果法報告のための研究成果を評価する方法に関する手引きを提供している。研究計画の性格に従って，計画と措置を策定し，科学の進歩はギザギザとしたものであり，しばしば予期せぬものであることを（私たちが本報告書でしているように）認めるべきである。

## 2. 常任査読委員会

　査読は，連邦政府機関の内外で科学的な文化を育むために最も一般的に使われるメカニズムであり，連邦政府教育研究機関においても役割を担うべきものの1つである。理想的に言えば，査読は科学的研究が評価され資金提供される過程と，私たちが本報告書全体を通して描いている自律的な科学的文化のための場を提供する所産である（Chubin & Hackett, 1990）。この過程は，いくつものレベルで機能する。第一に，活発な研究者のグループを巻き込むことによって，提案された研究の評価に現在の技術水準が導入・利用される。第二に，特にその分野へのフィードバックのメカニズムとして利用される場合（National Research Council, 2001d），査読の過程自体が，教育の課題に関して共同作業をする科学者の積極的なコミュニティーの発展を促す。すなわち，研究計画の査読過程とフィードバックを伝え合う過程は，時間の経過とともに，現場の教育の質に関する共通の規準や，他の科学的な規範の開発を促進する。第三に，査読の過程は，特定の研究計画を選択させようとしたり，科学的なメリットにかかわらず特定の研究者に資金を提供させようとする外部の政治的圧力に対するバッファーとして機能する。

　臨時審査委員会，常任委員会，外部審査と委員会における審査の混合など，幅広い種類の査読構造が有効である。事実，現在の連邦政府による制度は，このような多様なアプローチによって特徴づけられている（U. S. Government Accounting Office, 1999）。例えば，米国国立衛生研究所は定例の「調査部会」と特別審査グループの両方を利用し，米国国立科学財団とOERIはそれぞれの競争的資金ごとに異なる審査員の特別委員会のみを使用する。対照的に，海軍

Chapter6 連邦政府教育研究機関において科学を育成するためのデザイン原則

研究局は，査読委員会を利用して研究計画への資金提供を決めるのではなく，そのスタッフを内部的にそのような決定を行うことのできる同僚と見なしている（National Research Council, 2001d）。

　私たちは，連邦政府教育研究機関が米国国立衛生研究所の研究部門に似た常任査読委員会を，その主要な査読方法として使用すべきだと考えている。また，これらの常任委員会が，研究プログラムを監督するうえで継続性を提供するものと見越している（デザイン原則4を参照）。この提案は，政策表明におけるランド研究所（RAND）の委員会（http://www.rand.org/multi/achievementforall/[1] を参照）や米国教育研究政策方針委員会を含むいくつかの他のグループの勧告を強化する（National Educational Research Policy and Priorities Board, 2000）。研究者が長年にわたり継続する査読委員会に参加すると，委員会のメンバーは，知識を増強し，委員会は全体として統合された共同体としての専門性を発展させる。さらにメンバーは研究計画の審査や対話を通してこの知識を同僚に伝え，また彼らが審査する研究計画においては，その研究コミュニティーが最新の知識を統合していることを求めるのである。

　私たちは，査読が完全な品質保証のメカニズムではなく，間違う可能性があることについても警告する。過去の事例は，査読が支援する研究計画を選ぶための保守的な手段となりうること，また，結果としてイノベーションを抑制することになりうることを示してきた（Cicchetti, 1991）。こうした問題を軽減するために，政府機関の常任委員会は，新鮮な視点が定期的に補充されるように，メンバーを定期的に変更する必要がある。

　査読委員会の構造と管理がどのようなものであっても，それらの実装がうまくいくためには，その構成員に関して精励と用心が求められる。また，査読がうまくいくには査読者の選択が不可欠である。査読者とは，検討中の研究計画と実質的に重複した教育分野で研究を行っている科学者であり，重要なこととして，自らの仕事の範囲を超えて考えることのできる者を意味する。特定の競争下で話題となる領域は非常に広大である場合があるので，時に，その領域の

---

◆1　このアドレスはアクセス不可（2019年10月現在）。RANDについては http://www.rand.org/ を参照。

Chapter6 連邦政府教育研究機関において科学を育成するためのデザイン原則

総体的代表というわけにはいかない場合がある（August & Muraskin, 1999）。したがって，その査読者が幅広く考えることができるかを確認することが重要となる。目標は，競合する研究計画のメリットや現在の理解の状態について科学的な評価を下すための，現実的かつ方法論的知識を持っている査読者を集めることである。結果として，政策立案者や実践者は研究計画の科学的なメリットを評価する責任を負うべきではないと私たちは考えている。彼らは政府機関における継続的な協同の機会を有するべきであるが，査読委員会の一部としてではない（上記「運営委員会」を参照）。このことは，政府機関のスタッフが適切な個人を選択して，誘い，査読者のグループの中で，バランスをとることに熟達していなければならないことを明らかにしている。

　さらに，研究計画の立案や査読による進歩の過程で，科学コミュニティーを関与させることは，査読者の豊かな人材プールに大きく依存する。短期的な意味で重要な考慮事項の１つは，研究に関連する幅広い視点を取り入れる必要があることである。政府機関の指導者は，これらの委員会の集合的なメンバーシップが研究の視野を狭めていないかを確認する必要がある。同時に，査読者の選択は，グループの知的能力と科学的専門性を最大限にするものでなければならない。ただし，そのような考慮が事業にトップレベルの科学的才能を取り組ませるという最も重要なニーズよりも重要である場合，幅広い内容領域や，認識論的，方法論的な表現への保証を過度に強調することは，裏目に出る場合がある。要するに正しいグループを構成することは，細かく微妙な作業なのである。最終的に，科学的教育研究における査読のための常任委員会やその他のメカニズムの長期的な実行可能性は，その領域そのものの能力を構築することに払われる長期的な注意に依存する（以下のデザイン原則６を参照）。

　私たちはこれまで，連邦政府機関の視点から，査読者や査読にまつわる問題について焦点を当ててきた。しかし，短期的に質の高い委員会を組織したり，長期的に専門性を強化する責任は連邦政府だけに任せる問題ではない。事実，私たちは，査読を行ううえでは，研究者のコミュニティーが最も重要な役割を果たすと考えている。その取り組みにおける科学的な協力，相談，そして批判を促進することが，科学者の専門的な責任である。連邦政府機関は，そのような仕事に従事するための自然な場所である。教育研究領域とそれを支える連邦

169

Chapter6　連邦政府教育研究機関において科学を育成するためのデザイン原則

政府機関の未来は，多様な視点の学術的可能性を活用する新しい方法を発見することに，少なからず依存している。

## デザイン原則3　不適切な政治的干渉から教育研究機関を隔離すること

　連邦政府教育研究機関は，不適切な政治的基準が政府機関の研究課題，研究の選択，予算の被授与者，そして科学的規範に干渉しないようにデザインされなければならない。政治的干渉が最小限であることを確認することで，科学的文化を育み，科学的な過程を保護し，研究は今日流行している政策的な情熱や実践の犠牲にならずにすむだろう。連邦政府のどこに教育研究機関が存在すべきかについて，私たちには不可知であるが，それは，行政府と立法府の両方において，党派政治からの大きな独立性を持たなければならない。

　私たちは，アメリカの制度において政府機関に対する政治の影響を緩和することは完全にはできないし，完全であるべきでもないということを明確にしておきたい。政府機関の自主性は科学的な見地からのものであることがどれほど望ましくとも，その研究課題は教育における意思決定を行う者のニーズに対応しなければならない。研究は一時的なニーズ ―― 例えば，1年ごとの学校管理や，次世代のチャータースクール，年ごとのスタンダードや説明責任等 ―― によってのみ決定されるべきものではないが，政治的な懸念に対しては適切な注意が払われなければならない。

　それにもかかわらず，連邦政府教育研究機関が隔離されなければならない，特定の種類の政治的干渉が存在する。それには，意思決定のマイクロマネジメント，短期的に起こる研究課題の歪み，あるいは特定の政策や立場を促進するためのツールとして政府機関を利用することなど，研究機関の間ではある程度の頻度で発生する問題が含まれる（Vinovskis, 2000; National Research Council, 1992）。これらの影響から政府機関を保護するために，私たちは，雇用，資金の利用，そして発行に関する独立した権限を持たせることを提案する。また，科学的研究の機会について，頻繁にその分野とのやりとりを行うことによって

170

Chapter6 連邦政府教育研究機関において科学を育成するためのデザイン原則

得た情報をもとに，政府機関のスタッフが最善の判断に基づいて決定を下せるようにすることを強く推奨する。さらに私たちは，政府機関の長は政権期間にわたって一定の期間務めるべきであると考えている。最後に，一貫した財源の確保は，党派による予算決定から政府機関を守ることにつながるだろう（デザイン原則5を参照）。

予算の裁量は，過去数十年にわたる既存の教育研究機関（米国教育研究所およびOERI）の資金調達パターンに照らして，特に重要な分野である。なかでも，2つの傾向が注目に値する。第一に，米国国立老化研究所（NIA）の行動社会学研究プログラム，国立小児保健・人間発達研究所の子どもの発達と行動の部局，米国国立科学財団の社会・行動・経済科学局および教育・人的資源局においては，そのスタッフがプログラムを開発し，2000年度の研究予算のかなりの部分について研究計画を求める自由を持っていた。対照的に，OERIのおよそ1億3000万ドルの研究費の支出方法は，現在の認可法令の定める要件によって大きく左右される。この法律では，年間予算の少なくとも25％がその分野で開始された研究に出資し，少なくとも15％が研究センターに出資されていることが求められる[6]。私たちが研究機関認可法のサンプルをレビューすると，資金の使用についてこのような法的要件に従わなければならない研究機関は他にないことがわかった。さらに，2001年3月の公的ワークショップ（National Research Council, 2001d）では，OERIにおいて柔軟性の欠如は1つの重要な課題であることを——3人の前副補佐官，省庁間研究プログラムでOERIと働く他の政府機関の支部長，そして何人かのOERIスタッフから——繰り返し耳にした。連邦政府教育研究機関には，進化する研究プログラムを効果的に管理するために，大部分の予算を科学的な研究課題に投資する裁量が必要である。議会は研究の成果をレビューする能力を持ち（デザイン原則2を参照），経時的な成果に基づいて，歳出を決定する能力を有するべきだと私たちは考えている。しかし，資金が特定のメカニズムを通して割り当てられたり，審査を通さないプロジェクトのために資金をとっておくようなことがあってはならな

---

[6] 2000年度の約1億3000万ドルの研究資金のうち，8500万ドルが5つの内部機関を通じて管理され，残りは各リージョンの研究室あるいはその他の改善活動に組み込まれている。私たちがここに引用した議会で義務づけられたパーセンテージは，研究所の資金として適用される。

171

Chapter6　連邦政府教育研究機関において科学を育成するためのデザイン原則

い。

　第二に，現在の連邦政府教育研究機関である OERI には，その研究任務が損なわれているような，いくつかの大規模な非研究的でサービス志向なプログラムが含まれる（National Research Council, 1992）。OERI の「I」（すなわち学校改善機能）は，そもそも，学校改善を目的とした最先端の研究とプログラム資金の密接な関係を築くことが目的であった。このアイデアは理論上は理にかなっているが，学校改善の課題は，政府機関がその核となる研究ミッションに集中する財政能力と知的能力を圧倒している。OERI の総資金調達額（2000年現在のドル建てで）は，1980 ～ 2000 年の間にほぼ 10 倍に増加したが，核となる研究ミッションに資金を提供する予算の割合は 1980 年代はじめに急激に低下し，以来およそ 15% を維持している。その金額の大部分は，州，学校区，学校が「研究に基づく」改革を実施するためのサービス志向プログラムに出資している。この動向は，米国国立科学財団の教育・人的資源局（Education and Human Resources: EHR）においても明らかであり，教育改革プログラムと研究を組み合わせている。1980 年以来，教育・人的資源局の予算は（1980年度の 1 億 6300 万ドルから 2000 年度の 6 億 9100 万ドルへ）大幅に増加しているが，そのうち研究に対する出資の総予算における割合は，2.2 ～ 7.7% の範囲と貧弱である◇7。

　これら 2 つのハイブリッドな組織の傾向は，連邦政府教育研究機関の研究機能が，組織的に教育改革のミッションから分離され，そのミッションを自己資金を持つ並行組織に受け渡すべきであることを強く示唆している。また，これら 2 つの機能間の一定の官僚的距離は，ある教育研究機関において研究とプログラムの管理の間に適切な違いがあることを前提として，共通の文化を発達させることが困難であるため，望ましいものである。

　これらの潜在的な利点にもかかわらず，研究に基づいた洞察の統合とすべてのレベルでのサービス志向の教育プログラムの実施を促進するために，研究機

---

◇7　研究助成金とは異なり，ほとんどの教育・人的資源局プログラムの助成金には少額の研究費が含まれている。ここに示した数字は，主な目的（研究またはサービス）に基づいて，プロジェクトを厳密に分類したものであるため，研究に費やされた政府機関予算全体の見積もりの割合は，若干少なめに述べられている。

172

関が改善主体者と緊密な連携を築くことは不可欠である。私たちは，そのような教育改善組織がどのような形態をとるべきか（例えば，地域の機関が）の問題は残しておくが，研究と実践をよりよく結び付けるために必要なインフラについていくつか提案する（デザイン原則6を参照）。

### デザイン原則4　政策と実践の重要性に関する短期，中期，長期的な問題に立ち向かう集中的かつバランスのとれた研究のポートフォリオを作成すること

　科学的研究は，すべての学習者の教育上の成果の向上，5〜15の異なる言語が話される教室で子どもたちに科学を教えること，閉塞的で厳密な教育にアクセスする機会を作り出すこと，そしてその他，教育者が直面する緊急で困難な課題等，教育が直面する課題に焦点を当てる必要がある。これらのニーズとプレッシャーは強くなるだろうが，「理解が不十分な問題に対する迅速な解決策」を作成しようとすると，政府機関は失敗するだろう（National Research Council, 1992, p. viii）。

　連邦政府教育研究機関は，短期的な視野を超えて，重要な実践上の問題を解決し，新しく洗練された理論的枠組みを生み出す助けとなる，合理的な確率を持った有望な一連の研究に長期的な投資を行う自由がなければならない。それは，政治的な意見や政策に合致しないトピックに対処する自由を持っていなければならないということだ。より一般的には，研究課題はその発展的な理解を反映するために調整されなければならない。この主張は，教育研究者が厳密な基準を下げるのではなく，分野の形成的発達の特性についての率直な評価に基づいて，リソースと調査のターゲットが定められる必要があることを示唆している。したがって，政府機関は，政策と実践におけるひっ迫した必要性を予期し，対処するために，研究という営みと研究プログラムの長期的な能力を下支えする理論的な枠組みを構築することを目的としたバランスのとれた研究ポートフォリオを支援すべきである。適切なバランスをとることが，研究ポートフォリオの成功にとってはカギとなる。

Chapter6　連邦政府教育研究機関において科学を育成するためのデザイン原則

　Chapter2では，科学に基づく知識は，特定の問い，理論，または課題の周りに領域が形成され，理解に向けて働くときに，蓄積されることを示している。注目すべき例外を除いて，現在の教育研究の営みは，高度に断片化されている（Lagemann, 2000; Vinovskis, 2000; National Research Council, 1992）。新しい政府機関は，教育における課題の打開に関する累積的な知識を生み出すことを目標にしながらも，明確に定義され，長期的でかつ戦略的な焦点を持った研究プログラムに科学的研究を集約させることによってこの分野をリードしていかなければならない（http://www.rand.org/multi/achievementforall/◆2を参照；National Research Council, 1999d）。さらには，研究のポートフォリオは，基礎科学と応用的な問い，短期，中期，長期的な視野を持つプロジェクト，そして様々な研究のタイプと方法の混合を含んでおり，用途を考慮したものでなければならない（Stokes, 1997）。

　このバランスを達成するために私たちは，政府機関が関連する研究プロジェクトやプログラムの配置を発展させることを提案する。例えば，外部から説明責任要件を課されている学校では，様々な成果（例えば，テスト，コース受講，成績，その他形成的な測定）におけるすべての生徒の科学的な成果を高めるカリキュラムや教授法を探している。この課題に焦点を当てた研究プログラムは，短期的に知られていることを統合し，中期的には有望なプログラムを評価し，科学的能力の獲得と発展に関する長期的な研究をサポートするだろう。

　研究プログラムの開発は，いくつかの点で有望である。第一に，研究が継続的にサポートされてきた分野（Chapter2で強調している早期読解スキルの例等）では，教育研究成果の明確な進展がある。例えば，海軍研究局（Office of Naval Research）は，1969年に高度な教育技術に関する研究に資金を提供し始めたが，この投資が適用可能な結果をもたらしたのは，ここ数年（30年後）である（National Research Council, 2001d）。第二に，長期的視野に立ったプログラムを確立することで，議題に焦点を当て，徐々に科学的コンセンサスに向かう研究のためのインフラを開発する。

---

◆2　このアドレスはアクセス不可（2019年10月現在）。RANDについてはhttp://www.rand.org/を参照。

Chapter6　連邦政府教育研究機関において科学を育成するためのデザイン原則

　長期的な研究は政府機関のプログラムにおける重要な部分であるべきであるが，そのポートフォリオには短期的な課題も含まれなければならない。差し迫った課題に取り組む１つの方法は，特定のトピックまたは問題に関連する既存の研究を要約することである。実際，研究の統合，コンセンサスパネル，文献研究，そしてその他研究の本体について要約するいくつかの種類の声明は重要である。なぜなら，教育の個々の研究を通して矛盾した証拠があることが，教育政策立案者や実践者の間での不満の大きな原因となっているためである（例えば，Sroufe, 1997 を参照）。教育研究だけでなく，多くの科学（例えば，実験生態学）やその他多くの分野（例えば，公衆衛生）においても，同じトピックについて異なる結論に達する研究が一般的に存在する（National Research Council, 2001d）。しかし，この事実は，しばしば利用可能な情報に基づいて意思決定や行動をとらなければならない政策立案者や実践者を納得させることはほとんどない。

　おそらくもっと重要なことに，連邦政府教育研究機関は，科学的基準を満たす研究の中から選ばれた研究の徹底的でバランスのとれた査読を支援することによって，科学的コンセンサスを得るために，プログラムの作業の一部として研究の統合を体系的に行うべきであろう。Chapter2 で述べたように，これらの統合は，研究に基づく知識の蓄積というメカニズムを提供する。統計的な統合（例えば，Glass & Smith, 1978; Hedges & Olkin, 1983; Hedges, Laine, & Greenwald, 1994）は，複数の研究にわたって集約する手段を提供する。このような統合は，統計的なサンプリングおよび計画の品質基準に依存しており，再現性の科学的原則，証拠の基準の透明性，偶然とバリエーションの役割の評価，そして専門家の批評（査読）を招く知見の幅広い利用可能性等に注意を払う。

　しかし，時には統計的な統合によってさえ，矛盾するエビデンスを生じる場合がある（Chapter3 に示した学級規模の縮小効果の事例を参照）。したがって，政府機関は補完的な統合的手法，すなわち，研究の集まりを統合するコンセンサスパネルをサポートすべきである。このようなパネルは，様々な視点と経験を持つ学識経験者を集めている。彼らは，領域における最高の知識と知恵の蓄積を求められており，研究を選択し，解釈するためのエビデンスについて，明確な基準を用いている。そのようなパネルはまた，方法の透明性，不確実性の

175

評価，およびより幅広い科学のコミュニティーにおける懐疑的な視点に知見を反映させるといった科学的原則にも従わなければならない。それらは，統計的な統合と自然と並行するアプローチとなる。そのような専門家の共同グループが共に働くことは，異なる視点と専門性を持った学者のグループが，理論的，方法論的そして経験的な理解の進歩に向けた，健全で学問的な議論において，互いに対峙するように強いることにつながり，科学を前進させる。

そのようなレビューが連邦政府研究機関で行われる程度は，かなりまちまちである。国立小児保健・人間発達研究所の子どもの発達と行動支部と，米国国立老化研究所の行動社会学研究プログラムは，どちらも毎年研究レビューを作成している。OERI と米国国立科学財団の社会・行動・経済科学局および教育・人的資源局には，レビューをしたり統合したりするための正式なメカニズムがない。私たちは，教育研究を支援している連邦政府機関（および財団）は，教育における知見が大幅に増加したとしても，知識の統合をその主要な責任として位置づけるべきとは見ていないと考えている。事実，知識を統合するための定期的な努力がなされていない場合，特定のトピック，問題，あるいは介入について知られていることを統合することを唯一の目的とするいくつかの新しい存在が最近作り出されたり，あるいは計画段階にある（例えば，キャンベル共同計画［Campbell Collaboration（Box2-1 参照）］，教育の質研究所［Education Quality Institute］，あるいは将来性のある新しいピュー慈善信託センター［center of the Pew Charitable Trusts］）。

最後に，これらのプログラムには，研究の効果的な普及と実践の方法についての科学的研究に対する投資が含まれるべきである。私たちは，研究利用の重要な問題を，連邦政府教育研究機関の役割だけでなく，継続的な科学的研究そのものを必要とする領域とも見なしている。

一貫性のあるプログラムを開発するだけでなく，研究ポートフォリオに新しく，斬新で，革新的な一連の探究を統合することは，連邦政府研究機関の重要な機能でなければならない。この目的のために，政府機関はその事前に定義されたプログラムの範囲外で，現場で開始された研究の健全なプログラムをサポートすべきである。

Chapter6　連邦政府教育研究機関において科学を育成するためのデザイン原則

| デザイン 原則 5 | 教育研究機関に 適切に資金提供すること |

　教育研究のためにより高いレベルで資金調達を要請することは，今に始まった
ことではない（National Research Council, 2001d, 1999d; President's Committee
of Advisors on Science and Technology, 1997; Shavelson & Berliner, 1988;
Vinovskis, 2000; Fuhrman, 2001; Schmidt, 2001; Forgione, 2001）。私たちがデザ
イン原則に資金提供のことを含めているのは，以下の理由からである。すなわち，
連邦政府からの資金提供を受けた教育研究の質は分析していないものの，資金
調達は歴史的に見て教育研究という営みの計画範囲に沿ったものではなかった
とする先行研究に，私たちは同意しているからである。連邦政府教育研究機関
の課題は，過去にあったものにおおよそ匹敵するという私たちの前提を考慮す
ると，リソースがその営みの範囲と期待に沿ったものとなるべきという明確な
勧告と相まって，政府機関がその任務を十分に果たすことができるようにする
ために，予算を増額することが推奨される。

　これらの勧告の背景については，教育研究への連邦予算に関する利用可能な
データと文献とを簡単に検討する。残念なことに，教育研究への総投資額の信
頼できる推定値は存在しない（Morrill, 1998; National Research Council, 1992）。
教育研究に資金を提供している多くの機関やサブ機関をまたいだ研究プロジェ
クトを分類するうえでの課題があるため，連邦レベルでどのくらいの額が投資
されているのかを確認することさえ困難である。1997 年，大統領科学技術諮
問員会（PCAST）は，1995 年のドル建てで，政府機関をまたいだ連邦予算を
合計しようと試みる報告書を作成した。それによって，アメリカが K-12 学年
の教育に費やした総額の 1% の 10 分の 1 未満（< 0.001）が，研究に投資され
たことがわかった。対照的に，処方薬と非処方薬に費やされた額の 23% が医
薬品の開発と治験に投資されたことが報告されている。同様に，米国学術研究
会議（National Research Council, 1999d）は，他の知識に依存する分野と比較
して，教育の体系的で科学的な研究にはほとんど出資されていないと結論づけ
た。

177

Chapter6　連邦政府教育研究機関において科学を育成するためのデザイン原則

　資金不足のさらなるエビデンスは，連邦政府機関における研究資金の比較評価によるものである。OERIと同様の４つの機関や団体から収集したデータは，資金調達水準と課題の範囲との比率を（大まかに）測るのに役立った。このように，年間の資金と並んで研究課題の範囲を比較すると，OERIと連邦政府の他の社会科学研究組織との間には明らかな差異があることがわかる。例えば，早期の読字研究で国立小児保健・人間発達研究所が行った実質的かつ長期的な投資は，政府機関と国家にとって大きな利益をもたらしてきた。また，国立小児保健・人間発達研究所は，音韻意識と関連する早期読字能力をよりよく理解するために30年間で合計１億ドルを特別に投資してきた。他の連邦政府機関（例えば，米国教育省における特別教育プログラム局）や，他の国々による重要な資金調達や知的貢献と関連した，この実質的で持続的な投資を通じてのみ，この比較的限られた領域の研究は成長してくることが可能であったのだ。

　対照的に，OERIの研究任務の範囲は広範であり，その資金調達水準は控えめなものである。1994年の再授権により，その課題を概略的に描いたOERI内に５つの研究所が設置された。これら５つの研究所は，児童・生徒の到達度，教育が行き届かない可能性のある児童・生徒，教育政策，幼児期の教育，そして中等教育と生涯学習等の幅広いカテゴリーを含んでおり，広範なメカニズム（例えば，センターや現場主導型の研究）を通じて研究に資金を提供している。これらの研究所は，それぞれ（読字，数学，科学，歴史等）学術分野と多くの教育レベルにまたがっている（例えば，児童・生徒の到達度，政策，そして幼稚園入学前［PreK］から大人に至るまでの学習の全体にまたがるリスク）。この分類は，現場を分析するための合理的な方法であり，私たちはいかなる連邦政府教育機関も，同様の幅広いコンテンツをカバーしてほしいと思っている。しかし，年間約１億3000万ドル（2000年度水準）がこの幅広い範囲をカバーしなければならないという事実を考えると，堅牢で研究に基づいた知識を成長させていくことを期待するのは難しい。

　主要な研究機関は，その歴史の中でほぼ同じ課題に向き合ってきたが，資金調達のレベルという意味では，大きな違いがあった。1992年の米国学術研究会議の報告書は，1973～1991年の間に，米国教育研究所（NIE：OERIの前身機関）とOERIに対する資金提供は急減したことを示している。1973年には，

178

Chapter6　連邦政府教育研究機関において科学を育成するためのデザイン原則

米国教育研究所の総予算額は1億3600万ドルであった（2000年の額にして5億2750万ドル）。1991年までは，OERI予算のうち7840万ドル（2000年の額にして9910万ドル）のみが研究に割り当てられた額である。この資金の大幅な減少は，課題の範囲の相応な変更なしに発生した。報告書はOERIの限られた資源が「薄く広がり，平凡さがほぼ保証されている。そして深く詳細な研究が実行されるべき時代にほんの数種類の一連の研究しか継続されていない」（National Research Council, 1992, p. 3）としている。この予算の不一致を考慮に入れると，テネシー州のSTAR調査（Box3-3参照）は，4年間にわたる単一州における単一の調査でありながら，1000万ドルもの費用がかかっている。

　OERIの総資金調達額（インフレ調整済み）は，大幅に増加したものの，ほとんどすべての増加分はサービス志向のプログラムに提供されており，研究へのつながりは乏しい。1990年以降，2000年度のレベルでは約1億3000万ドルとなり，教育研究資金の総額はわずかに回復している（非研究活動を含むOERIの財政予算は8億ドルを超える）。私たちは，この傾向を肯定的なものと捉えているが，現在の教育研究課題の幅を考慮すると，将来より増加していくことが必要であると考えている。

　要するに，連邦政府教育研究機関が，少なくとも前任機関と同じような野心的な課題を持つことになっているとしたら，その資金は過去の機関よりも大きくなければならないと考えられる。当たり前のことを言うようだが，これは単に「研究にもっとお金を投じよ」という呼びかけではないことを明確にしておきたい。金銭面だけでは教育や他の分野での高品質な科学に基づく知識の創造と蓄積が保証されない。資金面での増加は，重要な課題を対象とし，その国で働く最高の研究者を引きつけるものである必要がある。したがって，他のデザイン原則が連邦政府教育研究機関において制度化されるにつれ，資金調達のレベルは上がるはずである。とりわけ，研究機関の人的資源や教育研究の分野に対してより全体的に並行して投資が行われるため，研究資金の着実な増加が起こるはずである。この点については，次に取り上げることとする。

179

Chapter6　連邦政府教育研究機関において科学を育成するためのデザイン原則

> **デザイン原則6**
>
> ## 研究のインフラに対して投資すること

　どの組織のインフラも，その使命を果たすためにどのように機能するかを決定する基本的な基盤システムである。研究におけるインフラは幅広いサポートを含んでいるが，最も一般的には，現場の科学者（人），彼らが活動を行うためのツール（計測機器や方法），そして必要とされるリソース（時間，資金，研究参加者へのアクセス）等のことを指す。私たちは，連邦政府教育研究機関が年間予算の一部をインフラ整備プログラムに一貫して出資することが不可欠であると考えている。より具体的には，資金調達は3つの特定の分野，すなわち「教育研究コミュニティー」「データの開発，情報の共有とアクセス」，そして「実践者と政策のコミュニティーのリンク」において重要であると考えている。

### 1. 教育研究のコミュニティー

　連邦政府機関は，教育研究コミュニティーを育む役割を果たす必要がある。教育における質の高い科学的研究を行い，高いレベルの科学的基準をモニターし，維持する分野としての能力が大きくなるほど，政府機関がその使命を果たすことのできる可能性は高くなる。私たちの焦点は，政府機関における科学的文化を発展させるというテーマに沿って，分野全体としての科学的な規範を育てることにある。

　教育分野における研究をたどっている歴史家は，長期間にわたって「強力で自己規制的な専門家コミュニティーを構築する」ことに失敗していることを指摘している（Lagemann, 2000, p. ix）。本報告書を通じて，私たちは，科学的原則を実施し，合理的に定義された科学的研究の総体について，専門的で懐疑的な議論に従事する科学者のコミュニティーの役割は，その営みの成功に最も重要な要素であると論じている。教育の複雑さとその複雑さに伴う研究活動の範囲は，これまで共通の知的な焦点を持つコミュニティーを形成しようとする

180

Chapter6　連邦政府教育研究機関において科学を育成するためのデザイン原則

研究者グループの能力を妨げてきた。

　連邦政府教育研究機関における研究プログラムの組織（前述，デザイン原則4を参照）は，そのようなコミュニティーの発展のために自然なきっかけを提供するだろう（http://www.rand.org/multi/achievementforall◆3 を参照）。そのようなプログラムとそれらを導く常任委員会の戦略的焦点は，共同する研究者グループを融合させる共通の言語と一連の目標を提供する可能性がある。さらに政府機関は，彼らの研究と統合とを査読付きジャーナルに公表するための資金提供をする人々に対しても，インセンティブを創出すべきである◇8。そうしたインセンティブには，査読付きジャーナルに公表したエビデンスを含んだ進捗報告書，一連のジャーナル論文の形式を備えた最終報告書，そして新しい研究計画への評価といった主任研究者やその他の重要なメンバーの業績として考慮されることになるものについての要件が含まれるかもしれない。

　連邦政府教育研究機関は，単独でこれらのコミュニティーを開発し，維持することはできない。その他の連邦政府機関や学術専門家団体，大学（特に教育学部），雑誌出版社，その他とのパートナーシップを通じて，人的資源への投資を活用することになる。これらのパートナーシップは，教育専門職と相互作用するシステムの様々な部分を対象とした広範な取り組みの基盤を築くことができる。例えば，雑誌出版社や専門家団体とのパートナーシップは，論文の出版や専門家による会議の基準を開発し，注視することにつながる可能性がある。専門家による団体との共同には，若手研究者のためのトレーニングやフェローシッププログラムなどが考えられる（例えば，OERI と国立教育統計センター［NCES］が共同出資している米国教育研究学会［AERA］の年次総会における統計研究会（Statistics Institute）や，米国国立科学財団，OERI，国立教育統計センター，米国教育研究学会が資金を提供し（Shavelson, 1991）博士論文や現場での研究を支援し，米国国立科学財団と国立教育統計センターに研究員を派遣する米国教育研究学会研究助成プログラム等）。また，政府機関は，教

---

◆3　このアドレスはアクセス不可（2019 年 10 月現在）。RAND については http://www.rand.org/ を参照。

◇8　このようなジャーナルは，通常，先行研究の公平で批判的なレビューに基づく研究課題の正当化，厳密な方法と分析の使用，そして知見の解釈における論理の慎重な連鎖が必要である。

Chapter6　連邦政府教育研究機関において科学を育成するためのデザイン原則

育研究における将来の科学者の訓練と支援のための戦略を開発するために，教育学部，科学技術系学部，あるいはその他の学部との連携を築くこともありうる。

　教育研究の研究者を育てるというのは，長期的な取り組みである。Chapter1で私たちが論じているように，教育における現在の学問は，教育学部のみならず，例えば心理学，歴史学，経済学，社会学，数学，生物学，そして公共政策などの学部・学科で教育を受けてきた研究者によって生成されている。教育学部においては，学生はしばしば非研究志向の目標（例えば，学校運営等）を追究するために，研究のトレーニングを受けることなく大学院レベルに到達する可能性がある。それに関連して，査読と出版の基準は教育関係のジャーナルでもかなり異なるものがある。こうした複雑な構造上の問題には，効果的に対処するための慎重な研究と革新的なアプローチが必要となる。

## 2. データの開発，共有とアクセス

　科学的な知識の進展は，研究者が同じ一連の変数と理論的構成概念を用いて作業するときに促進される。理想的には，ある分野では，異なる文脈における追試を可能にしたり，ある研究から得られた知見が他の状況に拡大できる程度を理解するために，共通した一連の構成概念が研究をまたいで利用される。この共通の核を持つことで，変数やその間の関係が時間に伴ってどのように変化していくのかについての理解が促進される。もし構成概念が変更された場合，ある時間と別の時間を比較する基礎はないことになる。教育においては，この基礎を確立することが困難であった。Chapter4で論じているように，教育の目標について共通理解が得られることはほとんどなく，そのことは，同様のトピックに関して異なる尺度に基づいた複数の研究から得られた知見を意味づけるという課題がコミュニティーにあることを示している。また，理論的理解の弱さ（Chapter5を参照）は，そのような構成概念が教育において十分に発展していかないもう1つの理由である。

　連邦政府教育研究機関は，こうした共通の変数を格納するデータベースを開発し，維持するための論理的な中心となる場所である。データ収集，管理，そ

Chapter6　連邦政府教育研究機関において科学を育成するためのデザイン原則

して分析のための新しい技術の登場により，そうした政府機関は，おそらく（現在の国立教育統計センターのような）教育統計機関と協力し，理論が強化されるにつれて，継続的に教育の効果，過程，コスト，機関，政策，サービスについての豊富な情報を提供する，主要な問題に関するデータシステムを維持する能力を発展させることができるだろう。このシステムは，国立教育統計センター，経済協力開発機構（OECD），米国国立科学財団を通じてすでに利用可能な広範な資源を活用し，これらのデータを一貫性のある方法でリンクする共通した概念的枠組みに基づいたシステムを開発することができる◇9。同様の理由から，政府機関はプライバシーや他の倫理基準が満たされていることを保証しつつ，職員の間でデータの共有を奨励し，促すべきである。

　科学的な教育研究のために連邦政府教育研究機関がデータインフラストラクチャを開発する際の重要な役割は，研究参加者（学生，教員，管理者，政策立案者ら）や場所（教室，学校，州議会など）へのアクセスを促進することである。このアクセスは，教育研究の実行可能性と教育改善のためのツールとしての将来性のためには必要不可欠である。しかし，研究者らは少なくとも2つの理由から，これらのデータ源にアクセスすることが困難となっている。第一に，教育実践者（特に教師）は，通常，教育研究が日々の仕事に役立つとは考えていない（Weiss, 1995）。この無関心は，普通，学校の職員が研究活動に従事するのに必要な資源（通常は相当な時間）を託すことを望まないことを意味している。第二の理由は，研究倫理に関する連邦政府の規則と規制から生じている。教育研究のためのデータへのアクセスは，研究参加者，特に幼い児童・生徒を，研究の名の下に行われる不適切な行為から保護するという正当な懸念を伴う。教育研究の参加者を含めた人間の研究参加者に対する保護は，1974年以来アメリカで実施されている（現在，米国連邦規則集の第45部・第46部に編纂さている）。これらの連邦規則で概説されている主な保護メカニズムとしては，治験審査委員会（IRBs），すなわち，人間を研究参加者としたすべての連邦政府が資金提供する研究において，彼らが倫理的な扱いをされているかを確認す

---

◇9　委員会は，同様の取り組みが過去には失敗していることを認識している。概念的な枠組みの開発は困難で議論の余地があるが，既存の指標システム全体にわたる一貫性の欠如は，教育研究における深刻な問題であり，長期的な目標として引き続き追究されるべきである。

183

Chapter6　連邦政府教育研究機関において科学を育成するためのデザイン原則

るために審査する監督団体がある。

　評価研究を含む教育研究では，アイデンティティを守るための注意が払われる限り，参加者の真のリスクを示すものはほとんどなく，研究者が個々の参加者のニーズを理解し敏感に反応していることを認識することは重要である。アメリカの規則（Box6-1 参照）に記載されている明示的な免除事項は，これを明確にしている。連邦被験者保護局の人間被験者保護の元指揮者であったトム・プグリシ（Tom Puglisi）は，「多くの社会学的・行動学的研究は，研究を統制するルールから除外されている」と述べることで，現行法の意図を最も簡潔にまとめた（Puglisi, 2001, p. 34）。

　これら中核となる法規に加え，少なくとも 2 つの他の法律（家庭教育権とプライバシーに関する法律および生徒の権利保護に関する修正案）と，教育データへのアクセスを管理するために家族政策コンプライアンス室によってつくられた，米国教育省の政策がある。これらのルールを組み合わせて様々な解釈と実装が行われるため，一般的に児童・生徒に「最小限のリスク」をもたらす科学的研究を実施するうえでは，混乱や不必要な障壁がよく生じる。すでに迷路のような配列となっている規則，法律，政策に加え，米国下院改正版の保留となっている "No Child Left Behind" 法案への最近の改正案（情報に関する保護者の自由に関する改正案）は，状況をさらに複雑なものとするだろう。皮肉なことに，この改正案は同じ法案で提案されていた 3000 万ドルの評価プログラムを弱体化させることになるだろう。

　研究倫理は，委員会が十分に考慮する時間も専門性もなかった複雑な領域である◇10。私たち委員会は，これらの倫理規則の根底にあり，人を研究参加者として含む研究の倫理的な実施を管理する基本的原則を，支持しなければならないと考えている。しかし，私たちは官僚的問題とこうした原則が実施されてきた方法における矛盾も見て取ることができる。連邦政府教育研究機関は，これらの問題をインフラ整備への投資の重要な部分として扱う必要がある。もし，児童・生徒のデータへの倫理的なアクセスが成り立たない場合，科学的な進歩

---

◇10　米国学術研究会議の制度審査委員会，調査および社会科学研究の委員会は，社会科学のデータ収集において人間の被験者を保護する方法について現在のものと提案されたものの両方をレビューしている。それは，制度的な査読委員会システムの構造，機能，および性能に焦点を当てている。

184

は大きく妨げられることになる。政府機関は，科学を基礎に持つ教育研究を実施している他の連邦政府機関や目的を持ったグループ（例えば，社会科学研究学会や研究倫理学者）と協力する中で，データへの科学的なアクセスと個人の保護という二対の目標に向けて活動するために，その資源の一部を投資したほうがよい。研究参加者や場への倫理的なアクセスがなければ，政府機関はその使命を果たすことができないのだから。

## 研究倫理要件を規定する米国連邦規則の免除

　人間のみを対象とする研究活動で，以下のカテゴリーのうち1つ以上当てはまるものは，この規則から免除される。

(1) 確立された，または一般的に受け入れられている教育環境で実施された研究で，以下のような普通の教育実践を含んでいる場合：(i) 正規および特別支援教育の指導方略に関する研究，または (ii) 指導方法，カリキュラムあるいは学級指導法の妥当性や比較に関する研究。

(2) 認知，診断，適正，到達度などの教育テストや調査手順，インタビュー手順，公衆行動の観察などの利用を含む研究で，(i) 得られる情報が被験者を直接あるいは被験者に関連する人々を通じて特定できる方法で記録されていたり，(ii) 研究以外のところへの被験者の反応の開示で，被験者を犯罪または民事責任の危険にさらしたり，被験者の財政状態，雇用可能性あるいは評判に損害を与える可能性がない場合。

(3) 認知的，診断，適正，到達度などの教育テストや調査手順，インタビュー手順，公衆行動の観察などの利用を含む研究で，段落 (2) に基づいて免除がされないもののうち，もし (i) 被験者が公務員または公職の候補者に選出または任命された場合，あるいは (ii)（複数のあるいは個の）連邦法が個人を特定可能な情報の機密性が研究期間中も維持されることを例外なく要求する場合。

Chapter6　連邦政府教育研究機関において科学を育成するためのデザイン原則

(4) 既存のデータ，文書，記録，病理的標本，あるいは診断標本の収集または研究を含むもので，これらの情報源が公に利用可能な場合，または情報が直接的に，あるいは被験者の関係者を通じて被験者を特定できないように調査者によって記録された場合。

(5) 政府機関の長によって実施されるかその承認を条件とした研究あるいは実証プロジェクトで，(i) 公益あるいは公的サービス，(ii) そうしたプログラムの給付やサービスを得る手続き，(iii) そうしたプログラムや手続きを変更したり代替したりする可能性，あるいは (iv) そうしたプログラムにおける給付やサービスへの支払い方法やその程度の変更可能性等を調査，評価，またはその他の点検を行うために計画されたもの。

出典：Code of Federal Regulations. Title 45-Public Welfare, Part 46-Protection of Human Subjects, pp. 107-108. Washington, DC: U.S.Government Printing Office.

## 3. 実践者と政策のコミュニティーをつなぐ

　私たちは，実践者と政策のコミュニティーが研究課題を発展させるために政府機関の仕事に従事しなければならないことをここまで主張してきた。私たちはまた，実践者と政策立案者に科学的な教育研究が生成した蓄積された知識を知らせるために研究知見の統合を求めている。ここで私たちは，科学的原則（Chapter3 を参照）を順守し，教育の特徴（Chapter 4 を参照）に従うフィールドベースの教育研究の前提に基づく実践と政策のコミュニティーの第三のつながりは，研究者と実践者の間を橋渡しするインフラによって大幅に強化されるということを提案する。

　そして，私たちは研究機関が研究を実践に「翻訳」するための普及ネットワークを開発するように求めているわけではないことを明確にしたい。研究成果の実践への翻訳は直接的なことではなく，事実，多くがこの共通のメタファーを完全に拒絶している（例えば，Willinsky, 2001 を参照）。実践に及ぼす社会科

186

Chapter6　連邦政府教育研究機関において科学を育成するためのデザイン原則

学の影響は，典型的には間接的であり，「知識クリープ」を通じて徐々に変化に影響を与える（Weiss, 1980, 1991a, 1999）。研究利用に関する学術文献はまた，知識の局所適用が，実践者の信念の変更，知識の実践のための手続き的スキルの変更を伴う長期的なプロセスであることを示唆している（Weiss, 1991b, 1999）。また，アメリカの教育システムにおける大規模な変化を引き起こす方法は，研究に基づくものでもそうでないものであっても，よく理解されていない（Elmore, 1996）。

最近の2つの報告書は，教育研究という営みを組織する根本的に新しい方法を提案するために，これらと関連する文献に基づいて描写されている。1つ目の報告書は『*Improving Student Learning: A Strategic Plan for Education Research and Its Utilization*』（National Research Council, 1999d）であり，教育研究が，研究者，実践者，政策立案者の間の継続的な協力によって促進されたインフラによってサポートされていれば，教育研究は実践に強い影響を与えるだろうというケースを示している。この戦略的教育研究パートナーシップの第二段階では，現在，このアイデアを取り入れて，これらのパートナーシップが繁栄できるようにする場を構築し，戦略，インセンティブ，インフラを実現する方法に焦点を当てている。2つ目は米国教育アカデミー（National Academy of Education, 1999）の報告書であり，基礎研究からプログラムの大規模な実施へ移行していっている支配的な研究実施モデルが，教育と教育研究の本質に関する単純な前提に基づいていると NRC と同様の主張をしている。報告書は，より生産的な視点は，研究の生産と理解を同一の過程の一部として見ており，教育研究者と教育者のよりよいパートナーシップの必要性を示唆していると結論付けている。したがって，どちらの報告書も同時に，教育研究の需要と供給を要請している。

研究利用に関しての重要な問題は，委員会の責任範囲を超えている（私たちはこのトピックに関する研究が非常に必要であると考えている）が，ここではこうした共同モデルが想定する科学的な探究のメリットに焦点を当てている。また，私たちは研究そのものをさらに強化する可能性を考え，連邦政府教育研究機関が，研究者と実践者のつながりを構築するインフラに投資することを提案する。研究者と実践者の間の継続的な協力は，教育実践の複雑性についての

187

Chapter6　連邦政府教育研究機関において科学を育成するためのデザイン原則

深い知識を，理論の構築，経験的な試験，そして多くの方略で研究方法を開発することへと徐々に導入することで，現場に基づいた科学的教育研究を強化するだろう。第一に，日々の教育環境の厄介さの中に研究を位置づけることは，文脈により注意を向けることになり，科学的研究の中で認識され扱われるものとして不可欠なことであろう。このインフラは，また，研究参加者やフィールドへの長期的かつ容易なアクセスを提供することになり，（例えば学校のリーダーシップに変更があるなど）教育を取り巻くダイナミックな状況が必然的に変わった場合に，（Chapter 4 で扱っているように）放棄されることから研究を守り，相互信頼と協力関係を確立するだろう。さらには，実践者としての技術を知識として戦略的かつ適切に研究過程全体に取り入れることで，時には見逃されることもある関連した洞察を得ることができる。

　実際に，このようなモデルの例はいくつか存在する（シカゴの教育改革に関するコンソーシアム等，http://www.consortium-chicago.org◆4)。しかし，こうした種類のインフラは根本的に新しいものである。私たちは，そのようなパートナーシップが慎重かつ段階的に，政府機関によって支援されることを提案する。これらのパートナーシップを築くためには，構造的，文化的に重大な障壁があるだけでなく，非生産的になる可能性もある。また政府機関の仕事の本質は，差し迫った危機によって実践者が動くことを求める。こうしたニーズは，研究を過度に短期的で戦略的なものとし，実質的に科学に基づいた知識に貢献するというその本質を歪める可能性がある。同様に，科学としての質に関する伝統的な解釈と，実践のための研究としての有用性の間にはトレードオフの関係があるかもしれない（National Research Council, 2001d)。したがって，私たちは，これらの共同研究の発展には，その妥当性を研究し，時間をかけて改善していくための明示的な計画を含めるべきであることを強調する。

---

◆4　同サイトは現在（2019 年 10 月）閉鎖されている。

Chapter6　連邦政府教育研究機関において科学を育成するためのデザイン原則

# 結　語

　私たちは，これらのデザイン原則を行動に移すことに明確かつ一貫して重き
を置くことは，政府機関内の強力な科学的文化を促進し，教育研究における連
邦政府の役割を強化すると考えている。米国教育研究所やOERIの歴史を知っ
ている人々にとっては，ここに示した多くの原則がお馴染みのものに聞こえる
であろう。そうでない人にとっても，その多くは自明のものであるように見え
るかもしれない。しかしながら，私たちはこれらの原則が問題の要点であると
考えている。過去の「改革」の取り組みは，科学的なコミュニティーを支え，
科学的な規範を政府機関内に育成するインフラの構築に関して，核となる問題
に適切に取り組むことなく，既存の政府機関の組織構造の改変に頻繁すぎるほ
ど注目してきた。おそらく，米国教育研究所の初期の時代には，教育研究を担
当する連邦政府の主要機関が，科学的文化を発展させ，その使命を全うするた
めの基本的なツールを持ってはいなかった。詳細は変わるかもしれないが，私
たちの提案する原則が，どのような時点での既存の連邦政府のインフラの特定
状況かにかかわらず，科学的な教育研究を支援する責任を持った連邦政府機関
にとっての指標として役立ってほしいと思う。

189

# 文 献

Achilles, C. (1999). *Let's put kids first, finally: Getting class size right*. Thousand Oaks, CA: Corwin Press.

Adams, M. J. (1990). *Beginning to read: Thinking and learning about print*. Cambridge, MA: MIT Press.

Agar, M. (1996). *The professional stranger: An informal introduction to ethnography*. San Diego: Academic Press.

Alberts, B., Bray, D., Johnson, A., Lewis, J., Walter, P., Roberts, K., and Raff, M. (1997). *Essential cell biology: An introduction to the molecular biology of the cell*. New York: Garland. （中村桂子・藤山秋佐夫・松原謙一（監訳）（1998）. Essential 細胞生物学 南江堂）

Altonji, J. G. (1988). The effects of family background and school characteristics on education and labor market outcomes. Unpublished manuscript, North-western University, Evanston, IL.

American Educational Research Association. (2000). *Creating knowledge in the 21st century: Insights from multiple perspectives*. 2000 Annual Meeting Program. Washington, DC: Author.

August, D., and Muraskin, L. (1999). Strengthening the standards: Recommenda-tions for OERI peer review. Summary report. Prepared for the National Educational Research Policy and Priorities Board, U.S. Department of Education.

Ball, D. L., and Lampert, M. (1999). Multiples of evidence, time, and perspective: Revising the study of teaching and learning. In E. C. Lagemann and L. Shulman (Eds.), *Issues in education research*. San Francisco: Jossey-Bass.

Bane, M. J. (2001). Presidential address. Expertise, advocacy, and deliberation: Lessons from welfare reform. *Journal of Policy Analysis and Management*, *20*(2), 191-197.

Barnard, J., Frangakis, C., Hill, J., and Rubin, D. (2002). Bayesian analysis of the New York School Choice Scholarships Program: A randomized experiment with noncompliance and missing data. In C. Gatsonis, R. E. Cass, B. Carlin, A. Carriquiry, A. Gelman, I. Verdinelli, and M. West (Eds.), *Case studies in Bayesian statistics*. New York: Springer-Verlag.

Baumeister, R. F., Bratslavsky, E., Muraven, M., and Tice, D. M. (1998). Ego depletion: Is the active self a limited resource? *Journal of Personality and Social Psychology*, *74*(5), 1252-1265.

Beardslee, W. R., Wright, E. J., Salt, P., and Drezner, K. (1997). Examination of children's responses to two preventive intervention strategies over time. *Journal of the American Academy of Child & Adolescent Psychiatry*, *36*(2), 196-204.

Behr, M. J., Lesh, R., Post, T. R., and Silver, E. A. (1983). Rational number concepts. In R. Lesh and M. Landau (Eds.), *Acquisition of mathematics concepts and processes* (pp. 91-125). New York: Academic Press.

Berger, A., Imbrie, J., Hays, J., Kukla, G., and Saltzman, B. (Eds.). (1984). *Milankovitch and climate*. Hingham, MA: D. Reidel.

Betts, J. (1995). Does school quality matter? Evidence from the national longitu-dinal survey of youth. *Review of Economics and Statistics*, *77*, 231-247.

Blachman, B. A. (2000). Phonological awareness. In M. L. Kamil, P. B. Mosenthal, P. D. Pearson, and R. Barr (Eds.), *Handbook of reading research: Vol. III* (pp. 483-502). Mahwah, NJ: Lawrence Erlbaum Associates.

Blumer, H. (1966). Foreword. In S. Bruyn (Ed.), *The human perspective in sociology: The methodology of participant observation* (pp. iii-vii). Englewood Cliffs, NJ: Prentice-Hall.

Bogatz, G. A., and Ball, S. (1972). *The impact of Sesame Street on children's first school experiences*. Children's Television Workshop, New York, NY. [BBB03935], Educational Testing Service, Princeton, NJ [QAT24225].

Bohrnstedt, G. W., and Stecher, B. M. (1999). *Class size reduction in California 1996-1998: Early findings sig-*

*nal promise and concerns*. Palo Alto, CA: CSR Research Consortium, American Institutes for Research.

Boruch, R. F. (1997). *Randomized experiments for planning and evaluation: A practical guide*. Thousand Oaks, CA: Sage.

Boruch, R. F., De Moya, D., and Snyder, B. (2002). The importance of randomized field trials in education and related areas. In F. Mosteller and R. Boruch (Eds.), *Evidence matters: Randomized trials in education research*. Washington, DC: Brookings Institution Press.

Boruch, R. F., and Foley, E. (2000). The honestly experimental society: Sites and other entities as the units of allocation and analysis in randomized trials. In L. Bickman (Ed.), *Validity and experimentation: Donald Campbell's legacy* (pp. 193-238). Thousand Oaks, CA: Sage.

Boruch, R. F., Snyder, B., and DeMoya, D. (2000). The importance of randomized field trials. *Crime and Delinquency*, *46*(2), 156-180.

Broecker, W. S. (1992). Climate cycles: Upset for Milankovitch theory. *Nature*, *359*, 779-780.

Brooks, H. (1967). Applied science and technological progress. *Science*, *156*, 1706-1712.

Brophy, J. E., and Good, T. L. (1986). Teacher behavior and student achievement. In M. C. Wittrock (Ed.), *Handbook of research on teaching* (3rd ed., pp 328-375). New York: Macmillan.

Brown, A. L. (1992). Design experiments: Theoretical and methodological challenges in creating complex interventions in classroom settings. *Journal of the Learning Sciences*, *2*(2), 141-178.

Brown, W. (1910). Some experimental results in the correlation of mental abilities. *British Journal of Psychology*, *3*, 296-322.

Bruner, J. (1996). *The culture of education*. Cambridge, MA: Harvard University Press. （岡本夏木・池上貴美子・岡村佳子（訳）（2004）. 教育という文化　岩波書店）

Bryk, A. S., Lee, V. A., and Holland, P. B. (1993). *Catholic schools and the common good*. Cambridge, MA: Harvard University Press.

Bryk, A. S., and Raudenbush, S. W. (1988). Toward a more appropriate conceptualization of research on school effects: A three-level linear model. *American Journal of Education*, *97*(1), 65-108.

Bryk, A. S., Sebring, P. B., Kerbow, D., Rollow, S., and Easton, J. Q. (1998). *Charting Chicago school reform: Democratic localism as a lever for change*. Boulder, CO: Westview Press.

Burtless, G. (Ed.). (1996). *Does money matter? The effect of school resources on student achievement and adult success*. Washington, DC: Brookings Institution Press.

Burtless, G. (2002). Randomized field trials for policy evaluation: Why not in education? In F. Mosteller and R. Boruch (Eds.), *Evidence matters: Randomized trials in education research*. Washington, DC: Brookings Institution Press.

Campbell, D. T. (1957). Factors relevant to the validity of experiments in social settings. *Psychological Bulletin*, *54*(4), 297-312.

Campbell, D. T. (1969). Reforms as experiments. *American Psychologist*, *24*(4), 409-429.

Campbell, D. T., and Stanley, J. C. (1963). Experimental and quasi-experimental designs for research on teaching. In N. L. Gage (Ed.), *Handbook of research on teaching* (pp. 171-246). Washington, DC: American Educational Research Association. (Printed by Rand McNally & Company).

Caporoso, J. A., and Roos, L. L., Jr. (1973). *Quasi-experimental approaches: Testing theory and evaluating policy*. Evanston, IL: Northwestern University Press.

Carr, E. G., Levin, L., McConnachie, G., Carlson, J. I., Kemp, D. C., Smith, C. E., and McLaughlin, D. M. (1999). Comprehensive multisituational intervention for problem behavior in the community: Long-term maintenance and social validation. *Journal of Positive Behavior Interventions*, *1*(1), 5-25.

Carroll, J. B. (1993). *Human cognitive abilities: A survey of factor-analytic studies*. Cambridge, England: Cambridge University Press.

Chall, J. (1967). *Learning to read: The great debate*. New York: McGraw-Hill.

Chubin, D. E., and Hackett, E. J. (1990). *Peerless science: Peer review and U.S. science policy*. Albany, NY:

文　献

State University of New York Press.

Cichetti, D. V. (1991). The reliability of peer review for manuscript and grant submissions: A cross-disciplinary investigation. *Behavioral and Brain Sciences*, *14*(1), 119-135.

Cochran. W. G. (1983). *Planning and analysis of observational studies*. New York: Wiley.

Cohen, D. K., Raudenbush, S. W., and Ball, D. L. (2002). Resources, instruction, and research. In F. Mosteller and R. Boruch (Eds.), *Evidence matters: Randomized trials in education research*. Washington, DC: Brookings Institution Press.

Cohn, V. (1989). *News and numbers: A guide to reporting statistical claims and controversies in health and other fields*. Ames, IA: Iowa State University Press. （折笠秀樹（訳）（1996）. ニュースの統計数字を正しく読む：保健医療の話題を中心に　バイオスタット）

Coleman, J. S., Cambell, E. Q., Hobson, C. F., McPartland, J., Mood, A. M., Weinfeld, F. D., and York, R. L. (1966). *Equality of educational opportunity*. Washington, DC: U.S. Government Printing Office.

Coleman, J. S., Hoffer, T., and Kilgore, S. (1982). *High school achievement: Public, Catholic, and other private schools compared*. New York: Basic Books.

Confrey, J., and Lachance, A. (2000). Transformative teaching experiments through conjecture-driven research design. In A. E. Kelly and R. A. Lesh (Eds.), *Hand-book of research design in mathematics and science education* (pp. 17-34). Mahwah, NJ: Lawrence Erlbaum Associates.

Cook, R., Lawrence, H., Morse, C., and Roehl, J. A. (1984). An evaluation of the alternatives approach to drug abuse prevention. *International Journal of the Addictions*, *19*(7), 767-787.

Cook, T. D. (2001). Sciencephobia. *Education Next*, *1*(3), 62-68.

Cook, T. D., and Campbell, D. T. (Eds.). (1979). *Quasi-experimentation: Design and analysis issues for field settings*. Boston, MA: Houghton Mifflin.

Cook, T. D., and Campbell, D. T. (1986). The causal assumptions of quasi-experimental practice. *Synthese*, 68(1), 141-180.

Cook, T. D., and Payne, M. R. (2002). Objecting to the objections to using random assignment in educational research. In F. Mosteller and R. Boruch (Eds.), *Evidence matters: Randomized trials in education research*. Washington, DC: Brookings Institution Press.

Cooper, H., and Hedges, L. V. (Eds.). (1994). *Handbook of research synthesis*. New York: Russell Sage Foundation.

Crawford, J. (1992). *Hold your tongue: Bilingualism and the politics of "English only."* Reading, MA: Addison-Wesley. （本名信行（訳）（1994）. 移民社会アメリカの言語事情：英語第一主義と二言語主義の戦い　ジャパンタイムズ）

Cremin, L. (1990). *Popular education and its discontents*. New York: Harper & Row.

Cronbach, L. J. (1951). Coefficient alpha and the internal structure of tests. *Psychometrika*, *16*(3), 297-334.

Cronbach, L. J. (1971). Test validation. In R. L. Thorndike (Ed.), *Educational measurement*, 2nd ed (pp. 443-508). Washington, DC: American Council on Education.

Cronbach, L. J. (1975). Beyond the two disciplines of scientific psychology. *American Psychologist*, *30*, 671-684.

Cronbach, L. J. (with Shapiro, K.). (1982). *Designing evaluations of educational and social programs*. San Francisco: Jossey-Bass.

Cronbach, L. J. (1989). Lee J. Cronbach. In G. Lindzey (Ed.), *A history of psychology in autobiography*: Vol. VIII, (pp. 64-93). Stanford, CA: Stanford University Press.

Cronbach, L. J., Ambron, S. R., Dornbusch, S. M., Hess, R. D., Hornik, R. C., Phillips, D. C., Walker, D. F., and Weiner, S. S. (1980). *Toward reform of program evaluation*. San Francisco: Jossey Bass.

Cronbach, L. J., Gleser, G. C., Nanda, H., and Rajaratnam, N. (1972). *The dependability of behavioral measurements: Theory of generalizability for scores and profiles*. New York: Wiley.

Cronbach, L. J., Rajaratnam, N., and Gleser, G. C. (1963). Theory of generalizability: A liberalization of reliability theory. *British Journal of Statistical Psychology*, *16*, 137-163.

Cronbach, L. J., and Suppes, P. (Eds.). (1969). R*esearch for tomorrow's schools*. New York: Macmillan.

Day, J. C. (1996). *Population projections of the United States by age, sex, race, and Hispanic origin: 1995 to 2050*. U.S. Bureau of the Census, Current Population Reports, P25-1130. Washington, DC: U.S. Government Printing Office.

Day, J., and Kalman, D. (2001). Teaching linear algebra: Issues and resources. *The College Mathematics Journal*, *32*(3), 162-168.

deNeufville, J. I. (1975). *Social indicators and public policy: Interactive processes of design and application*. New York: Elsevier.

Denzin, N. (1978). *The research act: A theoretical introduction to sociological methods*. New York: McGraw-Hill.

Derry, G. N. (1999). *What science is and how it works*. Princeton, NJ: Princeton University Press. （橋本敬造（訳）（2009）．科学とその働き：科学社会論の問い　大学教育出版）

Dewey, J. (1916). *Democracy and education*. New York: Macmillan. （松野安男（訳）（1975-1975）．民主主義と教育　上・下　岩波書店）

Dewey, J. (1929). *The sources of a science of education*. New York: Liveright. （河村　望（訳）（2000）．デューイ＝ミード著作集 7　学校と社会 経験と教育　人間の科学新社）

Dewey, J. (1938). *Logic: The theory of inquiry*. New York: H. Holt and Company. （河村　望（訳）（2013）．行動の論理学：探求の理論　人間の科学新社）

Diamond, J. (1999). *Guns, germs, and steel*. New York: W. W. Norton and Company. （倉骨　彰（訳）（2000）．銃・病原菌・鉄：一万三〇〇〇年にわたる人類史の謎　上・下　草思社）

Donner, A., and Klahr, N. (2000). *Design and analysis of cluster randomization trials in health research*. London: Arnold.

Du Bois, P. H. (1970). *A history of psychological testing*. Boston: Allyn and Bacon.

Duneier, M. (1999). *Sidewalk*. New York: Farrar, Straus and Giroux.

Eden, G. F., and Zeffiro, T. A. (1998). Neural systems affected in developmental dyslexia revealed by functional neuroimaging. *Neuron*, *21*(2), 279-282.

Edgeworth, F. Y. (1888). The statistics of examinations. *Journal of the Royal Statistical Society*, *51*, 599-635.

Edmonds, R. (1984). School effects and teacher effects. *Social Policy*, *15*(2), 37-39.

Ehrenberg, R. G., and Brewer, D. J. (1994). Do school and teacher characteristics matter? Evidence from high school and beyond. *Economics of Education Review*, *13*, 1-17.

Einstein, A., and Infeld, L. (1938). *The evolution of physics*. New York: Simon and Schuster. （石原　純（訳）（1963）．物理学はいかに創られたか：初期の観念から相対性理論及び量子論への思想の発展　上巻・下巻　岩波書店）

Eisner, E. W. (1991). *The enlightened eye: Qualitative inquiry and the enhancement of educational practice*. New York: Macmillan.

Elmore, R. F. (1996). Getting to scale with good educational practice. *Harvard Educational Review*, *66*(1), 1-26.

Farley, K. A. (1995). Cenozoic variations in the flux of interplanetary dust recorded by sup 3He in a deep-sea sediment. *Nature*, *376*, 153-156.

Feldman, M., and March, J. G. (1981). Information in organizations as signal and symbol. *Administrative Science Quarterly*, *26*, 171-186.

Feng, Y., and Vasconcelos, P. (2001). Quaternary continental weathering geo-chronology by laser-heating 40Ar/39Ar analysis of supergene cryptomelane. *Geology*, *29*(7), 635-638.

Ferguson, R. F. (1991). Paying for public education: New evidence on how and why money matters. *Harvard Journal on Legislation*, *28*, 465-98.

Finn, C., Jr. (2001). Trouble ahead? *Philanthropy*, *15*(3), 36-37.

Finn, J. D., and Achilles, C. M. (1990). Answers and questions about class size: A statewide experiment. *Ameri-*

文　献

*can Educational Research Journal, 27*(3), 557-577.

Finn, J. D., and Achilles, C. M. (1999). Tennessee's Class Size Study: Findings, Implications, Misconceptions. *Educational Evaluation and Policy Analysis, 21*(2), 97-109.

Fletcher, J. M., and Lyon, G. R. (1998). Reading: A research-based approach. In W. Evers (Ed.), *What's gone wrong in America's classrooms* (pp. 49-90). Stanford, CA: Hoover Institution Press.

Folger, J., and Breda, C. (1989). Evidence from Project STAR about class size and student achievement. *Peabody Journal of Education, 67*(1), 17-33.

Forgione, P. D. (2001). Testimony to the U.S. House Committee on Education and the Workforce. 107th Cong., 1st Sess.

Fuchs, L. S., Fuchs, D., and Kazdan, S. (1999). Effects of peer-assisted learning strategies on high school students with serious reading problems. *Remedial & Special Education, 20*(5), 309-318.

Fuhrman, S. (2001). The policy influence of education R&D centers. Testimony to The U.S. House Committee on Education and the Workforce. 107th Cong., 1st Sess.

Garcia, E. E., and Wiese, A. (2002). Language, public policy and schooling: A focus on Chicano English language learners. In R. Valencia (Ed.), *Chicano school failure and success (2nd ed.)*. New York: The Falmer Press.

Geweke, J., and Straf, M. (1999). Principles for managing social-science research in government. Paper presented to the National Research Council Committee on National Statistics, May 7, 1999.

Gibbs, W. W. (2001). Shrinking to enormity. *Scientific American, 284*, 33-34.

Gibson, E. J., and Levin, H. (1975). *The psychology of reading*. Cambridge, MA: MIT Press.

Glass, G. V., Cahen, L. S., Smith, M. L., and Filby, N. N. (1982). *School class size: Research and policy*. Beverly Hills, CA: Sage.

Glass, G. V., and Smith, M. L. (1978). *Meta-analysis of research on the relationship of class size and achievement*. San Francisco: Far West Laboratory of Educational Research and Development.

Goldberger, A. S. (1972). Selection bias in evaluating treatment effects. Discussion Paper No. 123-172. Institute for Research on Poverty, University of Wisconsin, Madison.

Goldberger, A. S. (1983). Abnormal selection bias. In S. Karlin, T. Amemiya, and L. A. Goodman (Eds.), *Studies in econometrics, time series, and multivariate statistics: In honor of Theodore W. Anderson* (pp. 67-84). New York: Academic Press.

Gorman, C. A., Garrity, J. A., Fatoourecchi, V., Bahn, R. S., Petersen, I. A., Stafford, S. L., Earle, J. D., Forbes, G. S., Kline, R. W., Bergstralh, E. J., Offord, K. P., Rademacher, D. M., Stanley, N. M., and Bartley, G. B. (2001). A prospective, randomized, double-blind, placebo-controlled study of orbital radiotherapy for Graves' ophthalmopathy. *Ophthalmology, 108*(9), 1523-1534.

Greeley, A. M. (1982). *Catholic high schools and minority students*. New Brunswick, NJ: Transaction Books.

Greeno, J. G., Collins, A. M., and Resnick, L. B. (1996). Cognition and learning. In D. C. Berliner and R. C. Calfee (Eds.), *Handbook of educational psychology* (pp. 15-46). New York: Simon & Schuster Macmillan.

Grigorenko, E. L. (1999). The biological foundations of developmental dyslexia. In R. J. Sternberg and L. Spear-Swerling (Eds.), *Perspectives on learning disabilities* (pp. 3-22). Oxford: Westview Press.

Grissmer, D. (Ed.). (1999). Class size: Issues and new findings [Special issue]. *Educational Evaluation and Policy Analysis, 21*(2).

Grissmer, D. W., and Flanagan, A. (2000). Moving educational research toward scientific consensus. In D. W. Grissmer and J. M. Ross (Eds.), *Analytic issues in the assessment of student achievement*. Washington, DC: U.S. Department of Education, National Center for Education Statistics.

Grogger, J. (1996). School expenditures and post-schooling earnings: Evidence from high school and beyond. *The Review of Economics and Statistics, 78*, 628-637.

Gross, P. R., Levitt, N., and Lewis, M. (1997). *The flight from science and reason*. New York: New York Academy of Sciences.

文　献

Grossman, D. (2001). Profile: Astrophysicist Richard A. Muller. *Scientific American*, 284, 30-32.

Guba, E. G., and Lincoln, Y. S. (1981). *Effective evaluation*. San Francisco: Jossey-Bass.

Guilford, J. P. (1967). *The nature of human intelligence*. New York: McGraw-Hill.

Gulliksen, H. (1950a). History of and present trends in testing. Research Memo-randum RM-50-32, Princeton, NJ: Educational Testing Service.

Gulliksen, H. (1950b). *Theory of mental tests*. New York: John Wiley.

Gustasson, J-E, and Undheim, J. O. (1996). Individual differences in cognitive functions. In D. C. Berliner and R. C. Calfee (Eds.), *Handbook of educational psychology* (pp. 186-242). New York: Macmillan.

Guttman, L. (1953). A special review of Harold Gulliksen, Theory of mental tests. *Psychometrika*, 18, 123-130.

Hanushek, E. A. (1981). Throwing money at schools. *Journal of Policy Analysis & Management*, 1(1), 19-41.

Hanushek, E. A. (1986). The economics of schooling: Production and efficiency in public schools. *Journal of Economic Literature*, 24, 1141-1177.

Hanushek, E. A. (1997). Assessing the effects of school resources on student performance: An update. *Educational Evaluation & Policy Analysis*, 19, 141-164.

Hanushek, E. A. (1999a). The evidence on class size. In S. E. Mayer and P. Peterson (Eds.), *Earning and learning: How schools matter* (pp. 131-168). Washington, DC: Brookings Institution Press.

Hanushek, E. A. (1999b). Some findings from an independent investigation of the Tennessee STAR experiment and from other investigations of class size effects. *Educational Evaluation and Policy Analysis*, 21(2), 143-164.

Hanushek, E. A., Kain, J. F., and Rivkin, S. G. (1998, August). Teachers, schools and academic achievement. NBER Working Paper W6691. Cambridge, MA: National Bureau of Economic Research.

Harel, G., and Confrey, J. (Eds.). (1994). *The development of multiplicative reasoning in the learning of mathematics*. Albany, NY: SUNY Press.

Heckman, J. J. (1979). Sample selection bias as a specification error. *Econometrica*, 47, 153-161.

Heckman, J. J. (1980a). Addendum to'Sample Selection Bias as a Specification Error.' In E. W. Stromsdorfer and G. Farkas (Eds.), *Evaluation studies: Review annual*: Vol. 5 (pp. 69-74). Beverly Hills, CA: Sage.

Heckman, J. J. (1980b). Sample selection bias as a specification error with an application to the estimation of labor supply functions. In J. P. Smith (Ed.), *Female labor supply: Theory and estimation* (pp. 206-248). Princeton, NJ: Princeton University Press.

Heckman, J. J. (2001). Micro data, heterogeneity, and the evaluation of public policy: Nobel Lecture. *Journal of Political Economy*, 109(4), 673-748.

Hedges, L. V., Laine, R. D., and Greenwald, R. (1994). Does money matter? A meta-analysis of studies of the effects of differential school inputs on student outcomes. *Educational Researcher*, 23(3), 5-14.

Hedges, L. V., and Olkin, I. (1983). Regression models in research synthesis. *American Statistician*, 37, 137-140.

Hirst, P. H., and Peters, R. S. (1970). *The logic of education*. London: Routledge.

Holland, D. C., and Eisenhart, M. A. (1990). *Educated in romance: Women, achievement, and college culture*. Chicago: University of Chicago Press.

Holland, P. W. (1993). Which comes first, cause or effect? In G. Keren, and C. Lewis (Eds.), *A handbook for data analysis in the behavioral sciences: Methodological issues* (pp. 273-282). Hillsdale, NJ: Lawrence Erlbaum Associates.

Howe, K. (1988). Against the quantitative-qualitative incompatibility thesis. *Educational Research*, 17(8), 10-16.

Howe, K., and Eisenhart, M. (1990). Standards for qualitative (and quantitative) research: A prolegomenon. *Educational Researcher*, 19(4), 2-9.

Hruz, T. (2000). The costs and benefits of smaller classes in Wisconsin: A further evaluation of the SAGE program. *Wisconsin Policy Research Institute Report*, 13(6).

文　献

Jackson, A. (1996). New directions at the IAS. *Notices of the American Mathematical Society*, *43*(11), 1359-1362.

Jencks, C., Smith, M., Acland, H., Bane, M. J., Cohen, D., Gintis, H., Heyns, B., and Michelson, S. (1972). *Iequality: A reassessment of the effect of family and schooling in America*. New York: Basic Books. （高木正太郎（訳）（1978）. 不平等：学業成績を左右するものは何か　黎明書房）

Judy, R. W., and D'Amico, C. (1997). *Workforce 2020: Work and workers in the 21st century*. Indianapolis: Hudson Institute.

Kaestle, C. F. (1993). The awful reputation of education research. *Educational Researcher*, *22*(1), 26-31.

Karner, D. B., and Muller, R. A. (2000). A causality problem for Milankovitch. *Science*, 288, 2143-2144.

Kelley, T. L. (1923). *Statistical method*. New York: Macmillan.

Kelly, A. E., and Lesh, R. A., (Eds.). (2000). *Handbook of research design in mathematics and science education*. Mahwah, NJ: Lawrence Erlbaum Associates.

Kelly, A. E., and Lesh, R. A. (2000). Trends and shifts in research methods. In A. E. Kelly and R. A. Lesh, (Eds.), *Handbook of research design in mathematics and science education* (pp. 35-44). Mahwah, NJ: Lawrence Erlbaum Associates.

King, G., Keohane, R., and Verba, S. (1994). *Designing social inquiry: Scientific inference in qualitative rsearch*. Princeton: Princeton University Press. （真渕　勝（監訳）（2004）. 社会科学のリサーチ・デザイン：定性的研究における科学的推論　勁草書房）

Kirst, M. W., and Mazzeo, C. (1996). The rise, fall, and rise of state assessment in California, 1993-96. *Phi Delta Kappan*, *78*(4), 319-323.

Krathwohl, D. R. (1998). *Methods of educational and social science research: An integrated approach*. New York: Longman.

Krueger, A. B. (1999). Experimental estimates of education production functions. *Quarterly Journal of Economics*, CXIV, 497-532.

Krueger, A. B., and Whitmore, D. M. (2001). The effect of attending a small class in the early grades on college-test taking and middle school test results: Evidence from Project STAR. *Economic Journal*, *111*, 1-28.

Krueger, F., and Spearman, C. (1907). Die korrelation zwischen verschiedenen geistigen leistungfahigkeiten. *Zeitschrift fur Psychologie*, *44*, 50-114.

Kuder, G. F., and Richardson, M. W. (1937) The theory of estimation of test reliability. *Psychometrika*, 2, 151-166.

Kuhn, T. S. (1962). *The structure of scientific revolutions*. Chicago: University of Chicago Press. （中山　茂（訳）（1971）. 科学革命の構造　みすず書房）

Lagemann, E. C. (1996). Contested terrain: A history of education research in the United States, 1890-1990. *Educational Researcher*, *26*(9), 5.

Lagemann, E. C. (2000). *An elusive science: The troubling history of education research*. Chicago: University of Chicago Press.

Lakatos, I. (1970). Falsification and the methodology of scientific research programs. In I. Lakatos and A. Musgrave (Eds.), *Criticism and the growth of knowledge* (pp. 91-195). Cambridge, England: Cambridge University Press. （森　博（監訳）（1985）. 批判と知識の成長　木鐸社）

Lakatos, I., and Musgrave, A. (Eds.). (1970). *Criticism and the growth of knowledge*. Cambridge, England: Cambridge University Press. （森　博（監訳）（1985）. 批判と知識の成長　木鐸社）

Lambert, S. M., and Markel, H. (2000). Making history: Thomas Francis, Jr., M.D., and the 1954 Salk poliomyelitis vaccine field trial. *Archives of Pediatrics and Adolescent Medicine*, *154*(5), 512-517.

Lawrence-Lightfoot, S. (1994). *I've known rivers: Lives of loss and liberation*. Reading, MA: Addison-Wesley.

Lawrence-Lightfoot, S., and Davis, J. H. (1997). *The art and science of portraiture*. San Francisco: Jossey-Bass.

Lesh, R. A, and Kelly, A. E. (2000). Multitiered teaching experiments. In A. E. Kelly and R. A. Lesh (Eds.), *Handbook of research design in mathematics and science education* (pp. 17-34). Mahwah, NJ: Lawrence

Erlbaum Associates.

Lesh, R. A., Lovitts, B., and Kelly, A. E. (2000). Purposes and assumptions of this book. In A. E. Kelly and R. A. Lesh (Eds.), *Handbook of research design in mathematics and science education* (pp. 17-34). Mahwah, NJ: Lawrence Erlbaum Associates.

Levin, J. R., and O'Donnell, A. M. (1999). What to do about educational research's credibility gaps? *Issues in Education, 5*(2), 177-229.

Liberman, A. M. (1997). How theories of speech affect research in reading and writing. In B. A. Blachman (Ed.), *Foundations of reading acquisition and dyslexia: Implications for early intervention* (pp. 3-19). Mahwah, NJ: Lawrence Erlbaum Associates.

Liberman, A. M., Cooper, F. S., Shankweiler, D. P., and Studdert- Kennedy, M. (1967). Perception of the speech code. *Psychological Review, 74*, 731-761.

Liberman, I. Y. (1971). Basic research in speech and lateralization of language:Some implications for reading disability. *Bulletin of the Orton Society, 21*, 71-87.

Lindblom, C. E., and Cohen, D. K. (1979). *Usable knowledge: Social science and social problem solving.* New Haven: Yale University Press.

Lindblom, C. E., and Wodehouse, E. J. (1993). *The policy-making process* (3rd ed.). Englewood Cliffs, NJ: Prentice Hall.

Lock, S., and Wells, F. (1996). *Fraud and misconduct in medical research.* London: BMJ.

Loeb, S., and Page, M. E. (2000). Examining the link between teacher wages and student outcomes: The importance of alternative labor market opportunities and non-pecuniary variation. *Review of Economics & Statistics, 82*(3), 393-408.

Lord, F. M. (1952). A theory of test scores. *Psychometric Monograph*, No. 7.

Lord, F. M., and Novick, M. R. (1968). *Statistical theories of mental test scores.* Reading, MA: Addison-Wesley.

MacDonald, G. J., and Sertorio, L. (Eds.). (1990). *Global climate and ecosystem change.* NATO ASI Series, Vol. B240. New York: Plenum Press.

Mack, N. K. (1990). Learning fractions with understanding: Building on informal knowledge. *Journal for Research in Mathematics Education, 21*(1), 16-32.

Mack, N. K. (1995). Confounding whole-number and fraction concepts when building on informal knowledge. *Journal for Research in Mathematics Education, 26*(5), 422-441.

Mackintosh, N. J. (Ed.). (1995). *Cyril Burt: Fraud or framed?* New York: Oxford University Press.

Mathtech. (1996). Comparison of selected federal R&D styles. Paper prepared for the National Educational Research Policy and Priorities Board, U.S. Department of Education.

Maxwell, J. A. (1996). *Qualitative research design: An interactive approach.* Thousand Oaks, CA: Sage.

Medical Research Council. (1948). Streptomycin treatment of pulmonary tuberculosis. *British Medical Journal, 2*, 769-782.

Merton, R. K. (1973). *The sociology of science: Theoretical and empirical investigations.* Chicago: University of Chicago Press. （成定　薫（訳）（1983）．科学社会学の歩み：エピソードで綴る回想録　サイエンス社）

Messick, S. (1989). Validity. In R. L. Linn (Ed.), *Educational measurement 3rd ed.*, (pp. 13-103). New York: Macmillan.

Messick, S. (1993). *Foundation of validity: Meaning and consequences in psychological assessment.* Princeton, NJ: Educational Testing Service.

Milankovitch, M. (1941/1969). *Canon of insolation of the Earth and its application to the problem of the ice ages* (Israel Program for Scientific Translations, Trans.). Jerusalem: Israel Program for Scientific Translations. (Original work published 1941). [Available from the National Technical Information Service: http://www.ntis.gov/]

Miles, M. B., and Huberman, A. M. (1994). *Qualitative data analysis: An expanded sourcebook.* Thousand

文　献

Oaks, CA: Sage.

Miller, D. W. (2001, July 13). The problem with studying vouchers. *The Chronicle of Higher Education*, pp. A14-A15.

Mills, C. W. (2000). *The sociological imagination* (40th anniversary ed.). New York: Oxford University Press. （鈴木　広（訳）（1995）．社会学的想像力［新装版］　紀伊國屋書店）

Mislevy, R. J. (1996). Test theory reconceived. *Journal of Educational Measurement*, 33(4), 379-416.

Mitchell, T. R., and Haro, A. (1999). Poles apart: Reconciling the dichotomies in education research. In E. C. Lagemann and L. Shulman (Eds.), *Issues in educa-tion research* (pp. 42-62). San Francisco: Jossey-Bass.

Morrill, W. (1998, October 6). Shaping the future of educational research, development, and communication. Working paper presented to the National Educational Research Policy and Priorities Board, U.S. Department of Education.

Moschkovich, J. N., and Brenner M. E. (2000). Integrating a naturalistic paradigm into research on mathematics and science cognition and learning. In A. E. Kelly and R. A. Lesh (Eds.), *Handbook of research design in mathematics and science education* (pp. 457-486). Mahwah, NJ: Lawrence Erlbaum Associates.

Moses, L. E. (1995). Measuring effects without randomized trials? Options, problems, challenges. *Medical Care, 33*(4, Suppl.), AS8-AS14.

Mosteller, F. (1995). The Tennessee study of class size in the early school grades. *The Future of Children, 5*(2), 113-127.

Mosteller, F., Gilbert, J. P., and McPeek, B. (1980). Reporting standards and research strategies for controlled trials: Agenda for the editor. *Controlled Clinical Trials, 1*, 37-58.

Muller, R. A. (1994). Glacial cycles and orbital inclination. Lawrence Berkeley Laboratory Report LBL-35665.

Murnane, R. J., and Levy, F. (1996). *Teaching the new basic skills: Principles for educating children to thrive in a changing economy*. New York: The Free Press.

Murnane, R. J., and Nelson, R. (1984). Production and innovation when techniques are tacit: The case of educa-tion. *Journal of Economic Behavior and Organizations, 5*, 353-373.

Murray, D. M. (1998). *Design and analysis of group randomized trials*. New York: Oxford University Press.

Murphy, E., Dingwall, R., Greatbatch, D., Parker, S., and Watson, P. (1998). Qualitative research methods in health technology assessment: A review of the literature. *Health Technology Assessment, 2*(16), vii-260.

Myers, D., Peterson, P., Mayer, D., Chou, J, and Howell, W. G. (2000). *School choice in New York City after two years: An evaluation of the school choice scholarships program. Interim Report*. Washington, DC: Mathematica Policy Research.

Myers, D., and Schirm, A. (1999). *The impacts of Upward Bound: Final report for phase I of the national evaluation*. Plainsboro, NJ: Mathematica Policy Research.

National Academy of Education. (1999). *Recommendations regarding research priorities: An advisory report to the National Educational Research Policy and Priorities Board*. New York: Author.

National Center for Education Statistics. (1996). *A descriptive summary of 1992-93 bachelor's degree recipients: 1 year later*. Washington, DC: U.S. Department of Education.

National Commission on Excellence in Education. (1983). *A nation at risk: The imperative for educational reform*. Washington, DC: U.S. Department of Education. （橋爪貞雄（1984）．危機に立つ国家：日本教育への挑戦　黎明書房）

National Educational Research Policy and Priorities Board. (2000). *Investing in learning: A policy statement with recommendations on research in education. Investing in research: A second policy statement with further recommendations for research in education*. Washington, DC: U.S. Department of Education.

National Reading Panel. (2000). *Teaching children to read: An evidence-based assessment of the scientific research literature on reading and its implications for reading instruction*. Rockville, MD: National Institute of Child Health and Human Development.

National Research Council. (1958). *A proposed organization for research in education*. Washington, DC: National Academy of Sciences.

National Research Council. (1977). *Fundamental research and the process of education*. Committee on Fundamental Research Relevant to Education. S. B. Kiesler and C. F. Turner, Eds. Assembly of Behavioral and Social Sciences. Washington, DC: National Academy of Sciences.

National Research Council. (1986). *Creating a center for education statistics: A time for action*. Panel to Evaluate the National Center for Education Statistics. Committee on National Statistics. Commission on Behavioral and Social Sciences and Education. Washington, DC: National Academy Press.

National Research Council. (1991). *Performance assessment for the workplace: Vol. I.* Committee on the Performance of Military Personnel. Commission on Behavioral and Social Sciences and Education. Washington, DC: National Academy Press.

National Research Council. (1992). *Research and education reform: Roles for the Office of Educational Research and Improvement*. Committee on the Federal Role in Education Research. R. C. Atkinson and G. B. Jackson, Eds. Commission on Behavioral and Social Sciences and Education. Washington, DC: National Academy Press.

National Research Council. (1998). *Preventing reading difficulties in young children*. Committee on the Prevention of Reading Difficulties in Young Children. C. E. Snow, M. S. Burns, and P. Griffin, Eds. Commission on Behavioral and Social Sciences and Education. Washington, DC: National Academy Press.

National Research Council. (1999a). *The changing nature of work: Implications for occupational analysis.* Committee on Techniques for the Enhancement of Human Performance: Occupational Analysis. Commission on Behavioral and Social Sciences and Education. Washington, DC: National Academy Press.

National Research Council. (1999b). *Evaluating federal research programs: Research and the Government Performance and Results Act*. Committee on Science, Engineering, and Public Policy. National Academy of Sciences, National Academy of Engineering, Institute of Medicine. Washington, DC: National Academy Press.

National Research Council. (1999c). *How people learn: Brain, mind, experience, and school*. Committee on Developments in the Science of Learning. J. D. Bransford, A. L. Brown, and R. R. Cocking, Eds. Commission on Behavioral and Social Sciences and Education. Washington, DC: National Academy Press. （森　敏昭・秋田喜代美（監訳）（2002）．授業を変える：認知心理学のさらなる挑戦　北大路書房）

National Research Council. (1999d). *Improving student learning: A strategic plan for education research and its utilization*. Committee on a Feasibility Study for a Strategic Education Research Program. Commission on Behavioral and Social Sciences and Education. Washington, DC: National Academy Press.

National Research Council. (2001a). *Knowing and learning mathematics for teaching:Proceedings of a workshop*. Mathematics Teacher Preparation Content Workshop Program Steering Committee. Mathematical Sciences Education Board. Center for Education. Division of Behavioral and Social Sciences and Education. Washington, DC: National Academy Press.

National Research Council. (2001b). *Knowing what students know: The science and design of educational assessment*. Committee on the Foundations of Assessment. J. Pellegrino, N. Chudowsky, and R. Glaser, Eds. Center for Education. Divi-sion of Behavioral and Social Sciences and Education. Washington, DC: National Academy Press.

National Research Council. (2001c). *Observations on the President's Fiscal Year 2002 Federal Science and Technology Budget*. Committee on Science, Engineering, and Public Policy. National Academy of Sciences, National Academy of Engineering, Institute of Medicine. Washington, DC: National Academy Press.

National Research Council. (2001d). *Science, evidence, and inference in education: Report of a workshop*. Committee on Scientific Principles in Education Research. L. Towne, R. J. Shavelson, and M. J. Feuer, Eds. Center for Education. Division of Behavioral and Social Sciences and Education. Washington, DC: National Academy Press.

Nelson, R. (2000). Knowledge and innovation systems. In Organisation for Economic Co-Operation and Devel-

文　献

opment (Ed.), *Knowledge management in the learning society* (pp. 115-124). Paris: Organisation for Economic Co-Op-eration and Development.

Newton-Smith, W. H. (1981). *The rationality of science*. London: Routledge.

Newton-Smith, W. H. (2000). *A companion to the philosophy of science*. Malden, MA: Blackwell.

Odden, A. (1990). Class size and student achievement: Research-based policy alternatives. Educational Evaluation and Policy Analysis, 12(2), 213-227.

Olson, R. K. (1999). Genes, environment, and reading disabilities. In R. J. Sternberg and L. Spear-Swerling (Eds.), *Perspectives on learning disabilities* (pp. 3-22). Oxford: Westview Press

Olson, R. K., Forsberg, H., Gayan, J., and DeFries, J. C. (1999). A behavioral-genetic analysis of reading disabilities and component processes. In R. M. Klein and P. A. McMullen (Eds.), *Converging methods for understanding reading and dyslexia* (pp. 133-153). Cambridge Mass.: MIT Press.

Orr, L. L. (1999). *Social experiments: Evaluating public programs with experimental methods*. Thousand Oaks, CA: Sage.

Packer, A. (1997). Mathematical competencies employers expect. In L. Steen (Ed.), *Why numbers count: Quantitative literacy for tomorrow's America* (pp. 137-154). New York: The College Board.

Palinscar, A. S., and Brown, A. L. (1984). Reciprocal teaching of comprehension- fostering and monitoring activities. *Cognition and Instruction, 1*(2), 117-135.

Paradise, J. L., Bluestone, C. D., Colborn, D. K., Bernard, B. S., Smith, C. G., Rockette, H. E., and Kurs-Lasky, M. (1999). Adenoidectomy and adenotonsillectomy for recurrent acute otitis media: Parallel randomized clinical trials in children not previously treated with tympanostomy tubes. *Journal of the American Medical Association (JAMA), 282*(10), 945-953.

Peltonen, L., and McKusick, V. A. (2001). Dissecting human disease in the postgenomic era. *Science, 291*(5507), 1224-1227, 1229.

Pennington, B. F. (1999). Dyslexia as a neurodevelopmental disorder. In H. Tager-Flusberg (Ed.), *Neurodevelopmental disorders* (pp. 307-330). Cambridge, MA: MIT Press.

Peterson, P. E. (1998). School choice: A report card. *Virginia Journal of Social Policy & the Law, 6*(1), 47-80.

Peterson, P. E., Howell, W. G., and Greene, J. P. (1999). An evaluation of the Cleve-land voucher program after two years. Program on Education Policy and Governance Research Paper. Kennedy School of Government, Harvard University. Available: http://www.ksg.harvard.edu/pepg/. [2001, August 21].

Peterson, P. E., Myers, D., and Howell, W. G. (1999). *An evaluation of the Horizon Scholarship Program in the Edgewood Independent School District, San Antonio, Texas: The first year*. Washington, DC: Mathematica Policy Research.

Phillips, D. (1987). Validity in quantitative research, or, why the worry about warrant will not wane. *Education and Urban Society, 20*(1), 9-24.

Phillips, D. (2000). *The expanded social scientist's bestiary: A guide to fabled threats to, and defenses of, naturalistic social science*. Lanham, MD: Rowman & Littlefield.

Phillips, D., and Burbules, N. C. (2000). *Postpositivism and educational research*. Lanham, MD: Rowman & Littlefield.

Pieterse, M. E., Seydel, E. R., DeVries, H., Mudde, A. N., and Kok, G. J. (2001). Effectiveness of a minimal contact smoking cessation program for Dutch general practitioners: A randomized controlled trial. *Preventive Medicine, 32*(2), 182-190.

Polanyi, M. (1958). *Personal knowledge: Towards a post-critical philosophy*. Chicago: University of Chicago Press.　（長尾史郎（訳）（1985）．個人的知識：脱批判哲学をめざして　ハーベスト社）

Pope, M. C., and Giles, K. A. (2001). Solid earth: Carbonate sediments. *Geotimes, 46*(7), 20-21.

Popper, K. R. (1959). *The logic of scientific discovery*. New York: Basic Books.　（大内義一・森　博（共訳）（1971-1972）．科学的発見の論理　上・下　恒星社厚生閣）

Popper, K. R. (1965). *Conjectures and refutations*. New York: Basic Books.　（藤本隆志・石垣壽郎・森　博（訳）

（2009）．推測と反駁：科学的知識の発展［新装版］ 法政大学出版局）

President's Committee of Advisors on Science and Technology. (1997). *Report to the President on the use of technology to strengthen K-12 education in the United States*. Available: http://www.ostp.gov/PCAST/k-12ed.html. [2001, August 21].

Puglisi, T. (2001). IRB review: It helps to know the regulatory framework. *APS Observer*, *14*(5), 34-36.

Putnam, R. D. (1995). Bowling alone: America's declining social capital. *Journal of Democracy*, *6*, 65-78.

Putnam, R. D., Leonardi, R., and Nanetti, R. (1993). *Making democracy work: Civic traditions in modern Italy*. Princeton, NJ: Princeton University Press. （河田潤一（訳）（2001）．哲学する民主主義：伝統と改革の市民的構造 NTT 出版）

Rasch, G. (1960). Probabilistic models for some intelligence and attainment tests. Originally published by the Denmarks Paedagogiske Institut. Republished in 1980 by the University of Chicago Press.

Reimers, F., and McGinn, N. (1997). *Informed dialog: Using research to shape education policy around the world*. Westport, CT: Praeger.

Ritter, G. W., and Boruch, R. F. (1999). The political and institutional origins of a randomized controlled trial on elementary school class size: Tennessee's Project STAR. *Educational Evaluation and Policy Analysis*, *21*(2), 111-125.

Robinson, G. E., and Wittebols, J. H. (1986). *Class size research: A related cluster analysis for decision making*. Arlington, VA: Educational Research Service Inc.

Rogers, E. M. (1995). *Diffusion of innovations* (4th ed.). New York: Free Press. （三藤利雄（訳）（2007）．イノベーションの普及 翔泳社）

Rosenbaum, P. R. (1995). *Observational studies*. New York: Springer-Verlag.

Rosenbaum, P. R., and Rubin, D. B. (1983). The central role of the propensity score in observational studies for causal effects. *Biometrika*, *70*, 41-55.

Rosenbaum, P. R., and Rubin, D. B. (1984). Reducing bias in observational studies using subclassification on the propensity score. *Journal of the American Statistical Association*, *79*, 516-524.

Roth, W-M. (2001). Learning science through technological design. *Journal of Research in Science Teaching*, *38*(7), 768-790.

Rouse, C. E. (1997). Market approaches to education: Vouchers and school choice. *Economics of Education Review*, *19*(4), 458-459.

RPP International. (2000). *The state of charter schools fourth-year report*. Washington, DC: U.S. Department of Education, Office of Educational Research and Improvement.

Rutter, M., Maughan, B., Mortimore, P., Ousten,, J., and Smith, A. (l979). *Fifteen thousand hours. Secondary schools and their effects on children*. Cambridge, MA: Harvard University Press.

Satz, P., and Fletcher, J. M. (1980). Minimal brain dysfunctions: An appraisal of research concepts and methods. In H. Rie and E. Rie (Eds.), *Handbook of minimal brain dysfunctions: A critical view* (pp. 669-715). New York: Wiley Interscience Series.

Schacter, J. (2001). *Geographical mobility: March 1999 to March 2000*. Current Population Reports. Washington, DC: U.S. Census Bureau, U.S. Department of Commerce.

Schmidt, M. A. (2001). Testimony to the U.S. House Committee on Education and the Workforce. 107th Cong., 1st Sess.

Schoenfeld, A. H. (1999). The core, the canon, and the development of research skills: Issues in the preparation of education researchers. In E. C. Lagemann and L. Shulman (Eds.), *Issues in education research*. San Francisco: Jossey-Bass.

Schoenfeld, A. H. (2008). Research methods in (mathematics) education. In L. English and D. Kirshner (Ed.), *Handbook of international research in mathematics education*. Hillsdale, NJ: Lawrence Erlbaum Associates.

Schulte, T., Mattern, R., Berger, K., Syzmanksi, S., Klotz, P., Kraus, P. H., and Schols,L. (2001). Double-blind crossover trial of trimethoprim-sulfamethoxazole in spinocerebellar ataxia type 3/Machado-Joseph disease.

201

文　献

*Archives of Neurology*, *58*(9), 1451-1457.

Schum, D. A. (1994). *Evidential foundations of probabilistic reasoning*. New York: J. Wiley.

Secretary's Commission on Achieving Necessary Skills, U.S. Department of Labor. (1991). *What work requires of schools. A SCANS report for America 2000*. Washington, DC: U.S. Department of Labor.

Seymour, E. and Hewitt, N. (1997). *Talking about leaving: Why undergraduates leave the sciences*. Boulder, CO: Westview Press.

Shackleton, N. J. (2001). The 100,000-year ice-age cycle identified and found to lag temperature, carbon dioxide, and orbital eccentricity. *Science*, *289*, 1897-1902.

Shankweiler, D. P. (1991). The contribution of Isabelle Y. Liberman. In S.A. Brady and D. P. Shankweiler (Eds.), *Phonological processes in literacy* (pp. xiii- xvii). Hillsdale NJ: Lawrence Erlbaum Associates.

Shavelson, R. J. (1988). Contributions of educational research to policy and practice: Constructing, challenging, changing cognition. *Educational Researcher*, *17*(7), 4-11.

Shavelson, R. J. (1991). AERA's research and training grant. *Educational Researcher*, *20*(9), 19-20.

Shavelson, R. J., Baxter, G. P., and Gao, X. (1993). Sampling variability of performance assessments. *Journal of Educational Measurement*, *30*(3), 215-232.

Shavelson, R. J., and Berliner, D. C. (1988). Erosion of the education research infrastructure. *Educational Researcher*, *17*(1), 9-12.

Shavelson, R., Feuer, M., and Towne, L. (2001, April). A scientific basis for educational research? Themes and lessons from a workshop. In *Education research planning at the National Research Council*. Symposium conducted at the annual meeting of the American Educational Research Association. Seattle, Washington.

Shaywitz, S. E. (1996). Dyslexia. *Scientific American*, *275*, 98-104.

Shaywitz, S. E., Escobar, M. D., Shaywitz, B. A., Fletcher, J. M., and Makuch, R. (1992). Distribution and temporal stability of dyslexia in an epidemiological sample of 414 children followed longitudinally. *New England Journal of Medicine*, *326*, 145-150.

Sheldon, E. B. (1975). The social indicators movement. In D. R. Krathwohl (Ed.), *Educational indicators: Monitoring the state of education*. Princeton: Educational Testing Service.

Shulman, L. (1997). Disciplines of inquiry in education: A new overview. In R. Jaeger (Ed.), *Complementary methods for research in education* (2nd ed., pp. 3-29). Washington, DC: American Educational Research Association.

Silverman, D. (1993). *Interpreting qualitative data: Methods for analyzing talk, text, and interaction*. London: Sage.

Skinner, B. F. (1953/1965). *Science and human behavior*. New York: Free Press. （長谷川芳典・高山　巌・藤田繼道・園田順一・平川忠敏・杉若弘子・藤本光孝・望月　昭・大河内浩人・関口由香（訳）(2003). 科学と人間行動　二瓶社）

Skinner, B. F. (1972). *Beyond freedom and dignity*. New York: Knopf. （山形浩生（訳）(2013). 自由と尊厳を超えて　春風社）

Skocpol, T. (1996). Unravelling from above. *The American Prospect*, *25*, 20-25.

Slavin, R. (1989). Class size and student achievement: Small effects of small classes. *Educational Psychologist*, *24*, 99-110.

Smelser, N. (2001). How do the social sciences learn. Manuscript in preparation. Department of Sociology, University of California, Berkeley.

Spearman, C. (1904a). 'General intelligence'objectively determined and measured. *American Journal of Psychology*, *15*, 201-293.

Spearman, C. (1904b). The proof and measurement of association between two things. *American Journal of Psychology*, *15*, 72-101.

Spearman, C. (1910). Correlation calculated from faulty data. *British Journal of Psychology*, *3*, 271-295.

Sroufe, G. E. (1997). Improving the"awful reputation"of education research. *Educational Researcher*, *26*(7), 26-

文　献

28.

Stanovich, K. E. (1991). The psychology of reading: Evolutionary and revolutionary devleopments. *Annual Review of Applied Linguistics*, *12*, 3-30.

Stanovich, K. E. (2000). *Progress in understanding reading: Scientific foundations and new frontiers*. New York: Guilford.

Stecher, B. M., and Bohrnstedt, G. W. (Eds.). (2000). Class size reduction in California: Summary of the 1998-99 evaluation findings. CSR Research Consortium Year 2 Evaluation Report. Sacramento, CA: California Department of Education.

Stedman, L. C. (1985). A new look at the effective schools literature. *Urban Education*, *20*(3).

Steffe, L., and Thompson, P. (2000). Teaching experiment methodology: Under-lying principles and essential elements. In A. E. Kelly and R. Lesh (Eds.), *Handbook of research design in mathematics and science education* (pp. 267-306). Mahwah, NJ: Lawrence Erlbaum Associates.

Stokes, D. E. (1997). *Pasteur's quadrant: Basic science and technological innovation*. Washington, DC: Brookings Institution Press.

Thorndike, R. L. (1949). *Personnel selection: Test and measurement techniques*. New York: Wiley.

Thurstone, L. L. (1931). Multiple factor analysis. *Psychological Review*, *38*, 406-427.

Trant, J. D. (1991). Reductionism and the unity of science. In R. Boyd, P. Gasper, and J. D. Trant (Eds.), *The philosophy of science*. Cambridge, MA: Bradford Books/MIT Press.

Tucker, W. H. (1994). Fact and fiction in the discovery of Sir Cyril Burt's flaws. *Journal of the History of the Behavioral Sciences*, *30*(4), 335-347.

Tyack, D., and Cuban, L. (1995). *Tinkering toward utopia: A century of public school reform*. Cambridge, MA: Harvard University Press.

U.S. Government Accounting Office. (1999). *Federal research: Peer review practices at federal agencies vary*. Report to Congressional Requesters. Washington, DC: Author.

U.S. Department of Education. (2000). *The nation's report card: Mathematics 2000*, NCES 2001-517, by J. S. Braswell, A. D. Lutkus, W. S. Grigg, S. L. Santapau, B. Tay-Lim, and M. Johnson. Washington, DC: Office of Educational Research and Improvement, National Center for Education Statistics, U.S. Department of Education.

Vellutino, F. R. (1979). *Dyslexia: Theory and research*. Cambridge, MA: MIT Press.

Vinovskis, M. A. (2000). The federal role in educational research and development. In D. Ravitch (Ed.), *Brookings papers on education policy* (pp. 359-380). Washington, DC: Brookings Institution Press.

Wagner, R. K., Torgesen, J. K., and Rashotte, C. A. (1994). Development of reading-related phonological processing abilities: New evidence of bidirectional causality from a latent variable longitudinal study. *Developmental Psychology*, *30*(1), 73-87.

Watson, J. D., and Crick, F. (1953). Molecular structure of nucleic acids: A structure for deoxyribose nucleic acid. *Nature (London, England)*, *171*(2), 737-738.

Webb, E., Campbell, D., Schwartz, R. and Sechrest, L. (1966). *Unobtrusive measures: Nonreactive research in the social sciences*. Chicago: Rand McNally.

Weiss, C. H. (1991a). Knowledge creep and decision accretion. In D. S. Anderson and B. J. Biddle (Eds.), *Knowledge for policy: Improving education through research* (pp. 183-192). London: Falmer Press.

Weiss, C. H. (1991b). The many meanings of research utilization. In D. S. Anderson and B. J. Biddle (Eds.), *Knowledge for policy: Improving education through research* (pp. 173-182). London: Falmer Press.

Weiss, C. H. (1995). The four"I's"of school reform: How interests, ideology, information, and institution affect teachers and principals. *Harvard Educational Review*, *65*(4), 571-592.

Weiss, C. H. (1998a). *Evaluation: Methods for studying programs and policies*. Upper Saddle River, NJ: Prentice Hall. （佐々木　亮（監修）　前川美湖・池田　満（監訳）（2014）．入門評価学：政策・プログラム研究の方法　日本評論社）

203

文　献

Weiss, C. H. (1998b). Improving the use of evaluations: Whose job is it anyway? In A. J. Reynolds and H. J. Walberg (Eds.), *Advances in educational productivity* (pp. 263-276). Stamford, CT: JAI Press.

Weiss, C. H. (1999). Research-policy linkages: How much influence does social science research have? In *UNESCO, world social science report 1999* (pp. 194-205). Paris: UNESCO/Elsevier.

Weiss, C. H. (2002). What to do until the random assigner comes. In F. Mosteller and R. Boruch (Eds.), *Evidence matters: Randomized trials in education research*. Washington, DC: Brookings Institution Press.

Weiss, C. H. (with Bucuvalas, M. J.). (1980). *Social science research and decision-making*. New York: Columbia University Press.

Willinsky, J. (2001). The strategic education research program and the public value of research. *Educational Researcher*, *30*(1), 5-14.

Wilson, E. O. (1998). *Consilience*. New York: Vintage Books. （山下篤子（訳）（2002）．知の挑戦：科学的知性と文化的知性の統合　角川書店）

Winograd, I. J., Coplen, T. B., and Landwehr, J. M. (1992). Continuous 500,000-year climate record from vein calcite in Devils Hole, Nevada. *Science*, 258, 255-260.

Winter, I. (2000). Major themes and debates in the social capital literature: The Australian connection. In I. Winter (Ed.), *Social capital and public policy in Australia*. Melbourne, Australia: Australian Institute of Family Studies.

Wissler, C. (1901). The correlation of mental and physical traits. *Psychological Review. Monograph Supplement*, *3*(6).

Witte, J. F. (2000). *The market approach to education: An analysis of America's first voucher program*. Princeton, NJ: Princeton University Press.

Wittgenstein, L. (1968). *Philosophical investigations* (Trans. G.E.M. Ansombe) (3rd ed.). New York: Macmillan. （丘沢静也（訳）（2013）．哲学探究　岩波書店）

Word, E., Johnston, J., Bain, H. P., Fulton, B. D., Zaharias, J. B., Achilles, C. M., Lintz, M. N., Folger, J., and Breda, C. (1990). *The state of Tennessee's Student/Teacher Achievement Ratio (STAR) Project: Final summary report 1985-1990*. Nashville, TN: Tennessee Department of Education.

Yin, R. K. (2000). Rival explanations as an alternative to reforms as 'experiments.' In L. Bickman (Ed.), *Validity and social experimentation: Donald Campbell's legacy* (pp. 239-266). Thousand Oaks, CA: Sage.

Yin, R. K., and White, J. L. (1986). *Managing for excellence in urban high schools:District and school roles. Final report*. Washington, DC: Office of Educational Research and Improvement, U.S. Department of Education.

Ziman, J. M. (2000). *Real science: What it is, and what it means*. New York: Cambridge University Press. （東辻千枝子（訳）（2006）．科学の真実　吉岡書店）

# 索　引

## 人名索引

### ● A

Achilles, C. M.　71

### ● B

Ball, D. L.　47
Baumeister, R. F.　74, 85
Behr, M. J.　150
Blachman, B. A.　44
Bohrnstedt, G. W.　70, 147
Boruch, R. F.　71
Bratslavsky, E.　74, 85
Breda, C.　71
Brooks, H.　64
Brophy, J. E.　49
Brown, A. L.　150
Brown, W.　39
Bryk, A. S.　131, 147
Burbules, N. C.　20, 29
Burtless, G.　53

### ● C

Cahen, L. S.　70
Campbell, D. T.　75, 137, 141
Caporaso, J. A.　141
Carroll, J. B.　42
Castle, M.　24, 32
Chall, J.　44
Chubin, D. E.　59
Clough, M. P.　217
Cochran, W. G.　141
Cohen, D. K.　47, 52
Coleman, J. S.　47, 48, 147
Confrey, J.　150, 152
Cook, T. D.　137
Cooper, F. S.　44
Cronbach, L. J.　xvi, 38-40, 155
Cubberley, E. P.　15

### ● D

Davis, J. H.　82
Day, J.　119
deNeufville, J. I.　53
Dewey, J.　20, 57, 87, 153, 215
Diamond, J.　106

### ● E

Earp, B. D.　94
Edgeworth, F. Y.　39
Edmonds, R.　49
Eisenhart, M. A.　134
Eisner, E. W.　82
Elmore, R. F.　187
Everett, J. A. C.　94

### ● F

Filby, N. N.　70
Finn, J. D.　71
Fisher, R.　40
Folger, J.　71

### ● G

Gibson, E. J.　45
Glass, G. V.　70
Gleser, G. C.　40
Goldberger, A. S.　75
Good, T. L.　49
Greenwald, R.　48, 70
Grissmer, D.　147
Guba, E. G.　155
Guilford, J. P.　42
Gulliksen, H.　41, 42
Guttman, L.　39

### ● H

Hackett, E. J.　59
Hanushek, E. A.　48, 50, 53, 70, 71
Hanus, P.　15

Harel, G.　150
Heckman, J. J.　75
Hedges, L. V.　48, 70
Hewitt, N.　135
Hoffer, T.　147
Holland, D. C.　134
Holland, P. B.　131, 147
Huberman, A. M.　133
Huxley, T. H.　34

### ● J

Jackson, A.　119
Jencks, C.　47, 48

### ● K

Kalman, D.　119
Kelley, T. L.　42
Kelly, A. E.　74, 150
Keohane, R.　74
Kepes, S.　94
Kilgore, S.　147
King, G.　74
Krueger, A. B.　71, 77
Krueger, F.　39
Kuder, G. F.　39
Kuhn, T. S.　69
Kusch, P.　21

### ● L

Lachance, A.　152
Lagemann, E. C.　19, 80, 174
Laine, R. D.　48, 70
Lakatos, I.　iii, 34
Lawrence-Lightfoot, S.　82
Lee, V. A.　131, 147
Lesh, R. A.　74, 150
Levin, H.　45
Liberman, A. M.　43, 44
Liberman, I.　43
Lincoln, Y. S.　155
Lindblom, C. E.　52

索引

Loeb, S. 48, 144
Lord, F. M. 42
Lovitts, B. 74

● M

Mack, N. K. 150
McDaniel, M. A. 94
McNutt, M. 93
Merton, R. K. 56, 68
Milankovitch, M. 65
Miles, M. B. 133
Mislevy, R. J. 43
Mosteller, F. 48, 71
Muller, R. A. 65, 74
Muraven, M. 74, 85

● N

Nanda, H. 40
Newton-Smith, W. H. 18, 56
Novick, M. R. 42

● O

Odden, A. 70

● P

Page, M. E. 48, 144
Palmer, G. H. 15
Phillips, D. 17, 20, 29
Popper, K. R. 18, 68
Post, T. R. 150
Putnam, R. D. 74

● R

Rajaratnam, N. 40
Rasch, G. 42
Rashotte, C. A. 45
Raudenbush, S. W. 47

Richardson, M. W. 39
Ritter, G. W. 71
Robinson, G. E. 70
Roos, L. L. Jr. 141
Rosenbaum, P. R. 76, 141
Rubin, D. B. 76

● S

Schoenfeld, A. H. 150
Schum, D. A. 52, 57
Seymour, E. 135
Shankweiler, D. P. 44
Shavelson, R. J. xxi, 52
Shaywitz, S. E. 45
Sheldon, E. B. 53
Silver, E. A. 150
Skinner, B. F. 17
Slavin, R. 70
Smelser, N. 53-55
Smith, M. L. 70
Spearma, C.
Spearman, C. 39, 42
Stanley, J. C. 75, 137, 141
Stanovich, K. E. 45
Stecher, B. M. 70, 147
Stedman, L. C. 49
Steffe, L. 151

Stokes, D. 63
Studdert-Kennedy, M. 44

● T

Thompson, P. 151
Thorndike, R. L. 39
Thurstone, L. L. 42
Tice, D. M. 74, 85
Torgesen, J. K. 45
Towne, L. xxi
Trafimow, D. 94

● V

Vellutino, F. R. 45
Verba, S. 74
Vinovskis, M. A. 174

● W

Wagner, R. K. 45
Weiss, C. H. 52, 68, 187
White, J. L. 133
Whitmore, D. M. 71, 77
Willinsky, J. 186
Wittebols, J. H. 70
Wittgenstein, L. 59
Word. E. 71

● Y

Yin, R. K. 133, 134

● Z

Ziman, J. M. 59

# 事項索引

## ●あ
曖昧さ　155
アクションリサーチ　92
アブダクション　58
アルゴリズム　5, 58

## ●い
意志　85
意思決定　8, 25, 51, 109, 116, 123, 134, 135, 154, 155, 161, 170, 175, 212, 213
一般化　xi, 6, 77, 78, 86, 106, 108
一般化可能性　78, 129, 143, 155
一般可能性理論　40
イデオロギー　19
イド　85
因果　146
因果仮説　138
因果関係　127, 128, 132, 137, 138, 144, 155
因果関係のメカニズム　66, 108
インタビュー　147

## ●う
運営委員会　165

## ●え
エビデンス　21, 57, 58, 89, 98, 102, 214
エビデンスに基づいたアプローチ（Evidence-based Approach: EBA）　93
演繹法　58

## ●お
応用科学　22

## ●か
開示　58
解釈　82, 144
解釈学　90, 91
解釈と利用　40
外的妥当性　78, 143
介入　19, 97, 138, 151, 156

概念的追試　100
概念的枠組み　68
概念文化　59
科学的合意　52
科学的コミュニティー　21
科学的探究のための原則　56, 58
科学の営み　5
科学の原則　106
科学の本質　14
隠された手　52
確実性　34, 108
学習法　106
学問分野　106
確率論　39, 109
過誤　5
仮説　20, 28, 72, 74
課題　128, 165, 174
価値　119
価値観　111
学級規模　70, 142, 147
学校効果　147
過程　127
カリキュラム　112, 114, 115, 150, 174, 211
還元主義的　45
観察　73
観察研究　141
鑑識眼　82
関与的観察者　108

## ●き
機会均等　47
機会費用　145, 146
記述　ii, 28, 62, 74, 82, 109, 126-131, 133-137, 149, 152, 153, 154
技術　70
記述的　140
基礎科学　22
基礎研究　96
帰納法　58
客観性　59, 107
キャッスルビル（Castle bill）　24
キャンベル共同計画　52, 54
教育科学改革法　95
教育ガバナンス　112

教育効果　48
教育資源　47-49
教育省の教育研究・改善局（Office of Educational Research and Improvement: OERI）　158
教育政策　154, 210
教育的介入　139
教育に関する研究開発のための共通のガイドライン　96
教育バウチャー　113
教育評価　53
競合する説明　137
教授戦略　150
教授法（教授活動）　44, 49, 96, 106, 112, 114-116, 119, 122, 127, 147, 150, 174

## ●け
計画　62, 69, 125
経験（的）　65, 73, 81, 83, 86, 124, 128, 176, 188
ケーススタディ（事例研究）　90, 134-136, 150
　　——民族誌的ケーススタディ　7
原因　127, 131, 146
研究課題　45, 65, 69, 75, 106, 118, 126, 156, 170, 173
研究計画　5, 74, 75, 118, 124, 125, 128, 158
研究ツール　62
研究のポートフォリオ　173
研究方法　62
研究方法論　90, 103
現象学　90, 91
検証可能　57
検証可能性　3
原則　58, 84, 86, 125, 128, 136, 186

## ●こ
効果　127, 138, 146, 148, 183
工学　111
効果研究　97, 101
効果性　100
効果性研究　96, 97, 101
構成概念　73, 77, 97, 182

207

索　引

構成効果　147
（社会的）構成主義　90, 91
行動科学　15
行動主義的　45
効能　100
効能研究　96, 97, 101
項目応答理論　42
コーチング　216
コーディング　108
コクランとキャンベルの共同
　　計画　52, 54
誤差限界　109
コスト　19
コミュニティー　161
固有な内容妥当性　41
混合研究法　92
コンピューターテクノロジー
　　20

●さ
再現性　59, 93, 94, 99, 101, 103,
　　175
再現性の危機　94, 103
査読　167, 168
暫定性　iii

●し
gファクター　42
自我　85
時間　50
資金　164
自己管理スキーム　85
自然科学　91
自然主義　108
実験的アプローチ　90
実証研究　3
実証的知見　53
実践　103, 121, 122, 143, 156,
　　158, 187, 210, 217, 218
出版バイアス（Publication bias）
　　102
準実験　141, 148, 155
証拠　82, 97, 154, 175
証拠に基づいた教育　214
「証拠に基づいた」／「研究に
　　基づいた」政策　155
肖像画法　82
常任査読委員会　9, 165, 167
除外　137
初期段階あるいは探索的な研
　　究　96, 97

事例研究（ケーススタディ）
　　64, 133
人材　162
真値　39
真値理論　42
信頼性　38, 73, 77, 95, 138
信頼性係数　39
心理学　15

●す
推測　28, 127, 153
推論　4, 5, 72, 75, 77, 125,
　　137, 154
推論（reasoning）　58, 69, 73-
　　75, 86, 150, 152
数学的モデリング　38, 41
スケールアップ　47, 98, 155
スケールアップ研究　96, 97,
　　100, 101
スコア　43
スタンダード　112, 211
スピルオーバー効果　139

●せ
生産関数　146
政治的干渉　170
生徒中心主義　215
政府業績成果法（GPRA）　166
制約　5
セクタ効果　147
設計と開発の研究　96, 97
選択バイアス　76, 144
全米学力調査（National
　　Assessment of Educational
　　Progress: NAEP）　43, 132

●そ
相関　148, 155
相関係数　39
測定　53, 62, 69, 72, 73, 138,
　　152
測定誤差　38
測定尺度　41
測定バイアス　77
測定法　133

●た
対立仮説　74-76
妥当性　38, 40, 73, 109, 134,
　　146, 188
　　──基準関連妥当性　41

　　──構成概念妥当性　41
　　──内容妥当性　41
妥当性理論　40
多分野的（な）視点　118, 119
多様性　iii, 3, 13, 74, 90, 92,
　　110, 111, 116-119, 134, 155
単位　132
探究の過程　106
断片化　174

●ち
蓄積　174, 179
知識クリープ　187
知識の蓄積　50, 52
チャータースクール　114
中範囲の理論　68
超自我　85
直接追試　99

●つ
追試　57, 58, 71, 74, 77, 78,
　　84, 86, 93-95, 101, 103, 108
『追試ガイドライン』　99

●て
データの開発／共有　182,
　　183
適応検査　43
テクニカルサイエンス　91
デザイン　ix, 152
デザイン研究　ix, 92, 149,
　　150
デザイン原則　162
デジタルテクノロジー　213
テスト情報曲線　43
テストスコア　40
テストパフォーマンス　42
テスト理論　42
手立て　97
デューイ（Dewey）の引用　57,
　　87, 153

●と
問い　58, 68, 69
統合　46, 54, 119, 175, 186
統合的アプローチ　viii
投資　51, 180
到達度　47, 51, 53, 66, 69, 70,
　　73, 76, 77, 113, 116, 127,
　　129-131, 133, 134, 142, 145,
　　147, 148, 166, 178, 185

索 引

トライアンギュレーション　78,
　103

●な
内的一貫性　74
内的妥当性　142
ナラティブ研究　90

●に
二重盲検法　107, 120
認識論　16, 21, 83, 90, 92,
　103
認識論的枠組み　120

●は
パートナーシップ　121
バイアス　5
バウチャー　7
ハスキンズ研究所　44
『パスツールの四象限』　22,
　63
発見的探索　92
ばらつき　46
反駁　58, 61

●ひ
比較分析　78
批判的実在論　91
批判理論　91
評価　119, 127, 152, 154, 174
評価する能力の構築　93

●ふ
フィールド試験／フィールド
　ベース　122, 138, 156
不確実性　ii, iii, 5, 37, 39, 52,
　57, 75, 108, 109, 175
複雑（性）　110, 129, 158, 187
プラグマティズム　91
プログラム理論　68
分析　69
分析的帰納法　78
文脈　xi, 6, 106, 117, 118,
　134, 135, 188

●へ
ベイジアン　113

ベイジアンネット　43
ベストプラクティスアプローチ
　（Best Practice Approach:
　BPA）　93
変数　127, 132, 137, 144
変動性（ばらつき）　110, 114,
　117, 119, 134

●ほ
報酬　146
方法　58, 69, 70, 72, 97, 119,
　153, 188
方法論　3, 45, 53, 92, 125,
　169, 176, 210
方法論的枠組み　120
ポスト実証主義　90, 91
ポストモダニスト　28
ポストモダニズム　91

●ま
マネジメント　162

●み
民族誌　149
民族誌的事例研究　135
民族誌的（な）研究　78, 133,
　147, 149

●む
無作為　130, 148, 155
無作為化　107, 139
無作為試験　85, 86, 123, 139,
　140, 143, 155

●め
メカニズム　127, 128, 151
メタアナリシス　52, 88, 98,
　102

●も
モデル　62, 67-69, 97, 162
モデルフィッティング　144

●ゆ
有効性　115
有用性　109, 188

●よ
予測因子　136

●ら
ランダム化比較試験（RCT）
　88, 89, 140

●り
リーダーシップ　162
理論　3, 20, 49, 53, 58, 62, 67-
　69, 73, 77, 83, 96, 97, 103,
　118, 119, 124, 127, 137, 144,
　150-154, 156, 173, 174, 176,
　183, 188, 217, 218
理論的積み重ね　69
理論的枠組み　74
倫理　59, 60, 89, 155, 184,
　185, 216
倫理的配慮　120

●れ
連携　182
連邦政府の役割　12
連邦政府のリーダーシップ
　51

●ろ
論拠　20
論駁可能（性）　3, 86
論理実証主義　56, 90, 91

●わ
枠組み　119

●アルファベット
EdTech　98
H.R. 4875　24
Item Response Theory（IRT）
　42
MOOCs　98
RCT　102
Society 5.0　213
STEM　viii
VUCA　ii, vi

209

# 日米の教育システムと EBPM

訳者
あとがきに
かえて

　本書では，補論も含め，ここまでアメリカでの教育研究と EBPM，すなわち「証拠に基づいた教育」についてまとめてきた。これらは，もちろんアメリカの EBPM における取り組みが，そのまま日本の教育システムに適用可能だと主張するものではない。とはいえ，日本においても証拠に基づいた教育が求められていることは間違いなく，「確かに効く医薬」や「確かに効果的な医療」が今日求められるのと同様に「確かに効果的な教育」を社会の側が認識し，求める時代が，どちらの国にもやってきているといえよう。

　ここでは，あとがきの代わりとして，近年の日本とアメリカの教育改革の取り組みについて簡単にまとめるとともに，今後求められる科学的教育研究と，その可能性について，具体的に提案されている方法論とその課題を示しながらまとめたい。医療の分野で「研究」「教育」「臨床」がそれぞれ重点を置きながら進められる一方で，その連携が注目されているのと同様，教育の分野でも「教育研究」「教師教育」「現場での実践」それぞれが展開され，<u>効果的に相互作用を持つようになること</u>が求められるところであり，本稿は Society 5.0 において，その障害となるあらゆる分断をいかに乗り越えていくことができるかを検討している。

## アメリカでの近年の科学教育改革

　日本とアメリカではその教育システムに違いがあるといわれる。歴史的には日本がアメリカの教育から学んできた点は多いわけだが，アメリカの側が日本のやり方に学んでいる部分も，現代では感じられるものとなってきた。ここではあえて，その教育システムの違いに焦点を当てるべきだと考えている。これによって，その中央と地方（連邦レベルと州・地区レベル）との間にある多少の距離と，教育政策と現場での実践をつなぐ果てしない課題に対する日々の取

り組みが，特徴づけられてくるはずだからである。

　日本でいう学習指導要領にあたる国家的にカリキュラムを規定する文書は，アメリカでは存在しない。代わりに「スタンダード（Standards）」あるいは「ベンチマーク（Benchmarks）」と呼ばれる学年段階ごとの学習内容を示したり，卒業規準を示す（提案する）文書が，歴史的には示されてきている。例えば，科学教育分野では「科学リテラシーのためのベンチマーク（*Benchmarks for Science Literacy*）」（AAAS, 1993年）あるいは「全米科学教育スタンダード（*National Science Education Standards*）」（NRC, 1996年），「次世代科学スタンダード（*Next Generation Science Standards*）」（Achieve, 2013年：NGSS）がそれにあたる。他にも，数学やテクノロジーなど，学問分野ごとにスタンダードは作成されている。作成者を見てわかるように，これらは国家的に作成された文書ではあるものの，米国科学振興協会（American Association for the Advancement of Science: AAAS）や米国学術研究会議（National Research Council: NRC）といった研究組織がその主体となっている。これらの組織的な取り組みによって作成された連邦レベルの文書が，即学校現場での実践に影響を与えるかというと，アメリカではそうはいかない。日本の学習指導要領が法的な拘束力を持っているのとは異なり，アメリカの連邦レベルのスタンダードは，法律に基づいて作成されているものの，法的には学校現場を規定する力を持っていない。合衆国憲法は教育についての条文を持っておらず，むしろ州レベルの憲法がそれを規定しているためだ。したがって，州は独自のスタンダードを持っており，それぞれの州が連邦レベルのスタンダードを採用するのかどうかを決定し，しかもその採用の仕方も州ごとに異なるというのが現状である★1。さらに，そうした州スタンダードを満たすために，各学区では教師が授業を行うわけだが，ここでもスタンダードを満たすためであれば，学区によるカリキュラムの変更も可能である。もとをたどれば，民主主義・生徒中心主義がその根源にある。

　NGSSは，これまでの科学のスタンダードとは異なり，Achieveと呼ばれる超党派の知事やビジネスリーダーらによって1996年に作られた組織が，そ

---

★1　最近ではElementary and Secondary Education Act（ESEA法）を再授権した，「Every Student Succeeds Act」（ESSA法, 2015年）が制定されている。その中でも，連邦レベルの枠組みに基づいて，州が到達度の目標を決定するなど，ここでも州ごとに柔軟性を認める作りとなっている。

訳者あとがきにかえて

の作成者ということになっている。「全米科学教育スタンダード」（1996 年）
は NRC が，「科学リテラシーのためのベンチマーク」（1993 年）は *Science* 誌
の出版で知られる AAAS がそれぞれ作成しているので，これまでは学者が作
るスタンダードという印象があった分，NGSS に関しては，政治的勢力による
トップダウンの教育改革ではないかとの声も聞かれる。また，「州共通基礎ス
タンダード（*Common Core State Standards*）」についても，この点は同様である。
すなわち，全州の採択（Whole-scale adoption）を期待しての動きではないか
というのである[★2]（例えば，Fitchett & Meuwissen, 2018）。実際の NGSS の
作成過程を見ていくと，Achieve だけでなく全米科学教師協会（NSTA）や
AAAS のプロジェクトを経て，NRC が最終的にはレビューをしていることが
わかる。結果としては，学者や政治関係者，ビジネスリーダーなどの協力を得
て，「すべての子どもに高校を卒業させ，大学や将来のキャリアのための準備
をさせる」との目標の下，「期待される児童・生徒のパフォーマンス」を示し
たリストとして，NGSS が成立した恰好だ。「NGSS は教えられるべき一揃い
のカリキュラムではなく，期待されるパフォーマンスを示している」ものであ
る。この説明は，国家的なスタンダードが，決してカリキュラムを押し付ける
ものではないという意思を明文化したものと捉えることができる。事実，こう
した取り組みの関係を見ていくと，（例えば米国教育省による）トップダウン
でスタンダードが決定されるのではなく，あらゆる組織の合意のもとに作って
いこうという姿勢が形になったものと考えられる。その採択の過程についても
十分な時間をかけており，州や地域ごとの意思決定に任せるやり方をとってい
る。こうした出来事は，やはりアメリカの法制度とその解釈においてなされて
いるものであり，教育における EBPM とそれを醸成する教育制度そのものが，
根拠となる法律（連邦法だけでなく州法）に影響を受けていることもまた，重
要な側面であろう。

　このように，アメリカでは連邦レベルでスタンダードが提案されたとしても，
州・地区レベルの教育に，それが即座に反映されるわけではない。こう見てい

---

[★2]　事実，今回の NGSS の開発にあたっては，「一貫した科学のスタンダードの構築」は 1 つの目的
であっただろうし，全州の採択を企図している人々はいるようだ。

くと，アメリカの中央と地方の間の距離は，日本の中央と地方の間の距離とはずいぶん違って見える。それほど，アメリカの意思決定機構は複雑なのである。日本の現状を改めて確認してみよう。

## 日本での近年の動向

日本では2017年（幼，小，中），2018年（高）と新しい学習指導要領が公示され，実施に向けた準備が急速に行われている。前述のようなアメリカの展開と比較すると，驚くほど速く，県，市レベルでの伝達研修が展開され，新しい学習指導要領やその成立段階で示されたアイデアを，現場でどのように展開していくことができるのか，都道府県，市町村レベルでの議論が展開され，各教師がそれを毎日の教育活動に浸潤させていく。「浸潤」という表現を選んだのは，各教師がそれほどラディカルに毎日の教育活動を変えるということはなく，まさに土壌に浸み込む水のように，学習指導要領やその解説の示すアイデアが伝達されていくためである。アメリカが少なくとも連邦レベルで，革新的なことを述べているのとは異なり，先行する学習指導要領や実践事例をもとにしながら，あくまでもシステムとして持続可能な形で，改革が進んでいくという表現が適当であろう。

そうした中で，文部科学省はSociety5.0の超スマート社会に対応した，教育の開発を提示した（2018）。その中では，取り組むべき政策の方向性として，(1) 公正に個別最適化された学びの実現，(2) 基盤的な学力や情報活用能力の習得，(3) 大学等における文理分断からの脱却の3つの方向性が掲げられた。学習者の多様性に合わせた教育機会の提供可能性，特にデジタルテクノロジーによってそれが可能になるとされていることが大きなポイントである。

少なくとも伝統的な教育において求められてきた，学力については，明確に答えがあり，選択式のテストでも採点でき，コンピューターにとっても正解，不正解が明確になっているため，こうした技術による学習サポートは，広く効果を得られるだろうと予想される。一方で，こうした事実を受けて，求められる「教育」の在り方が大きく変わっていくだろうことも，容易に想像できる。現場の教員にとって，毎日の変わりゆく世界の中で，変わらず重要である何か

訳者あとがきにかえて

を伝えていく役目自体が，変わりつつあると言っても過言ではない。前述のような，日本が独自に積み重ねてきた，システムの変更と，それに対する適応能力を超えて，社会自体が変わりつつあるということでもある。

では，そうした社会において，これまでと同じような中央と地方の一貫性を保つことは可能であろうか。ここに1つ目の分断の可能性がある。また，それはどういう意味を持つのか。教育研究あるいは EBPM は，科学的な教育研究，証拠に基づいた教育のために，Society 5.0 においていったい何ができるであろうか。

## 国家の利益は個の利益の集合であるという考え方

ヴィツォレク（Wieczorek, 2008）によれば日米の類似点は，社会経済や政治的な経済性と教育とを相関させることで，学力の到達度のために資金提供することを自由にし，追加の資源を提供している点であり，したがって，国家としての成功は個人の成功と紐づけられていることであるとしている。日米の教育システムにおいて，その改革の方向性やその結果としての教育システムの在り方に違いはあれど，このように個人の成功が国家としての成功につながるという基本的な考え方に，違いはないものと考えられる。

EBPM の E（エビデンス）は，誰にとってのエビデンスであるかということを考慮すると，個人の成功の結果としての国家の成功を想定し，個人の成功と国家の成功とは証拠によって紐づけられているべきで，ある施策の結果として，個人と国家の成功とが乖離していると考えられる場合には，これもまた同様に，乖離が埋められたとする証拠が得られるだけの施策が打たれなければならないといえよう。Society 5.0 ではそうした，個人の学びと国家的な施策との間に，サイバー空間を挿むことでエビデンスが積み重ねられ，新たな施策を提案するための礎ともなることが期待される。教育再生実行会議を通じた議論（2018年8月）の中で，佐藤（2018）は EdTech などデジタルテクノロジーが教育に入った場合に，どのような教育イノベーションが起こるのかをいくつか論じている。

## 学習者中心主義の加速

　まず1つ目は，「ラーナーセントリックの加速」（佐藤，2018）に集約することができよう。「生徒中心主義（Student-Centered）」の加速という言葉でも置き換えることができる。この言葉自体は，子供中心主義や学習者中心主義などの言葉で，デューイ（Dewey）以降，これまでにも使用されてきたが，いかに学習者の興味関心あるいはニーズに沿って，学習環境を構築するかという取り組みとも関わっている。

　例えば，教師の能力の1つとして，基礎基本の確実な定着を図るとともに，子どもたちの興味関心を引き出し，現実社会とつなげていくことは，ここ最近の学習指導要領の展開を見ても，求められていることの1つである。ここにAIあるいはデジタルテクノロジーがかむことで，何ができるのか。

　例えば，農業も教育と同様，専門家の経験と知恵による部分が大きい業界である。ある農作物が，病気にかかっているのかいないのか，農家は判断しながら農薬をまいたり，必要な対策を講じる。仮に，ドローンが上空から田畑を眺めただけで，対策を必要とする個体を特定し，かつその対策まで自動的に講じることができたら，農家の負担は大きく減るだろう。また，大規模な展開も容易になる。そこで，ドローンが上空から撮影した画像をデータとして蓄積し，どの株が対策を必要としているのか，その判断をまずは農家自身が行う。その判断を，他のデータにも適用することで，対策の適用範囲を広げていく。また，専門家の判断と同様に，AIが得られたデータから機械学習によって対策を必要とする株を同定することができるようになれば，最終的には，田畑全体に対策を講じるのではなく，必要としている株にのみ，必要な対策を適用することがより容易になる（スマート農業：農林水産省，2019）。

　こうしたことを，教育にも当てはめて考えてみる。例えば，ある学習内容のどこが難しいのか，あるいは誰にとっては簡単だが，誰にとっては難しいのか。こういったことは，現場で毎日働く教師にとっては，すべての授業で確認し，対策し，うまくいったりいかなかったりを繰り返しながら，解決している「教育課題」であり，「教育効果」を上げるための努力の1つだろう。特に，経験年数の浅い先生方にとっては，毎日経験値を上げるとともに，周囲の先輩たち

にアドバイスをもらったりしながら，解決していかなければならない，1つの課題である。そうした際に，常に記録をとりながら，専門家あるいは経験ある教師や，指導主事らの知見を反映し，改善策を講じていくことは（少なくとも概念的には），先ほどのスマート農業の例と同じである。

ドローンは「画像」あるいは「動画」というデジタル技術で解釈しうるデータを相手にしている一方で，教師は生身の子どもの毎日の反応を相手にしていかなければならないという点で，この2つは異なるように見える。しかしながら，ここでいう記録が量的なものなのか，質的な記述なのかによってプロセスは異なれど，どちらも専門家（農家や教師）の肌感覚を解析可能なものに落とし込み，AIに学習させるという点で共通している。そのため，教育の現場でもデータ化できる（しやすい）ものから，こうした取り組みは，進んでいくだろう。またこれによって，より時間を割くべき教育課題に，教師は時間を割くことができるようになることが，大きなメリットであろう。

さらに，興味関心を引き出すという意味では，答えを1つに絞らず，むしろ思考を発散させていくような手立て（例えばコーチング）をAIが学ぶことができれば，より創造的な取り組みにも適用可能となる。これは，例えばブレインストーミングをコンピューター上で行うというようなものでは不足であろう。すでに，マインドマップやコンセプトマップを，デジタルで作成するツールは出来上がっているが，あるアイデアや思考に対して，その後どのような道すじで思考を発散させ，いつもと違う思考を導くのかといったところまでは，至っていない。AIがコーチング自体を学ぶことができたら，単に教育ツールというだけでなく，アイデアを生成するための相棒のような形で，オーダーメイドされた存在となり，社会の中でともに役に立つようになるだろう。

こういった技術が実現するには，いくつかの段階はあるだろうが，比較的短時間で技術自体は成立するということが考えられる。それを現場に「浸潤」させていくにあたって，どのようなことが課題であろうか。EBPMを実現するためには，こうした技術の発展速度に追いつけるだけのスピーディなものである必要がある一方で，倫理的側面を考慮し，「技術の本質」（AAAS, 1989）を踏まえた取り組みである必要がある。正に，「人間が技術を読み取る能力」が，ここでは求められている。ここに，もう1つの分断の可能性が見られる。

## 理論と実践をつなぐ意地

Chapter 2 で委員会が論じているように，「いくつかの例外を除いて，アメリカ社会は教育研究を，教育，学習，および学校教育改善のためのツールとして使用するいわゆる意地のようなものを発展させてはこなかった」。この課題を解決することは，分断を乗り越える一つの手がかりとなろう。佐藤（2018）は，Society 5.0 において，学びが教育という仕組みを超えたところで起こる可能性を指摘している。すなわち，社会制度としての教育を超えて，学習が行われるということである。批判や誤解を恐れずに言えば，むしろそうした不特定多数に向けた，オーダーメイドの学習機会が，今後の主流になるという主張は現実味を帯びてきた。

佐藤も引用しているが，「今後，最良の教育はウェブからもたらされるようになる」とビルゲイツ（米マイクロソフト元 CEO）が述べたのは 2010 年のことで，早 10 年近く前のことである。現時点では，多くのオンライン学習システムが提供され，大学レベルにおいては，ハーバード大学や東京大学が提供している MOOCs などがある。今後こういった講義が誰でも受けられるようになるとすれば，少なくとも大学の学部レベルまでの学習は学習者の興味や関心のままに進められると同時に，そういった「システムによって構築される」ものとなろう（学びの個別・最適化）。

こうした技術が普通となる未来を前提に考えると，今後ますます個人による内的構成のペースを超えて社会の側で技術が構築され，それに追いつくだけの速さで教育研究の新たなモデルが構築される必要があるといったことが考えられる。オンライン教材のすべてが教育研究に基づいているわけではないからだ。これまでにも，教育研究が示すモデルを現実（現場）が後追いしたり，あるいは現場の状況を描く研究が後から構築されるといったことは起こっているわけだが，教育という制度だけでなく社会や科学技術の発展によって，教育研究のモデルが塗り替えられる，あるいは更新を余儀なくされるといったことは，十分に考えられる。

その際，人は技術に対応し，その考え方までを変えていく（Clough et al., 2013）ことは考慮に入れておくべきではないか。知識の習得は，知識の活用場面と分断され，固定化されるべきではない（松原，2019）が，EdTech に関わる学習者がその考え方までを変えていくとすれば，システムの示す目的が学習

217

者（利用者）の目的となる「メンタルシンギュラリティ」★3 が先行して発生し
かねない。例えば EdTech を手にした学習者は，学習の本来の目的にかかわらず，
EdTech 内での目標達成を求めて行動し始めるだろう。学習の目的はいつしか，
「EdTech の示す目標を達成する」ことに変わっていくのではないか。こと学習
に関しては，あくまでも技術が人（学習者）に合わせて最適化されることを優
先すべきだと，ここでは指摘しておきたい。すなわち，学習者自身の探究
（STEAM）に寄り添う EdTech のデザインを模索すべきだろう。Society 5.0 は「人
間中心の社会」であるはずだ。

多様かつ膨大なデータをもとに考察可能であるがゆえに，私たちは今後より
個別具体的で文脈に依存したものとなっていく学習の VUCA な性質について，
神経質なまでに注意を払う必要がある。証拠に基づいた教育に向けて，理論と
実践とをつなぐ EBPM の E と P の役割は，ここに収束する。

## デザイン研究とアクションリサーチの統合

ここまで示してきたように，教育における理論と実践をつなぐためには，教育
科学の源泉を教育実践に求めるとともに，理論家は理論家として，実践者は実
践者として，その科学的な知識の蓄積に貢献していく姿勢を構築していくことが，
「証拠に基づいた教育（Evidence-based Education）」を成立させるうえでは重
要である。これが，本書の主要なメッセージであった。システムは入れ子構造で
あるから，教育というシステム全体として，理論と実践をつないでいく制度の構
築が求められると同時に，私たち一人ひとりの教育研究者が，その内面に理論と
実践とをつなぐスキームを作っていくことも，1 つの重要な作業であろう。

そうしたスキームの 1 つとして，理論家にとってのデザイン研究と，実践者
にとってのアクションリサーチは，それぞれ理論と実践とをつなぐ方略として
支持できる。前述のとおり，技術が現実を追い越し，教育がそのシステムによっ

---

★3　AI の急成長に伴って，AI の知能が人間を超える技術的特異点（シンギュラリティ）の存在が
　　指摘されている。AI に限らず，技術の目的が，人間の思考と目的を置き換えることはすでに起き始
　　めており，ここではメンタルシンギュラリティと呼んでいる。同段落内の「学習者」を「教育者」
　　としても考えることもできる。

て構築されるものになるとすれば，現在 TELEs（技術［主にコンピューターあるいはインターネット］をベースにした学習環境）を中心に行われているデザイン研究において，より現場の教育との互換性を意識したデザインが構築されていく必要があるであろう（齊藤・熊野, 2015）。一方で，関連して現場に起こってくる問題は，必ずしも既存の理論によって描写しうるものではないかもしれない。そうした場合は，現場の問題によって駆動され，また研究参加者の声を吸い上げることのできる（参加型）アクションリサーチが功を奏してくるであろう。ここでは，それぞれについて詳しくふれないが，それぞれの専門書が参照され，これからの EBPM につながる有力な方法論として，検討され，綿密化されていくことを期待する。

## 結語

　これを書いている 2019 年 5 月の段階で，幸いにも EBPM に向けて，ともに取り組んでくださる皆さんが現れ始め，先にもふれたようなデザイン研究の教科書ともいうべき書籍の翻訳や，STEM 教育実践の書籍の出版などに，前向きなアドバイスをくださる方も増え始めている。また一方では，日本の研究者の皆さんと交流を持ち，国の境目を超えて，データの蓄積，再現・追試研究に取り組もうという人々も，私たちを待っている。文字通り通訳（Interpreter）としても，こうした交流に携わることができれば幸いであるし，関係する方々のお役に立つことができればと願っている。

　本書の発刊にあたって，私を支えてくださった皆さんに，改めて感謝申し上げる。特に，常に助言をくださる，東京都市大学の佐藤真久先生，早稲田大学の森田裕介先生，国立教育政策研究所の松原憲治先生には大変なご厚情を賜り，この場を借りてお礼をお伝えしたい。また，これまでの関わりを考えれば，こうした書籍などの形で，さらなる恩返しをしていければと思っている。引き続き，御指導・御鞭撻のほど，よろしくお願いいたします。

2019 年（令和元年）5 月

齊藤　智樹

訳者あとがきにかえて

## 【文 献】

American Association for the Advancement of Science (1989). Science for all Americans. Oxford University Press. 日米理数教育比較研究会（編訳）(2005) すべてのアメリカ人のための科学 国立教育政策研究所・米国科学振興協会 Project2061
http://www.project2061.org/publications/sfaa/SFAA_Japanese.pdf

American Association for the Advancement of Science (1993). *Benchmarks for science literacy.*（科学リテラシーのためのベンチマーク）Oxford University Press.

Clough, M. P., Olson, J. K., and Niederhauser, D. S. (Eds.) (2013). *The nature of technology: Implications for learning and teaching.* Springer Science & Business Media.

Fitchett, P. G., and Meuwissen, K. W. (Eds.) (2018). *Social studies in the new education policy era: Conversations on purposes, perspectives, and practices.* U.K.: Routledge.

松原憲治 (2019). 資質・能力の育成を目指す教科横断的な学習としての STEM／STEAM 教育と国際的な動向 中央教育審議会 初等中等教育分科会 教育課程部会（第112回）配付資料5-2
http://www.mext.go.jp/b_menu/shingi/chukyo/chukyo3/004/siryo/__icsFiles/afieldfile/2019/09/19/1420968_6_2.pdf

文部科学省 (2018). Society 5.0 に向けた人材育成～社会が変わる，学びが変わる～ 平成30年6月5日 Society 5.0 に向けた人材育成に係る大臣懇談会 新たな時代を豊かに生きる力の育成に関する省内タスクフォース
http://www.mext.go.jp/component/a_menu/other/detail/__icsFiles/afieldfile/2018/06/06/1405844_002.pdf

National Research Council (1996). *National science education standards.* National Academies Press. 長洲南海男・熊野善介・丹沢哲郎（訳）(2000). 全米科学教育スタンダード：アメリカ科学教育の未来を展望する 梓出版社

NGSS Lead States (2013). *Next Generation Science Standards: For States, By States.* Washington, DC: The National Academies Press.

農林水産省 (2019). スマート農業 http://www.maff.go.jp/j/kanbo/smart/

齊藤智樹・熊野善介 (2015). 科学教育研究における科学的な研究方法論に関する一考察 日本科学教育学会研究会研究報告, *30*(9), 51-56.

佐藤昌宏 (2018). EdTech が変える教育の未来 インプレス

Wieczorek, C. C. (2008). Comparative analysis of educational systems of American and Japanese schools: Views and visions. *Educational HORIZONS*, *86*(2), 99-111

## ● 編訳者紹介 ●

### 齊藤　智樹（さいとう・ともき）

2017 年　静岡大学創造科学技術大学院　博士課程終了
現　在　順天堂大学非常勤講師・早稲田大学招聘研究員　博士（学術）

【主要論文】

"The Problem about Technology on the STEM Education: Some Findings from Action Research on the Professional Development & Integrated STEM Lessons in Informal Fields." The Institute for the Promotion of Teaching Science and Technology (IPST). *K-12 STEM Education*, pp. 85-100.　2015 年

"ミネソタ州作成の「環境リテラシーの学習内容と順序」：環境教育の評価基準とシステムアプローチ" エネルギー環境教育学会　エネルギー環境教育研究, pp. 75-82.　2015 年

"A Look at Relationships（Part I）: Supporting Theories of STEM Integrated Learning Environment in a Classroom–A Historical Approach." The Institute for the Promotion of Teaching Science and Technology（IPST）*K-12 STEM Education*, pp. 51-61.　2016 年

## ● 原著編者紹介 ●

### リチャード・J・シャベルソン（Richard, J. Shavelson, 議長）

スタンフォード大学の教育学研究科心理学専攻の教授である。米国教育アカデミーのメンバーであり，米国科学振興協会，アメリカ心理学会，アメリカ心理学協会，行動科学先端研究センターなどのフェローである。20 年以上にわたって，教育や職場での目的に貢献するパフォーマンスを測定する新しい手法を求めており，例えば教育や，職場，あるいは軍での複数選択式テストに代わるものを探している。最近の研究では，科学や数学の到達度の新しい評価，パフォーマンス評価の統計的なモデリング，あるいは評価改革における政策と実践の問題に取り組んでいる。彼は，NRC の試験と評価の委員会の議長を務めてきた。スタンフォード大学における教育と心理学の教授として，また教育学研究科の学科長としては，幅広い学校の計画を実施し，同大のビジネススクール，ロースクール，工学部，そして人文科学部とのパートナーシップを作り出し，地域の教育やビジネスコミュニティーとの連携を増やした。いくつもの書籍，研究論文，そして100以上の記事，報告書，および分担著書を出版している。スタンフォード大学から教育心理学で博士号（学術）を 1971 年に授与されている。

### リサ・タウン（Lisa Towne）

NRC の教育センターにおける上級プログラム担当官であり，ジョージタウン大学・公共政策研究所における量的研究法の非常勤講師である。彼女は，ホワイトハウスの科学技術政策局と，米国教育省の計画と評価部局でも仕事をしている。ジョージタウン大学から，公共政策の修士号を取得。

## 科学的な教育研究をデザインする

—— 証拠に基づく政策立案（EBPM）に向けて ——

| | | |
|---|---|---|
| 2019 年 12 月 10 日　初版第 1 刷印刷 | 定価はカバーに | |
| 2019 年 12 月 20 日　初版第 1 刷発行 | 表示してあります。 | |

監修者　　米国学術研究会議

編　者　　R. J. シャベルソン

　　　　　L. タウン

編訳者　　齊藤　智樹

発行所　　（株）北大路書房

〒 603-8303　京都市北区紫野十二坊町 12-8
電話（075）431-0361（代）
FAX（075）431-9393
振替 01050-4-2083

©2019

装幀／野田　和浩
印刷・製本／（株）太洋社

検印省略　落丁・乱丁本はお取り替えいたします。
ISBN978-4-7628-3090-7　Printed in Japan

・ JCOPY 〈(社)出版者著作権管理機構 委託出版物〉
本書の無断複写は著作権法上での例外を除き禁じられています。
複写される場合は，そのつど事前に，(社)出版者著作権管理機構
（電話 03-5244-5088, FAX 03-5244-5089, e-mail: info@jcopy.or.jp）
の許諾を得てください。